Einführung in die deutsche Sprachwissenschaft

ROLF BERGMANN
PETER PAULY
STEFANIE STRICKER

Einführung in die deutsche Sprachwissenschaft

Dritte, überarbeitete und erweiterte Auflage
von ROLF BERGMANN
und STEFANIE STRICKER

Mit Beiträgen von
URSULA GÖTZ
ANNETTE KLOSA
CLAUDINE MOULIN
MICHAEL SCHLAEFER
CLAUDIA WICH-REIF

Universitätsverlag
C. WINTER
Heidelberg

Die Deutsche Bibliothek – CIP-Einheitsaufnahme

Bergmann, Rolf:
Einführung in die deutsche Sprachwissenschaft /
Rolf Bergmann; Peter Pauly; Stefanie Stricker.
Mit Beitr. von Ursula Götz ... –
3., überarb. und erw. Aufl. – Heidelberg: Winter, 2001

ISBN 3-8253-1149-X

ISBN 3-8253-1149-X

© 2001 Universitätsverlag C. Winter Heidelberg GmbH
Imprimé en Allemagne · Printed in Germany
Druck: Betz-Druck, Darmstadt

Gedruckt auf umweltfreundlichem, chlorfrei gebleichtem
und alterungsbeständigem Papier

Vorwort

Die vorliegende Einführung in die deutsche Sprachwissenschaft geht zurück auf die 'Einführung in die Sprachwissenschaft für Germanisten' von Rolf Bergmann und Peter Pauly, die im Jahre 1975 im Max Hueber Verlag München erschienen ist. Im Jahre 1981 konnte eine gemeinsam mit Michael Schlaefer vorbereitete Neubearbeitung dieser Einführung dank dem Entgegenkommen von Hugo Stopp (†) und dem Carl Winter Verlag Heidelberg in der Germanischen Bibliothek erscheinen. Deren zweite Auflage vom Jahre 1991 wurde von Rolf Bergmann und Michael Schlaefer betreut.

Die Neubearbeitung für die vorliegende dritte Auflage wurde von Rolf Bergmann und Stefanie Stricker vorgenommen. Dabei wurde die zugrunde liegende Konzeption im Wesentlichen bewahrt. Die Aussagen wurden überprüft, überarbeitet und an vielen Stellen ausführlicher gestaltet. Die Literaturangaben mussten aktualisiert werden, die technischen Entwicklungen in der Internet-Recherche waren zu berücksichtigen.

Einzelne Kapitel des Buches sind von weiteren Autorinnen und Autoren bearbeitet beziehungsweise neu geschrieben worden:

- Kapitel XIII   (Sprachgeographie) von Ursula Götz, Bamberg,
- Kapitel XV   (Sprachwandel) von Claudine Moulin, Bamberg,
- Kapitel XVIII (Lexikographie) von Michael Schlaefer, Göttingen,
- Kapitel XIX   (Sprachberatung) von Annette Klosa, Mannheim,
- Kapitel XXI   (Literaturrecherche) von Claudia Wich-Reif, Berlin.

Die Bearbeitung der Kapitel II, III, IV, V, VIII, X, XVI, XVII hat Rolf Bergmann durchgeführt, die der Kapitel VI, VII, IX, XI, XII, XIV, XX Stefanie Stricker. Die Einleitung (I) und das Konzept der Überarbeitung verantworten wir gemeinsam.

Wir danken an dieser Stelle herzlich allen, die an dieser Neuauflage mitgewirkt haben, neben den Mitautorinnen und -autoren insbesondere auch

- Elisabeth Leiss für wichtige Anregungen,
- Ursula Götz, Yvonne Goldammer und Claudia Wich-Reif für die genaue kritische Lektüre des ganzen Buches und für zahlreiche Hinweise und Verbesserungen,
- Reimar Dietz für die Erstellung des Sachregisters und tatkräftige praktische Unterstützung,
- Bruni Bergmann für die engagierte Gestaltung der Druckvorlage,
- Eilert Erfling und seinem Team für die verlegerische Betreuung.

Bamberg, im August 2001   Rolf Bergmann und Stefanie Stricker

Inhaltsverzeichnis

I. Einleitung

1. Aufgaben der Sprachwissenschaft

Die Aufgaben der Sprachwissenschaft sind bestimmt durch ihren Gegenstand, die Sprache, und durch das Erkenntnisinteresse des Wissenschaftlers. Das Wort *Sprache* bezeichnet laut 'Duden. Deutsches Universalwörterbuch' (S. 1491):

1. Fähigkeit des Menschen zu sprechen; das Sprechen als Anlage, als Möglichkeit des Menschen, sich auszudrücken;
2. das Sprechen; Rede;
3. Art des Sprechens, Stimme, Redeweise, Ausdrucksweise;
4. Sprachsystem; System von Zeichen.

Sprache ist eine spezifisch menschliche Erscheinung. Sie ermöglicht als primäres soziales Zeichensystem Denken und Handeln. Sie ist an den Menschen und damit an die Geschichte gebunden. Ihre wissenschaftliche Untersuchung zielt auf die allgemeinen Gesetze ihres Funktionierens ebenso wie auf die Besonderheiten der Gestalt und Geschichte der Einzelsprache. Im 'Metzler Lexikon Sprache' (S. 676) erklärt Helmut Glück Sprachwissenschaft als

> "Wiss[enschaftliche] Disziplin, die sich mit der Beschreibung und Erklärung von Sprache, Sprachen und sprachl[icher] Kommunikation befaßt".

Synonym mit dem Ausdruck **Sprachwissenschaft** wird die Bezeichnung **Linguistik** verwendet, die manchmal aber auch auf bestimmte Richtungen der Sprachwissenschaft eingeengt wird. Man unterscheidet allgemeine Sprachwissenschaft oder theoretische Linguistik, deren Gegenstand die Sprache schlechthin ist, von einzelsprachlicher Sprachwissenschaft. Gegenstand der vorliegenden Einführung ist die deutsche Sprachwissenschaft oder germanistische Linguistik, die zusammen mit der deutschen Literaturwissenschaft das wissenschaftliche Fach Germanistik bildet.

2. Aufgaben der deutschen Sprachwissenschaft

Die Aufgabe der deutschen Sprachwissenschaft ist es, die deutsche Sprache der Gegenwart und Vergangenheit in Grammatik und Wortschatz, in ihren

geographischen und sozialen Differenzierungen, als Sprachsystem und im
Gebrauch durch die Sprecher zu untersuchen und zu beschreiben.

Die deutsche Sprachwissenschaft befasst sich demnach

- unter systematischem Aspekt mit den Strukturen der Laut- und
  Schriftebene, der Wortebene, der Satzebene und der Textebene,
- unter zeitlichem Aspekt mit der Gegenwartssprache und mit früheren
  Sprachstufen des Deutschen als einzelnen Sprachzuständen und in ihrer
  Entwicklung,
- unter räumlichem Aspekt mit der Abgrenzung und Gliederung des deutschen Sprachgebiets,
- unter sozialem Aspekt mit der Differenzierung der Sprache in situativ,
  thematisch oder an soziale Gruppen und Schichten gebundene Formen.

Ihre Ergebnisse vermittelt die deutsche Sprachwissenschaft in der Beschrei-
bungsform der Grammatik, des Wörterbuchs, des Sprachatlas und in den
verschiedenartigsten Einzeluntersuchungen.

3. Anwendungsgebiete der deutschen Sprachwissenschaft

Die Ergebnisse der deutschen Sprachwissenschaft sind von unmittelbarem
Nutzen für die deutsche Literaturwissenschaft. Bei der Analyse älterer,
insbesondere mittelalterlicher, deutscher Literatur sind Grammatiken und
Wörterbücher die Instrumente der philologischen Erschließung der Texte.
Soweit andere Wissenschaften ebenfalls Textüberlieferung erschließen, wie
die Geschichtswissenschaft mit all ihren Teildisziplinen, benutzen auch sie die
von der Sprachwissenschaft bereitgestellten philologischen Hilfsmittel.

Anwendungsgebiete der Sprachwissenschaft sind ferner alle Bereiche, in
denen Sprache gelehrt wird, also der Sprachunterricht im Sinne des mutter-
sprachlichen Unterrichts und im Sinne der Vermittlung des Deutschen als
Fremdsprache. Die Didaktik des Deutschunterrichts hat auch die Gegebenheiten des Unterrichtsgegenstandes Sprache zu berücksichtigen. Alle Lernmittel
für den Sprachunterricht beruhen daher auch auf den Ergebnissen der Sprachwissenschaft.

Darüber hinaus besteht in vielen wirtschaftlichen, sozialen, kulturellen und
religiösen Zusammenhängen ein Bedarf an Wissen über die Sprache, und
zwar über die Sprache im Allgemeinen und über die konkrete Einzelsprache,
sowie an der Fähigkeit zu ihrer richtigen, angemessenen und schöpferischen
Verwendung. Deshalb werden von der Sprachwissenschaft oder in Anwen-

dung sprachwissenschaftlicher Ergebnisse beispielsweise Herkunftswörterbücher, Stilwörterbücher und Sprach- und Stilratgeber hergestellt.

4. Zielsetzung der vorliegenden Einführung

Das Ziel der vorliegenden Einführung in die deutsche Sprachwissenschaft ist es, die Studierenden, insbesondere die Studienanfänger in die wichtigsten Fragestellungen, Begriffe, Methoden und Ergebnisse der deutschen Sprachwissenschaft einzuführen. Die Veranschaulichung der Begriffe und Methoden wird dabei mit der Information über grundlegende Tatsachen verbunden; neben der schrittweisen Einführung in die sprachwissenschaftlichen Methoden steht die abrissartige Orientierung über sprachwissenschaftliche Ergebnisse.

Die Zielsetzung des vorliegenden Buches unterscheidet sich deutlich von der anderer Einführungen in die Sprachwissenschaft. Das Buch ist explizit auf die einzelsprachliche germanistische Sprachwissenschaft ausgerichtet und berücksichtigt deshalb Aspekte der allgemeinen Sprachwissenschaft nur in dem unerlässlichen, also einem begrenzten Umfang. Wo immer es sinnvoll erscheint, wird in den Literaturhinweisen auf Kapitel in Einführungen in die allgemeine Sprachwissenschaft hingewiesen.

Für den Bereich der deutschen Sprachwissenschaft setzt diese Einführung sich im Unterschied zu anderen Werken das Ziel, möglichst vollständig alle Teilbereiche des Faches zu berücksichtigen, also nicht nur die Grammatik im engeren Sinne darzustellen.

Das Buch ist für Studierende geschrieben. Die Verfasser haben das Ziel, sich diesem Benutzerkreis verständlich zu machen. Deshalb wird besonderer Wert auf Anschaulichkeit und Konkretheit der Darstellung gelegt und möglichst viel mit authentischem sprachlichem Material gearbeitet. Damit sollen die Benutzer auch Lust an der Sache selbst bekommen. Am Ende eines mit diesem Buch beginnenden sprachwissenschaftlichen Germanistikstudiums stellen wir uns Deutschlehrer, Journalisten, Sachbuchlektoren, Betriebsredakteure, Lexikographen oder Sprachberater vor, die ein Verständnis für historische Bedingtheiten und geographische, soziale und fachliche Differenzierungen unserer Sprache besitzen, die morphologische, syntaktische, semantische und textuelle Strukturen analysieren können, die eine gute Kenntnis der für alle sprachwissenschaftlichen Fragen zur Verfügung stehenden Hilfsmittel wie Grammatiken und Wörterbücher besitzen und die schließlich aufgrund ihrer Kenntnisse und Fähigkeiten in der Lage sind, den gesellschaftlichen Bedarf an kompetenter Vermittlung von Wissen über unsere Sprache zu befriedigen.

5. Aufbau der vorliegenden Einführung

Der systematische Zusammenhang der Darstellung erschließt sich aus dem
ausführlichen Inhaltsverzeichnis. Das Register bietet daneben einen direkten
Zugang zu der Behandlung und Erklärung einzelner Begriffe und Phänomene.
Es zeigt mit den wiederholten Vorkommen der Stichwörter zugleich die
Querverbindungen zwischen den einzelnen Kapiteln auf. Besonderer Wert
wird zudem auf die Verweise zwischen den Kapiteln gelegt. An vielen Stellen
wird sprachliches Material mehrfach unter verschiedenen Aspekten behandelt,
worauf die Verweise aufmerksam machen.

Die Literaturhinweise sind grundsätzlich in drei Rubriken unterteilt. In der
Rubrik 'Kurzinformation' wird auf einschlägige Artikel im 'Metzler Lexikon
Sprache' hingewiesen. Unter der Rubrik 'Einführende Literatur' werden ent-
sprechende Stellen aus Einführungen in die allgemeine Sprachwissenschaft
genannt, ebenso einführende Darstellungen zu dem betreffenden Gebiet der
deutschen Sprachwissenschaft. Die Rubrik 'Grundlegende und weiterführende
Literatur' enthält die entsprechenden theoretischen Grundlagenwerke sowie
die Handbücher und Gesamtdarstellungen zu dem betreffenden Gebiet. Die
Literatur wird in den Literaturhinweisen verkürzt zitiert; die ausführlichen
Angaben finden sich in dem alphabetischen Literaturverzeichnis.

II. Sprache und Sprechen

1. Wie wir vom Sprechen sprechen

Sprachwissenschaft spricht über Sprache. Wissenschaftliches Sprechen über einen Gegenstand unterscheidet sich von alltäglichem Sprechen darüber. Für den Gegenstand Sprache lässt sich dieser Unterschied gut erkennen, wenn man erst einmal beobachtet und sammelt, wie alltäglich vom Sprechen gesprochen wird. Eine solche Wortsammlung kann der Leser selbst anstellen, so wie man sie auch in einer Lehrveranstaltung gemeinsam durchführen kann. In einem Lehrbuch kann nur das Ergebnis einer solchen Sammelarbeit präsentiert werden. Wörtersammlung und Wortschatzdarstellung erfolgt professionell in Wörterbüchern. Noch ehe wir sprachwissenschaftlich Näheres und Genaueres über Begriffe wie Wort und Wortschatz erfahren haben und noch ehe systematisch in das sprachwissenschaftliche Teilgebiet der Lexikographie eingeführt worden ist, benutzen wir bereits Wörterbücher als Hilfsmittel. Damit soll von Anfang an der Wert dieser Hilfsmittel verdeutlicht und ihre Benutzung geübt werden. Sprachwissenschaftliche Professionalität besteht in allen möglichen Berufsfeldern immer auch in der Kenntnis der Informationsmöglichkeiten, vor allem in Wörterbüchern.

¹**sprechen,** reden, predigen *(emotional),* schwatzen, schwätzen *(landsch.),* daherreden, drauflosreden *(ugs.),* sülzen *(salopp, landsch., abwertend),* schwadronieren, plappern, babbeln *(ugs., landsch.),* quatschen *(salopp),* dummes Zeug / kariert reden, quasseln *(salopp),* Quasselwasser / Babbelwasser / Brabbelwasser getrunken haben *(ugs.),* wie ein Buch / wie ein Wasserfall / ohne Punkt und Komma reden, schnattern, palavern *(ugs.),* parlieren, tönen, schwafeln *(abwertend),* Phrasen / leeres Stroh dreschen, faseln *(abwertend),* quakeln, quackeln, quäken, stammeln, radebrechen, lallen, labern *(salopp),* blädern *(ugs., österr.),* blödeln *(salopp),* Unsinn / Makulatur reden, brabbeln, brubbeln, sabbern *(salopp, abwertend),* sabbeln *(salopp, abwertend),* salbadern *(abwertend)* · *gepflegt:* Schriftsprache / Hochdeutsch / *(salopp)* nach der Schreibe sprechen · *mit jmdm. in einer bestimmten Weise:* einen Ton / eine Tonart anschlagen, mit einem gewissen Unterton sprechen · *herrisch, unhöflich:* im Kasernenhofton reden · *pathetisch:* auf hohem Kothurn gehen · *schmeichelnd:* flöten, säuseln · *mit besonderer Artikulation:* krächzen, knarren, knarzen, schnarren, kehlig / nasal / näselnd / krächzend / knarrend / knarzend / schnarrend sprechen · *mit jüdischem Akzent:* mauscheln, jiddeln · *mit tschechischem Akzent:* böhmakeln *(österr.)* · *über sein Lieblingsthema:* sein Steckenpferd reiten · *über Anstößiges:* schweinigeln, sauigeln *(derb),* die Sau rauslassen · *vergeblich:* tauben Ohren / in der Wüste predigen, in den Wind reden, sich den Mund fusslig / fusselig reden *(ugs.),* etwas trifft auf taube Ohren, bei jmdm. kein Gehör finden, gegen eine Wand / zu leeren Wänden reden · *undeutlich:* einen Kloß im Mund haben, nuscheln · *mit der Zunge anstoßend:* lispeln; **offen s.,** kein / keinen Hehl aus etwas machen, frisch / frei von der Leber weg reden; reden, wie einem der Schnabel gewachsen ist *(ugs.);* kein Blatt vor den Mund nehmen, seinem Herzen Luft machen, aus seinem Herzen keine Mördergrube machen, den Kropf leeren *(schweiz.),* Tacheles reden *(jidd.);* **nicht offen s.,** nicht recht mit der Sprache herausrücken / herauswollen *(ugs.),* drucksen, herumdrucksen *(ugs.),* sich winden wie ein Aal, um den Brei herumreden *(ugs.),* wie die Katze um den heißen Brei herumgehen / herumschleichen *(ugs.);*

Duden. Sinn- und sachverwandte Wörter. Synonymwörterbuch der deutschen Sprache, S. 666

An dieses Wortmaterial richten wir nun die Frage, unter welchen Aspekten mit den einzelnen Wörtern oder Wortverbindungen jeweils vom Sprechen gesprochen wird.

näseln, nuscheln, krächzen, lispeln, stottern, lallen

> Um im schriftlichen Text sichtbar zu machen, dass hier die Wörter als sprachliche Objekte gemeint sind, werden sie *kursiv* gedruckt. So unterscheiden sie sich vom übrigen Text, der gerade (recte) gedruckt ist.

Mit diesen Wörtern werden Besonderheiten bei der lautlichen Hervorbringung bezeichnet. Das Wortmaterial lässt sich noch erweitern um Wörter wie *brüllen, schreien, flüstern*, die das Sprechen nach der Lautstärke unterscheiden.

schwatzen, sülzen, quatschen, quasseln, labern, sabbeln

Mit diesen Wörtern wird – meist abwertend – ausgedrückt, dass über belanglose Dinge dahergeredet wird; das Sprechen wird also nach seiner inhaltlichen Funktion bezeichnet.

Wendungen wie *frisch/frei von der Leber weg reden, kein Blatt vor den Mund nehmen* usw. oder *herumdrucksen, um den Brei herumreden* beziehen sich auf die Wortwahl im Verhältnis zum Inhalt. Mit anderen Wörtern kann man auch den Zweck des Sprechens bezeichnen, wie zum Beispiel *jemandem drohen, jemandem etwas versprechen*.

Alle diese im Alltagswortschatz enthaltenen Aspekte des Sprechens über das Sprechen sind auch Aspekte der sprachwissenschaftlichen Beschäftigung mit der Sprache und dem Sprechen. Zur Einführung in diese Wissenschaft muss zunächst einmal geklärt werden, was mit den Wörtern *Sprache* und *Sprechen* gemeint ist.

2. "Wir sprechen alle gleich" – "Wir sprechen alle verschieden"

Die beiden einander entgegengesetzten Aussagen leuchten paradoxerweise beide auf den ersten Blick ein, und zwar aufgrund eigener Erfahrung jedes Sprechers.

Für die These "Wir sprechen alle gleich" kann etwa angeführt werden:

- "Wir sprechen alle die gleiche Sprache, nämlich Deutsch, und nicht Englisch oder Französisch usw."

Dieses Argument basiert auf der Beobachtung, dass einer in einem bestimmten geographischen Gebiet verwendeten Sprache andere in anderen Gebieten verwendete Sprachen gegenüberstehen. Im Hinblick auf die Sprache in anderen Sprachgebieten wird die Sprache im eigenen Sprachgebiet als gleich gesehen; die anderen Sprachen werden als 'Fremd'-Sprachen betrachtet.

– "Wir sprechen alle auf die gleiche Weise, indem wir alle dieselben Sprach- und Sprechorgane benutzen."

Dieses Argument zielt auf die bei allen Menschen identischen anatomischen Bedingungen des Sprechens. Ein Sprachorgan wäre beispielsweise das Broca-Zentrum im Gehirn, ein Sprechorgan die Zunge.

Für die These "Wir sprechen alle verschieden" kann etwa angeführt werden:

– "Jeder von uns kann an seiner Stimme erkannt werden."

Dieses Argument berücksichtigt die individuelle Beschaffenheit sowie den individuellen Gebrauch der Sprechorgane.

– "Ein Münchner spricht anders als ein Frankfurter."

Mit diesem Argument wird die Gebundenheit der Sprecher an die verschiedenen Sprachräume angesprochen.

– "Ein Maurer spricht anders als ein Rechtsanwalt."

In dieser Gegenüberstellung wird die berufliche und soziale Verschiedenheit der Sprecher deutlich.

Die Verschiedenheit des Sprechens kann mit den unterschiedlichsten Beobachtungen nachgewiesen werden, aus denen hier eine Auswahl vorgeführt wurde. Von diesem Befund aus stellt sich die Frage, wie eine sprachliche Verständigung gelingen kann.

3. Langue und Parole – System, Norm und Rede

Die Verständigung erfolgt trotz den Verschiedenheiten des Sprechens aufgrund der Gleichheit der jeweiligen Sprache. Solange alle Deutsch sprechen, stören beispielsweise ihre individuell verschiedenen Stimmen die Verständigung nicht. Erst wenn auch die Sprache verschieden ist, kommt keine Verständigung zustande. Die Verschiedenheit des Sprechens kann sich also sinnvollerweise nur auf die Art und Weise beziehen, in der von einer gemeinsamen Sprache Gebrauch gemacht wird.

Die gemeinsame **Sprache** umfasst das Inventar an Wörtern (den Wortschatz oder das Lexikon) und die Regeln für die Kombinationen der Wörter (die Grammatik).

Sprechen hingegen meint hier die durch verschiedene Faktoren bestimmte jeweils unterschiedliche Anwendung des Inventars und der Regeln. Sprechen als konkrete individuelle Realisierung hat der Sprachwissenschaftler Ferdinand de Saussure (1857-1913) mit dem französischen Terminus **Parole** bezeichnet. Sprache als das den Realisierungen zugrunde liegende System heißt **Langue**. Wenn zwei Sprecher dieselbe Langue verwenden, sprechen sie in diesem Sinne gleich; ihre Parole wird dennoch unterschiedlich sein. Langue kann im Deutschen als **Sprache** oder **Sprachsystem** wiedergegeben werden, Parole als **Rede** oder individuelle **Sprechhandlung**.

Das Begriffspaar Langue – Parole unterscheidet nur nach der Realisierung, was zu der Schwierigkeit geführt hat, dass dem konkreten **individuellen** Sprechen nicht nur ein Sprachsystem gegenübergestellt wird, sondern auch die normale, **überindividuelle** Verwirklichung. Der Begriff der Langue könnte dann enger oder weiter gefasst werden. Die damit verursachte Unklarheit ist mit der von Eugenio Coseriu (*1921) eingeführten begrifflichen Dreiheit **System – Norm – Rede** behoben.

– **System** bezeichnet das System der sprachlichen Ausdrucksmöglichkeiten,
– **Norm** die Gesamtheit der sozial gebräuchlichen Realisierungen,
– **Rede** das individuelle konkrete Sprechen.

Nur die einzelnen Redeakte können von der Sprachwissenschaft unmittelbar beobachtet werden. Aus den darin, wie Eugenio Coseriu sagt, 'konstant', 'normal' und 'traditionell' auftretenden Strukturen lässt sich die Norm abstrahieren. Aus der Norm kann wiederum auf die funktionalen Elemente des Sprachsystems geschlossen werden.

4. Zur Anwendung der Begriffe Norm und System auf Redeakte

Die folgenden Sätze a – f seien jeweils als Äußerungen einzelner Sprecher, also als Redeakte gegeben:

a) *Der Peter hat mich gehauen.*
b) *Der Peter hat mich **gehaut**.*
c) *Der Peter hat **mir** gehauen.*
d) *Der Peter **hast** mich gehauen.*
e) ***Den** Peter hat mich gehauen.*
f) *Der Peter **haben** mich gehauen.*

Im Vorgriff auf spätere Kapitel (insbesondere Kapitel VIII.), zugleich aber in Anwendung schulgrammatischer Kenntnisse, soll zunächst an dem unauffälligen Satz a erläutert werden, welche Kategorien und Regelungen des grammatischen Systems der deutschen Gegenwartssprache hier wirksam sind:

Das Verb *hauen* fordert ein Subjekt im Nominativ (*der Peter*) und ein Objekt im Akkusativ (*mich*).

Zwischen dem Subjekt (*der Peter*) und dem Verb (*hat*) besteht Kongruenz in Person und Numerus: Beide Elemente stehen in der 3. Person und im Singular.

Das bezeichnete Geschehen erfährt eine zeitliche Einordung durch die Form *hat gehauen* (und nicht *hatte*) und ebenso eine modale Einordnung (*hat* und nicht *habe*, *hätte*).

Zwischen dem männlichen Rufnamen *Peter* und dem Artikel im Maskulinum *der* besteht Genuskongruenz.

In den Sätzen b – f finden sich folgende Abweichungen:

b) *Der Peter hat mich **gehaut**.*
   Das Partizip ist nach dem Typ der schwachen Verben gebildet, und nicht wie *gehauen* nach dem Typ der starken Verben.

c) *Der Peter hat **mir** gehauen.*
   Das Objekt steht im Dativ.

d) *Der Peter **hast** mich gehauen.*
   Das Subjekt steht in der 3. Person, das Verb aber in der 2. Person.

e) ***Den** Peter hat mich gehauen.*
   Das Subjekt steht im Akkusativ.

f) *Der Peter **haben** mich gehauen.*
   Das Subjekt steht im Singular, das Verb im Plural.

In den Sätzen d, e und f sind funktionale Kategorien des sprachlichen Systems der deutschen Gegenwartssprache verletzt, nämlich die Kongruenz zwischen Subjekt und Verb in der Person (d) und im Numerus (f) sowie die Kasuskennzeichnung des Subjekts (e).

Im Satz b ist dagegen keine funktionale Störung auszumachen. Ob das Partizip in einer zusammengesetzten Verbform nach dem Muster *ge- ... -en* oder *ge- ... -t* gebildet wird, ist funktional irrelevant; man vergleiche die folgenden Formen:

starke Verben	**schwache Verben**
geschrieben	*gesagt*
gebogen	*gebeugt*
gebunden	*gefesselt*
genommen	*geraubt*
gegeben	*geschenkt*
gefahren	*gerannt*
gehauen	*gehaut*

Welches Verb nach welchem Typ konjugiert wird, ist eine Frage der Norm. Das Auftreten einer Form *gehaut* kann als Anzeichen eines Normwandels verstanden werden, bei dem ein starkes Verb die Formenbildung der schwachen Verben annimmt. Man vergleiche dazu die Kapitel XV. und XIX.

Im Satz c könnte eine regionale Variante der deutschen Gegenwartssprache vorliegen, nämlich Berliner Umgangssprache. In dieser Sprachvarietät wird beim Singular des Personalpronomens nicht zwischen Dativ und Akkusativ unterschieden:

Det hat er mir jejeben	= Dativ
Er hat mir jehauen	= Akkusativ

In der Standardsprache finden wir diese Verhältnisse nur im Plural des Personalpronomens:

Er hat es uns/euch gegeben	= Dativ
Er hat uns/euch gehauen	= Akkusativ

Satz c weicht also von der standardsprachlichen Norm ab, stimmt aber mit einer regionalsprachlichen Norm überein. Eine funktionale Kategorie des Systems wird nicht verletzt, wie die Verhältnisse im Plural zeigen.

5. Deskriptiver und präskriptiver Normbegriff

Wenn Norm definiert wird als die konstant, normal und traditionell vorkommenden sprachlichen Formen, dann ist es selbstverständlich, dass sprachliche Normen durch Beobachtung und Beschreibung ermittelt werden. Der sprachwissenschaftliche Normbegriff ist somit eindeutig als **deskriptiv** zu bestimmen.

Im Zusammenhang mit dem Sprachunterricht ist aber die Situation gegeben, dass die deskriptiv ermittelte Norm – der **normale** Sprachgebrauch – als der **richtige** Sprachgebrauch zum Lehrinhalt wird. Dann bekommt der Normbegriff **präskriptiven** Charakter. Ein solcher Normbegriff begegnet insbesondere im Zusammenhang mit einer auch für den geschriebenen Gebrauch standardisierten Hoch- und Schriftsprache, die die Sprachverwender 'richtig' gebrauchen wollen. So entsteht ein gesellschaftlicher Bedarf an Darstellungen der 'richtigen' Sprachform und an Sprachberatung; man vergleiche dazu die Kapitel XII. und XIX.

6. System, Diasystem, Subsysteme, Varietäten

Mit der Gegenüberstellung von Langue und Parole oder von System, Norm und Rede kann nun aber noch nicht das unterschiedliche Sprechen beispielsweise eines Maurers gegenüber einem Rechtsanwalt oder eines Frankfurters gegenüber einem Münchner erklärt werden.

So werden etwa die beiden Wörter *Richtscheit* und *Rechtsirrtum* nicht von allen Sprechern der deutschen Sprache verwendet beziehungsweise verstanden. Sie gehören offenbar nicht zum allgemeinen deutschen Sprachsystem. *Richtscheit* und *Rechtsirrtum* treten vielmehr in bestimmten fachlichen Verwendungen, eben in der Sprache des Maurers beziehungsweise des Rechtsanwalts, auf und werden so auch im Wörterbuch charakterisiert.

Rechts|irr|tum, der (Rechtsspr.): *Irrtum hinsichtlich der rechtlichen Bestimmungen, gegen die verstoßen wird (nicht hinsichtlich des Sachverhalts, Tatbestands).*

Richt|scheit, das (Bauw.): *langes, schmales Brett [mit eingebauter Wasserwaage], mit dem man feststellen kann, ob eine Fläche waagerecht, eine Kante gerade ist.*

Duden. Deutsches Universalwörterbuch, S. 1284, 1312

Richtscheit wird dem Bauw[esen] zugeordnet, *Rechtsirrtum* der Rechtsspr[ache].

Indem die Wörter in einer Sprache auftreten, gehören sie einer Langue an. Demnach existiert für das Maurerhandwerk wie für das Rechtswesen je eine eigene Langue. *Richtscheit* und *Rechtsirrtum* werden aber im Hinblick auf ihre Wortbestandteile ohne Weiteres als deutsche Wörter erkannt. Je nach der Hinsicht, unter der diese Wörter gesehen werden, gehören sie dem System der deutschen Sprache oder jeweils eigenen, mit diesem System teilweise übereinstimmenden Systemen an, die man Subsysteme oder Varietäten nennt. Mit dem Wortschatz bestimmter Sachbereiche und Sprechergruppen ist nur ein Beispiel für die Untergliederung des Deutschen in verschiedenartige Subsysteme gegeben. Man spricht hier auch von **diastratischer** Sichtweise; man vergleiche weiter Kapitel XII.

Auch das unterschiedliche Sprechen eines Frankfurters gegenüber einem Münchner beruht auf verschiedenen Subsystemen, die unter **diatopischem** Aspekt unterschieden werden. Die Unterschiede liegen hier außer im Wortschatz auch im lautlichen Bereich. Die Sprecher können ihren jeweiligen Dialekt (hessisch bzw. bairisch) sprechen, sie können sich aber auch einer regional geprägten Umgangssprache bedienen, zu der in Frankfurt zum Beispiel ein Wort wie *Äppelwoi* gehört oder in München ein Abschiedsgruß *Servus*; zur sprachgeographischen Gliederung des Deutschen vergleiche man weiter Kapitel XIII.

Die beobachtete Verschiedenheit des Sprechens innerhalb des Deutschen beruht also einmal auf den unterschiedlichen individuellen Realisierungen. Zum andern liegen ihr unterschiedliche Normen und Systembereiche zugrunde. Es wird hier eine Schichtung und Gliederung der Sprache selbst erkennbar. Die deutsche Sprache ist kein homogenes System; sie ist ein komplexes Gebilde aus verschiedenen Subsystemen, ein **Diasystem**. Für eine sprachwissenschaftliche Beschreibung des Deutschen, die auf die strukturellen Zusammenhänge eines Systems zielt, muss das jeweils gemeinte Teilsystem, die einzelne Varietät, genau abgegrenzt werden.

Literaturhinweise

Kurzinformation:
Metzler Lexikon Sprache. Artikel: Diastratisch, Diatopisch, Sprachnorm, Varietät (von U. Ammon), Langue, Parole, Sprachsystem (von W. Thümmel), Normative Grammatik (von H. Schwinn)

Einführende Literatur:
H. *Pelz*, Linguistik, S. 17-25, S. 57-67

Grundlegende und weiterführende Literatur:
E. *Coseriu*, in: E. Coseriu, Sprache. Strukturen und Funktionen, S. 45-59
A. *Martinet*, Grundzüge der Allgemeinen Sprachwissenschaft, 1. Kapitel
F. de *Saussure*, Grundfragen der allgemeinen Sprachwissenschaft, Einleitung (Kapitel III, IV)

III. Das sprachliche Zeichen

1. Eine Geschichte vom Umgang mit Wörtern

Die folgende Geschichte von Peter Bichsel (* 1935) erzählt vom Umgang eines alten Mannes mit Wörtern. Die darin dargestellte Erfahrung wird hier dazu verwendet, den Begriff des sprachlichen Zeichens einzuführen.

Peter Bichsel: Ein Tisch ist ein Tisch

Ich will von einem alten Mann erzählen, von einem Mann, der kein Wort mehr sagt, ein müdes Gesicht hat, zu müd zum Lächeln und zu müd, um böse zu sein. Er wohnt in einer kleinen Stadt, am Ende der Straße oder nahe der Kreuzung. Es lohnt sich fast nicht, ihn zu beschreiben, kaum etwas unterscheidet ihn von andern. Er trägt einen grauen Hut, graue Hosen, einen grauen Rock und im Winter den langen grauen Mantel, und er hat einen dünnen Hals, dessen Haut trocken und runzelig ist, die weißen Hemdkragen sind ihm viel zu weit.

Im obersten Stock des Hauses hat er sein Zimmer, vielleicht war er verheiratet und hatte Kinder, vielleicht wohnte er früher in einer andern Stadt. Bestimmt war er einmal ein Kind, aber das war zu einer Zeit, wo die Kinder wie Erwachsene angezogen waren. Man sieht sie so im Fotoalbum der Großmutter. In seinem Zimmer sind zwei Stühle, ein Tisch, ein Teppich, ein Bett und ein Schrank. Auf einem kleinen Tisch steht ein Wecker, daneben liegen alte Zeitungen und das Fotoalbum, an der Wand hängen ein Spiegel und ein Bild. Der alte Mann machte morgens einen Spaziergang und nachmittags einen Spaziergang, sprach ein paar Worte mit seinem Nachbarn, und abends saß er an seinem Tisch.

Das änderte sich nie, auch sonntags war das so. Und wenn der Mann am Tisch saß, hörte er den Wecker ticken, immer den Wecker ticken.

Dann gab es einmal einen besonderen Tag, einen Tag mit Sonne, nicht zu heiß, nicht zu kalt, mit Vogelgezwitscher, mit freundlichen Leuten, mit Kindern, die spielten – und das Besondere war, dass das alles dem Mann plötzlich gefiel. Er lächelte.

"Jetzt wird sich alles ändern", dachte er. Er öffnete den obersten Hemdknopf, nahm den Hut in die Hand, beschleunigte seinen Gang, wippte sogar beim Gehen in den Knien und freute sich. Er kam in seine Straße, nickte den Kindern zu, ging vor sein Haus, stieg die Treppe hoch, nahm die Schlüssel aus der Tasche und schloss sein Zimmer auf.

Aber im Zimmer war alles gleich, ein Tisch, zwei Stühle, ein Bett. Und wie er sich hinsetzte, hörte er wieder das Ticken, und alle Freude war vorbei, denn nichts hatte sich geändert.

Und den Mann überkam eine große Wut.

Er sah im Spiegel sein Gesicht rot anlaufen, sah, wie er die Augen zukniff;
dann verkrampfte er seine Hände zu Fäusten, hob sie und schlug mit ihnen auf
die Tischplatte, erst nur einen Schlag, dann noch einen, und dann begann er
auf den Tisch zu trommeln und schrie dazu immer wieder: "Es muß sich
ändern, es muß sich ändern!"
Und er hörte den Wecker nicht mehr. Dann begannen seine Hände zu
schmerzen, seine Stimme versagte, dann hörte er den Wecker wieder, und
nichts änderte sich.
"Immer derselbe Tisch", sagte der Mann, "dieselben Stühle, das Bett, das
Bild. Und dem Tisch sage ich Tisch, dem Bild sage ich Bild, das Bett heißt
Bett, und den Stuhl nennt man Stuhl. Warum denn eigentlich?" Die Franzosen
sagen dem Bett "li", dem Tisch "tabl", nennen das Bild "tablo" und den
Stuhl "schäs", und sie verstehen sich. Und die Chinesen verstehen sich auch.
"Weshalb heißt das Bett nicht Bild", dachte der Mann und lächelte, dann
lachte er, lachte, bis die Nachbarn an die Wand klopften und "Ruhe" riefen.
"Jetzt ändert es sich", rief er, und er sagte von nun an dem Bett "Bild".
"Ich bin müde, ich will ins Bild", sagte er, und morgens blieb er oft lange im
Bild liegen und überlegte, wie er nun dem Stuhl sagen wolle, und er nannte
den Stuhl "Wecker".
Er stand also auf, zog sich an, setzte sich auf den Wecker und stützte die
Arme auf den Tisch. Aber der Tisch hieß jetzt nicht mehr Tisch, er hieß jetzt
Teppich. Am Morgen verließ also der Mann das Bild, zog sich an, setzte sich
an den Teppich auf den Wecker und überlegte, wem er wie sagen könnte.
   Dem Bett sagte er Bild.
   Dem Tisch sagte er Teppich.
   Dem Stuhl sagte er Wecker.
   Der Zeitung sagte er Bett.
   Dem Spiegel sagte er Stuhl.
   Dem Wecker sagte er Fotoalbum.
   Dem Schrank sagte er Zeitung.
   Dem Teppich sagte er Schrank.
   Dem Bild sagte er Tisch.
   Und dem Fotoalbum sagte er Spiegel.
Also:
Am Morgen blieb der alte Mann lange im Bild liegen, um neun läutete das
Fotoalbum, der Mann stand auf und stellte sich auf den Schrank, damit er
nicht an die Füße fror, dann nahm er seine Kleider aus der Zeitung, zog sich
an, schaute in den Stuhl an der Wand, setzte sich dann auf den Wecker an den
Teppich und blätterte den Spiegel durch, bis er den Tisch seiner Mutter fand.
Der Mann fand das lustig, und er übte den ganzen Tag und prägte sich die
neuen Wörter ein. Jetzt wurde alles umbenannt: Er war jetzt kein Mann mehr,
sondern ein Fuß, und der Fuß war ein Morgen und der Morgen ein Mann.
Jetzt könnt ihr die Geschichte selbst weiterschreiben. Und dann könnt ihr, so
wie es der Mann machte, auch die anderen Wörter austauschen:
   läuten heißt stellen,
   frieren heißt schauen,

liegen heißt läuten,
stehen heißt frieren,
stellen heißt blättern.

So daß es dann heißt:

Am Mann blieb der alte Fuß lange im Bild läuten, um neun stellte das Fotoalbum, der Fuß fror auf und blätterte sich auf den Schrank, damit er nicht an
die Morgen schaute.

Der alte Mann kaufte sich blaue Schulhefte und schrieb sie mit den neuen
Wörtern voll, und er hatte viel zu tun damit, und man sah ihn nur noch selten
auf der Straße.

Dann lernte er für alle Dinge die neuen Bezeichnungen und vergaß dabei mehr
und mehr die richtigen. Er hatte jetzt eine neue Sprache, die ihm ganz allein
gehörte.

Hie und da träumte er schon in der neuen Sprache, und dann übersetzte er die
Lieder aus seiner Schulzeit in seine Sprache, und er sang sie leise vor sich
hin.

Aber bald fiel ihm auch das Übersetzen schwer, er hatte seine alte Sprache
fast vergessen, und er mußte die richtigen Wörter in seinen blauen Heften
suchen. Und es machte ihm Angst, mit den Leuten zu sprechen. Er mußte
lange nachdenken, wie die Leute zu den Dingen sagen.

Seinem Bild sagen die Leute Bett.
Seinem Teppich sagen die Leute Tisch.
Seinem Wecker sagen die Leute Stuhl.
Seinem Bett sagen die Leute Zeitung.
Seinem Stuhl sagen die Leute Spiegel.
Seinem Fotoalbum sagen die Leute Wecker.
Seiner Zeitung sagen die Leute Schrank.
Seinem Schrank sagen die Leute Teppich.
Seinem Tisch sagen die Leute Bild.
Seinem Spiegel sagen die Leute Fotoalbum.

Und es kam so weit, daß der Mann lachen mußte, wenn er die Leute reden
hörte. Er mußte lachen, wenn er hörte, wie jemand sagte: "Gehen Sie morgen
auch zum Fußballspiel?" Oder wenn jemand sagte: "Jetzt regnet es schon zwei
Monate lang." Oder wenn jemand sagte: "Ich habe einen Onkel in Amerika."
Er mußte lachen, weil er all das nicht verstand.

Aber eine lustige Geschichte ist das nicht. Sie hat traurig angefangen und hört
traurig auf.

Der alte Mann im grauen Mantel konnte die Leute nicht mehr verstehen, das
war nicht so schlimm.

Viel schlimmer war, sie konnten ihn nicht mehr verstehen.

Und deshalb sagte er nichts mehr.

Er schwieg, sprach nur noch mit sich selbst, grüßte nicht einmal mehr.

Peter Bichsel, Kindergeschichten, Sammlung Luchterhand, 9.A. Darmstadt und Neuwied
1979, S. 18-27

2. Das sprachliche Zeichen: Ausdruck und Inhalt

Wie der Text zeigt, werden Wörter als Zeichen für Sachen verwendet. Der
alte Mann ändert nun die Beziehungen zwischen den Wörtern und den Sachen. Die Sache "Bett" bezeichnet er nicht mehr mit dem Wort *Bett*, sondern
mit dem Wort *Bild*. Die Sache "Bild" erhält die Bezeichnung *Tisch*, die
Sache "Tisch" die Bezeichnung *Teppich* und so weiter.

Der alte Mann ändert also nicht die Sachen selbst, und er ändert auch
nicht die Wörter in ihrer äußeren Gestalt. Er ändert vielmehr, wie man es
auch alltagssprachlich und vorwissenschaftlich formulieren kann, die Bedeutung der Wörter.

Die Wörter erscheinen somit als gesprochene Lautfolgen oder als geschriebene Buchstabenfolgen, die in einer bestimmten Zeichenbeziehung zu Sachen
stehen. Die Wörter treten aber nicht unmittelbar als Zeichen für konkrete
einzelne Gegenstände wie dieses bestimmte Bild, jenes einzelne Bett und so
weiter auf. Sie bezeichnen vielmehr die Vorstellungen oder abstrakten Begriffe von Gegenständen, Vorgängen, Erscheinungen, Zuständen und so weiter.
Dies wird da besonders deutlich, wo über etwas gesprochen wird, das ohne-
hin nur in der Vorstellung existiert.

Die Zeichenfunktion der Wörter selbst wird als ihre **Bedeutung** bezeichnet.

	Laut- oder Buch-stabenfolge	Bedeutung	Vorstellung
übliche Verwendung	Bild		'Bild'
abweichende Verwendung			'Bett'

Das Sprachzeichen wird materiell als Laut- oder Buchstabenfolge realisiert,
die auf eine bestimmte Vorstellung verweist, also etwas 'bedeutet'. Die
materielle Komponente des sprachlichen Zeichens wird als **Ausdruck** (Signifikant, franz. signifiant) bezeichnet, die bezeichnete Vorstellung als **Inhalt**
(Signifikat, franz. signifié). Die Ausdrucksseite wird in diesem Buch durch
Kursivschrift gekennzeichnet (*Bild*), die Inhaltsseite durch einfache Anführungszeichen ('Bild').

Vielfach werden die Termini Inhalt und Bedeutung synonym verwendet.
Es kann aber auch zwischen ihnen unterschieden werden, indem eine relatio-

nale Bedeutungsdefinition zugrunde gelegt wird. Bedeutung ist dann die geregelte Verweisung mittels eines Ausdrucks auf einen Inhalt. Mit diesem Bedeutungsbegriff lässt sich dann präziser beschreiben, was der alte Mann mit den Wörtern macht: Er ändert nicht die Ausdrücke *Bild*, *Bett* usw.; er ändert auch nicht eigentlich den Inhalt 'Bild', 'Bett'; er ändert vielmehr die Zuordnung und verweist nun mit dem Ausdruck *Bild* auf den Inhalt 'Bett'.

Der Begriff der Bedeutung ist wohl der schwierigste sprachwissenschaftliche Begriff überhaupt. Daher existiert eine ganze Reihe von Sprachzeichenmodellen, die mehr oder weniger differenziert die Relationen zwischen Ausdrucks- und Inhaltsseite und bezeichneter Sache darstellen.

3. Konventionalität und Arbitrarität des sprachlichen Zeichens

Die Motivation des alten Mannes für seine Änderungen der Bedeutungen entsteht aus der Beobachtung, dass zwischen Ausdruck und Inhalt keine notwendige Beziehung besteht. Der alte Mann fragt nach der Begründung:

"… und den Stuhl nennt man Stuhl. Warum denn eigentlich? Die Franzosen sagen dem Bett "li", dem Tisch "tabl", nennen das Bild "tablo" und den Stuhl "schäs", und sie verstehen sich. Und die Chinesen verstehen sich auch."

Die Beobachtung fremder Sprachen zeigt, dass zur Bezeichnung derselben Inhalte nicht dieselben Ausdrücke verwendet werden müssen. Der Inhalt 'Bett' erfordert nicht notwendig den Ausdruck *Bett*, weil zwischen der materiellen Seite des Zeichens und der durch sie bezeichneten Vorstellung keine apriorische Verknüpfung existiert. In diesem Sinne nennt man das sprachliche Zeichen **arbiträr**, das heißt beliebig oder willkürlich.

Der alte Mann wird von den anderen nicht mehr verstanden, obwohl er die Ausdrucks- und Inhaltseinheiten bewahrt. Die anderen können ihn nicht verstehen, weil sie die von ihm gesetzten Beziehungen zwischen Ausdrucks- und Inhaltseinheiten nicht kennen. Für die anderen sind mit den von dem alten Mann verwendeten, ihnen bekannten Ausdruckseinheiten ganz bestimmte Inhaltseinheiten von vornherein verbunden. Indem Peter Bichsel in seiner Geschichte den alten Mann diese Verbindung aufheben lässt, wird auch dem Leser der Charakter dieser Verbindung zum Problem. Das abweichende Sprachverhalten wird so als Abweichen von einer sozialen Konvention erkennbar. Die Bedeutung der sprachlichen Zeichen wird von dem einzelnen Sprecher beim Spracherwerb erlernt. Damit wird eine sozial, historisch und geographisch bestimmte Konvention übernommen. In dem Scheitern des Versuchs, diese Konvention zu durchbrechen, wird die Fessel der Konvention sichtbar.

Die Notwendigkeit der Orientierung an der Konvention der Sprecher und damit an den anderen ist schon früh erkannt und formuliert worden. Christian Gueintz (1592-1650), ein Sprachwissenschaftler des Barock, drückte sie folgendermaßen aus:

Warlich / uns ist nicht frey / wie wir reden wollen / sondern wir müssen reden wie andere / so wir wollen von Ihnen verstanden werden.

Arbitrarität und **Konventionalität** des sprachlichen Zeichens gehören eng zusammen. Die Arbitrarität macht die Konventionalität notwendig, weil die Beziehung zwischen Ausdruck und Inhalt sich von keiner der beiden Seiten aus von selbst versteht. Arbitrarität und Konventionalität gehören zum Wesen des sprachlichen Zeichens und somit des Sprachsystems.

4. Zeichentypen

Sprachliche Zeichen bilden eine Untergruppe der Zeichen überhaupt. Zeichen sind stets materielle Größen, die auf etwas anderes, ihr **Denotat**, verweisen. Nach der Art des Denotatsbezugs unterscheidet man in der Zeichentheorie (Semiotik)

– Zeichen mit realem Denotatsbezug: **Index** oder indexikalisches Zeichen. Ein Beispiel sind etwa Fußspuren im Schnee, die von einem Tier verursacht wurden und als Zeichen für die Anwesenheit und die Bewegung dieses Tiers verstanden werden.
– Zeichen mit konventionellem und zugleich arbiträrem Denotatsbezug: **Symbol** oder symbolisches Zeichen. Als Beispiel sei hier neben den Sprachzeichen auf bestimmte Verkehrszeichen verwiesen, etwa auf das Zeichen 'Vorfahrt gewähren'.
– Zeichen mit Übereinstimmungen zu wahrnehmbaren Merkmalen des Denotats: **Ikon** oder ikonisches Zeichen. Derartige Übereinstimmungen können beispielsweise in Farbe, Klang, Form, Struktur, Reihenfolge bestehen. Beispiele für ikonische Zeichen sind etwa Piktogramme auf Wegweisern und Verkehrszeichen, zum Beispiel das Zeichen für einen Radweg.

5. Ikonizität und Motiviertheit von Sprachzeichen

Einen Einwand gegen die Arbitrarität der sprachlichen Zeichen haben schon immer die onomatopoetischen, das heißt lautnachahmenden Wörter begründet, wie zum Beispiel die Bezeichnung eines bestimmten Vogels nach seinem

Ruf als *Kuckuck*. Hier kann man zwischen Ausdruck und Inhalt eine kausale Beziehung herstellen: "Der Kuckuck heißt Kuckuck, weil er Kuckuck ruft." Hier besteht offensichtlich eine Übereinstimmung im wahrnehmbaren Merkmal Klang zwischen dem Zeichen *Kuckuck* und dem Denotat, dem Vogel, nämlich seinem Ruf. Das sprachliche Zeichen erscheint als motiviert, insofern der Vogel zweifellos nicht *Wauwau* oder *Kikeriki* heißen könnte. Da Sprachzeichen lautlich realisiert werden, könnte man annehmen, dass sie überhaupt nur in dem Sinne ikonisch sein könnten, dass Denotate mit akustischem Charakter durch klangnachahmende Zeichen bezeichnet würden. Ikonizität kann aber auch in geschriebener Sprache realisiert werden, wenn etwa in visueller Poesie eine inhaltliche Beziehung zwischen der graphischen Textstruktur und dem von den Wörtern bezeichneten Phänomen hergestellt wird. Ein Beispiel bietet Ernst Jandls Ebbe-Flut-Text:

```
ebbeebbeebbeebbeebbeflut
ebbeebbccbbeebbeebbeebbe
ebbeebbeebbeebbeebbeflut
ebbeebbeebbeebbefluuuuut
ebbeebbeebbefluuuuuuuut
ebbeebbefluuuuuuuuuuuut
ebbefluuuuuuuuuuuuuuut
fluuuuuuuuuuuuuuuuuuuut
ebbefluuuuuuuuuuuuuuuuut
```

Ernst Jandl, der künstliche baum, Sammlung Luchterhand 9, Neuwied am Rhein und Berlin 1970, S. 34

Ikonizität wird schließlich überhaupt allen sprachlichen Zeichen zugesprochen, die eine komplexere Struktur besitzen und bei denen zum Beispiel eine Übereinstimmung in der Reihenfolge der sprachlichen Elemente mit der Reihenfolge von Elementen im Denotat besteht, wie etwa bei Bezeichnungen von Farbfolgen in Nationalflaggen (*blau-weiß-rot*). Als ikonisch kann man auch Pluralformen wie *Kinder* auffassen, in denen gegenüber dem Singular *Kind* ein Mehr an sprachlichem Material einem Mehr an Inhalt entspricht.

Insgesamt ist der Begriff der Arbitrarität des sprachlichen Zeichens also zu relativieren.

6. Komplexität und Motiviertheit von Sprachzeichen

Analog zu dem Begründungssatz für die Motiviertheit des Sprachzeichens *Kuckuck* könnte man für Wörter wie *Bett, Bild, Tisch, Stuhl* keine Begründungssätze formulieren, wohl aber für Wörter wie *Fotoalbum* und *Wecker*: "Das Fotoalbum heißt Fotoalbum, weil es ein Album für Fotos ist." "Der Wecker heißt Wecker, weil er weckt." *Fotoalbum* und *Wecker* sind komplexe Sprachzeichen, die in Bezug auf ihre Bestandteile *Foto, Album, weck(en)* und *-er* (als Bezeichnung für ein Gerät, das etwas tut) durchsichtig sind. Die **morphologische Durchsichtigkeit** ist eine Bedingung für die semantische Motiviertheit der Wörter. Motiviert sind sie, wenn ihre Bedeutung aus der Summe der Bedeutungen der Teile und der Weise ihrer Zusammenfügung ableitbar ist; (man vergleiche dazu Kapitel VI.)

Umfangreicheres Wortmaterial kann schnell verdeutlichen, dass komplexe Zeichen nicht automatisch vollmotiviert sind. Bei einer Reihe von Komposita mit dem gleichen Grundwort *-wurst* zeigen sich vielmehr alle möglichen Übergangsformen zwischen motivierten Zeichen wie *Leberwurst* und gegenwartssprachlich nur teilmotivierten wie *Plockwurst, Mettwurst*:

Wurst	Pinkelwurst	Preßwurst
Extrawurst	Griebenwurst,	Weißwurst
Gelbwurst	Greubenwurst	[zɛrvəˈlaːt-]
Jagdwurst	Zungenwurst	FV Zer- Servelatwurst
Teewurst	Schinkenwurst	[ˈtsɛrvəlaːt-, ˈzɛr-]
Dampfwurst	Dosenwurst	Zervelatwurst
Brühwurst	Jausenwurst	Bratwurst
Streichwurst	Katenwurst	Rostbratwurst
Kochwurst	Leberwurst	Rotwurst
Knoblauchwurst	Trüffelleberwurst	Hartwurst
Rauchwurst	Geflügelleberwurst	Rostwurst
Katen(rauch)wurst	Kalbsleberwurst	Blutwurst
Fleischwurst	Räucherwurst	Bettwurst
Salamiwurst	Hausmacherwurst	Mettwurst
Schlackwurst	Dauerwurst	Katenrauchmettwurst
Knackwurst	Bierwurst	Grauwurst
Bockwurst	Erbswurst	Currywurst
Plockwurst	Hanswurst	Sülzwurst
Trüffelwurst	Schweinswurst	Grützwurst

G. Muthmann, Rückläufiges deutsches Wörterbuch, S. 961

Für eine weiterführende Analyse einzelner Wörter vergleiche man Kapitel XVI.

7. Die drei Beziehungen des sprachlichen Zeichens

Die Veränderung der Beziehungen der Sprachzeichen auf die Sachverhalte hat nur eine Beziehung des Sprachzeichens sichtbar gemacht. Weitere Beziehungsrichtungen werden wiederum an dem abweichenden Verhalten des alten Mannes in Peter Bichsels Geschichte erkennbar.

> Am Mann blieb der alte Fuß lange im Bild läuten, um neun stellte das Fotoalbum, der Fuß fror auf und blätterte sich auf den Schrank, damit er nicht an die Morgen schaute.

Die einzelnen Zeichen treten hier in Verbindungen mit anderen Zeichen auf, die nicht üblich sind: *blieb ... läuten, blätterte sich, der Fuß fror auf* und so weiter. Durch diese Unüblichkeit wird aber gerade die Beziehungsrichtung der Zeichen untereinander sichtbar.

> Und es kam so weit, daß der Mann lachen mußte, wenn er die Leute reden hörte. ... Er mußte lachen, weil er all das nicht verstand.

Das Nichtverstehen des alten Mannes und seine unübliche Reaktion des Lachens auf für die anderen völlig übliche Aussagen zeigen schließlich eine weitere Beziehungsrichtung der Sprachzeichen auf, nämlich die auf die Benutzer der Sprachzeichen, die Sprecher und Hörer.

Die Beziehung der Zeichen zu den Sachverhalten heißt **semantisch**, die Beziehung der Zeichen untereinander heißt **syntaktisch**, die Beziehung der Zeichen zu den Zeichenbenutzern heißt **pragmatisch**.

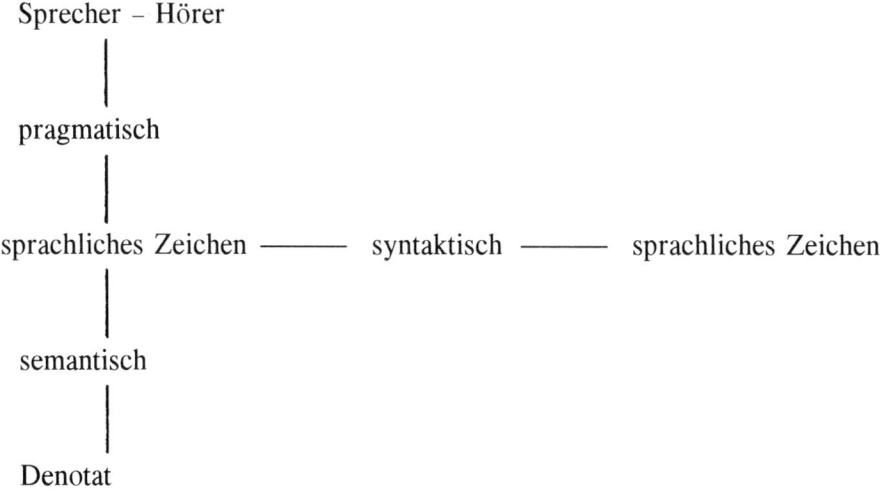

Literaturhinweise

Kurzinformation:

Metzler Lexikon Sprache. Artikel: Arbitrarität, Bedeutung, Ikon, Ikonismus, Index, Inhalt, Signifikant, Signifikat, Symbol, Zeichen (von H. Rehbock)

Einführende Literatur:

A. *Linke* – M. *Nussbaumer* – P.R. *Portmann*, Studienbuch Linguistik, S. 17-24
H. *Pelz*, Linguistik, S. 39-50

Grundlegende und weiterführende Literatur:

U. *Eco*, Einführung in die Semiotik
Ch.W. *Morris*, Grundlagen der Zeichentheorie
C.K. *Ogden* – L.A. *Richards*, Die Bedeutung der Bedeutung
F. de *Saussure*, Grundfragen der allgemeinen Sprachwissenschaft, Teil I, Kapitel I

IV. Phonetik und Phonologie

1. Das Phonem

Das folgende Gedicht von Christian Morgenstern führt durch seine Reime zur Reflexion der lautlichen Bestandteile der sprachlichen Zeichen.

Das ästhetische Wiesel

Ein Wiesel
saß auf einem Kiesel
inmitten Bachgeriesel.
Wißt ihr,
weshalb?
Das Mondkalb
verriet es mir
im Stillen:
Das raffinier-
te Tier
tats um des Reimes willen.

Christian Morgenstern, Gesammelte Werke in einem Band, hg. v. M. Morgenstern, München 1970, S. 197

Wörter, die vom letzten betonten Vokal an lautlich übereinstimmen, reimen aufeinander. In dem Gedicht von Christian Morgenstern ist der Reim selbst das Thema. Die Reime sind:

Wiesel : Kiesel : -geriesel, weshalb : Mondkalb
ihr : mir : raffinier- : Tier, Stillen : willen

Das Gedicht gewinnt seinen besonderen Reiz dadurch, dass der Inhalt in eine direkte Beziehung zur Form gesetzt wird. Im zweiten Teil des Gedichts wird der inhaltliche Aspekt von dem Dichter selbst als nicht relevant gekennzeichnet. Morgenstern gibt als Grund für den Inhalt 'Wiesel auf Kiesel inmitten Bachgeriesel' den Hinweis auf die Ausdrucksseite: Der Anlass für die Kombination der Sprachzeichen *Wiesel – Kiesel – -geriesel* ist gerade nicht eine inhaltliche Zusammengehörigkeit oder eine reale Situation, sondern ihre lautliche Ähnlichkeit, die die Voraussetzung für den Reim ist.

Bei aller Ähnlichkeit liegt aber im Reim auch ein lautlicher Unterschied zwischen den Reimwörtern vor; Reimbindung zwischen identischen Wörtern gilt als Sonderform (rührender Reim). Dem lautlichen Unterschied zwischen den reimenden Wörtern entspricht aber im Allgemeinen auch ein inhaltlicher Unterschied. In dem Reimpaar *Wiesel – Kiesel* ist der lautliche Unterschied minimal, da er nur in einem Laut besteht. Dieser Unterschied reicht aber aus, zwei sprachliche Zeichen der deutschen Sprache zu unterscheiden. Laute, die in einer bestimmten Sprache sprachliche Zeichen voneinander unterscheiden, heißen **Phoneme**. Der die Phoneme behandelnde Teil der Linguistik heißt Phonologie, Phonemik oder Phonematik.

Die Ermittlung der Phoneme erfolgt mit Hilfe von sprachlichen Zeichen, die so wenig lautliche Unterschiede wie möglich zeigen. Ein solches Wortpaar wie *Wiesel – Kiesel* heißt **Minimalpaar**. Aufgrund derartiger Minimalpaare sind /v/ und /k/ als Phoneme des neuhochdeutschen Sprachsystems erkennbar. Phoneme werden in Schrägstriche gestellt und durch Buchstaben der Lautschrift bezeichnet (sieh dazu Abschnitt 3.).

Die Phoneme /v/ und /k/ sind Bestandteile der Ausdrucksseite der sprachlichen Zeichen *Wiesel* und *Kiesel*, sie differenzieren diese sprachlichen Zeichen, sind aber selbst keine Bedeutungsträger. Dieselben Phoneme stehen in ausdruckskonstituierender und zeichendifferenzierender Funktion auch in ganz anderen Minimalpaaren wie *Wanne – Kanne*, *Wind – Kind*, *Wunde – Kunde*. Dieselben Phoneme werden also in einer Vielzahl verschiedener Umgebungen verwendet. Relativ wenige lautliche Elemente genügen daher zur Bildung der sprachlichen Zeichen.

2. Paradigmatische und syntagmatische Beziehungen

In einem Minimalpaar stehen zwei verschiedene Phoneme in derselben Umgebung einander gegenüber. Der Ersatz eines Elementes bei Bewahrung der Umgebung bedeutet eine Auswahl aus einem Vorrat von an dieser Stelle einsetzbaren Elementen. Diese Elemente stehen untereinander in **paradigmatischer Beziehung**.

Hand
Band
Rand
Wand
Sand
Land

In diesem Fall stehen die Phoneme /h/, /b/, /r/, /v/, /z/ und /l/ in paradigmatischer Beziehung. Die Umgebung ist jeweils gleich: Das Phonem steht im

Anlaut vor *-and*. Da diese Phoneme Zeichen unterscheiden, stehen sie untereinander in einem Gegensatz, der **Opposition** genannt wird.

Das einzelne Phonem steht aber immer auch in einer Beziehung zu seiner Umgebung; es muss sich durch einen **Kontrast** von dem vorhergehenden und dem folgenden Phonem unterscheiden. Ein sprachliches Zeichen besteht aus einer nicht umkehrbaren und auch sonst nicht veränderbaren Abfolge von Phonemen; es hat einen linearen Charakter. Die nebeneinander auftretenden Elemente stehen in **syntagmatischer Beziehung**.

Tag   tragen   Rat   raten

In diesen Beispielen steht das Phonem /t/ in den verschiedensten syntagmatischen Beziehungen, zum Beispiel im Anlaut vor Vokal, im Anlaut vor Konsonant und so weiter. Die Gesamtheit der Umgebungen, in denen ein Phonem auftritt, nennt man seine **Distribution**.

Jedes Phonem steht somit immer zugleich in syntagmatischen und paradigmatischen Beziehungen:

```
————————————————— syntagmatisch —————————————————

  l      –      e      –      b      –      en              |

  |             |             |             |        paradigmatisch

g(eben)    (l)o(ben)    (le)g(en)    (Leb)er              |
```

Dieses Schema zeigt, dass die syntagmatischen Beziehungen stets zwischen tatsächlich vorhandenen Elementen bestehen, also zwischen *l*-, *-e-* usw. in *leben*. Die paradigmatischen Beziehungen bestehen dagegen zwischen jedem der vorhandenen Elemente und den nicht vorhandenen, aber an seiner Stelle möglichen Elementen, also zwischen *l*- in *leben* und *g*- in *geben*, *-e-* in *leben* und *-o-* in *loben* usw.

Die Frage, wodurch sich die Phoneme selbst voneinander unterscheiden, stellt sich besonders da, wo die Phoneme einander ähnlich sind.

3. Die Lautschrift

Das folgende Gedicht von Heinrich Heine führt durch die Besonderheiten seiner Reime zur genaueren Beobachtung phonetischer Qualitäten der Phoneme.

Leise zieht durch mein Gemüt
Liebliches Geläute.
Klinge, kleines Frühlingslied,
Kling hinaus ins Weite.
Kling hinaus, bis an das Haus,
Wo die Blumen sprießen,
Wenn du eine Rose schaust,
Sag, ich laß sie grüßen.

Heinrich Heine, Sämtliche Schriften, hg. v. K. Briegleb, IV, München 1971, S. 301

Das vorliegende Gedicht zeigt Reimbindung, obwohl ein vollständiger Gleich-
klang vom letzten betonten Vokal an nicht vorliegt. Um den lautlichen Befund deutlicher zu machen, werden die Reimwörter in Lautschrift, die in
eckige Klammern gesetzt wird, gegenübergestellt.

Gem - üt	:	[y:t]	*-l -ied*	:	[i:t]
Gel - äute	:	[ɔʏtə]	*W - eite*	:	[aɪtə]
H - aus	:	[aʊs]	*sch - aust*	:	[aʊst]
spr - ießen	:	[i:sən]	*gr - üßen*	:	[y:sən]

Für Transkriptionen in Lautschrift wird die Lautschrift der Association
Phonétique Internationale/International Phonetic Association verwendet, die
als API- oder IPA-Lautschrift bezeichnet wird. Die Lautschrift wird hier in
einer für das Deutsche vereinfachten Form wiedergegeben.

a	Bach	bax		ŋ	jung	jʊŋ
ɑ	Saal	zɑ:l		o:	Lohn	lo:n
aɪ	Heim	haɪm		ɔ	Post	pɔst
aʊ	Haus	haʊs		ø	schön	ʃø:n
b	Bach	bax		œ	köstlich	ˈkœstlɪç
ç	Licht	lɪçt		ɔʏ	Heu	hɔʏ
d	Dach	dax		p	Post	pɔst
e:	Beet	be:t		r	Rost	rɔst
ɛ	Bett	bɛt		s	Riss	rɪs
ɛ	Säge	ˈzɛ:gə		ʃ	schön	ʃø:n
f	Fett	fɛt		t	Tal	tɑ:l
g	Gast	gast		u:	gut	gu:t
h	Hut	hu:t		ʊ	Kunst	kʊnst
i:	Lid	li:t		v	Welt	vɛlt
ɪ	Bild	bɪlt		x	Bach	bax
j	jung	jʊŋ		y:	Blüte	ˈbly:tə

k	kalt	kalt		ʏ	hübsch	hʏpʃ
l	Last	last		z	Saal	zɑ:l
m	Mast	mast		ə	Säge	ˈzɛ:gə
n	Nest	nɛst		ɐ	Vater	ˈfɑ:tɐ
				ʔ	alt	ʔalt

Die Transkriptionen lassen die Übereinstimmungen und Abweichungen in den einzelnen Reimpaaren erkennen: Bei *Gemüt* und *-lied* stimmt also der Auslaut [t] überein, der betonte Vokal [y:] – [i:] dagegen nicht. Dass die lautliche Verschiedenheit von [y:] und [i:] auch als orthographische Verschiedenheit von <ü> und <ie> erscheint, könnte als selbstverständlich angesehen werden. Der lautlichen Übereinstimmung im [t] entspricht jedoch keine orthographische Übereinstimmung; es erscheinen <t> und <d>. (Wenn die Schriftzeichen als solche besonders gekennzeichnet werden sollen, kann man sie in spitze Klammern setzen, zum Beispiel <t> in *Gemüt* und <d> in *-lied*). Umgekehrt kann aber auch eine orthographische Gleichheit auftreten, der keine lautliche Gleichheit entspricht:

> *die Sucht*   :   [zʊxt]
>
> *sie sucht*   :   [zu:xt]

Man kann also prinzipiell nicht mit einer einfachen Übereinstimmung von Lautfolge und Buchstabenfolge rechnen.

Die festgestellten lautlichen Verschiedenheiten in den Reimwörtern heben die Reimbindung nicht auf, weil die nicht übereinstimmenden Laute einander ähnlich sind. Es ergeben sich unreine Reime. Die Ähnlichkeit der Laute, die die Bedingung des unreinen Reims ist, kann genauer beschrieben werden.

4. Die artikulatorischen Merkmale der Laute als Grundlage der Phonemsysteme: Vokalismus und Konsonantismus

Bei der Aussprache von [i:] und [y:] in *-lied* und *Gemüt* kann die Ähnlichkeit der beiden Laute beobachtet werden. [y:] unterscheidet sich von [i:] nur durch die Rundung der Lippen. So wird ein artikulatorisches Merkmalpaar gerundet – ungerundet sichtbar.

Die Beschreibung der Laute ist Aufgabe der Phonetik. Sie unterscheidet nach den Aspekten der Erzeugung, der Übermittlung und der Aufnahme artikulatorische, akustische und auditive Eigenschaften der Laute. Die Phonologie beschreibt demgegenüber die Funktion der Laute im sprachlichen Zeichen innerhalb eines Sprachsystems.

Grundsätzlich wird zwischen Öffnungslauten (Vokalen) und Hindernis-
lauten (Konsonanten) unterschieden. Vokale sind Laute, bei denen der Luftstrom ungehindert austritt. Für die deutschen Vokale sind folgende **artikulatorischen Merkmale** relevant:

a) kurz und ungespannt – lang und gespannt, z.B.: [ɛ] – [ɛ:] *Gäste – Väter*
b) offen – geschlossen, z.B.: [ɛ:] – [e:] *Väter – geben*
c) vorn – hinten, z.B.: [ɪ] – [ʊ] *Bild – Burg*
d) ungerundet – gerundet, z.B.: [ɪ] – [ʏ] *Bild – Brücke*
e) hoch – mittel – tief, z.B.: [i] – [e] – [ɑ:] *Liebe – geben – Wahl*

Die Merkmale vorn – hinten und hoch – mittel – tief beziehen sich auf die
Lage der Zunge bei der Artikulation. Bei der Artikulation des [i:] ist die
Zunge unter den vorderen, harten Gaumen gewölbt, bei der Artikulation des
[u:] liegt die höchste Zungenerhebung unter dem hinteren, weichen Gaumen.
Bei der Artikulation des [ɑ:] liegt die Zunge flach.

Gaumen

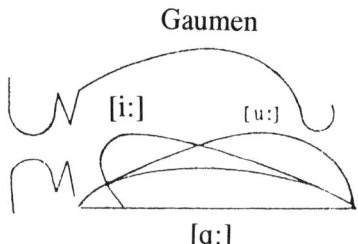

[i:]   [u:]

[ɑ:]

Die Merkmale ungerundet – gerundet betreffen die Lippenstellung. Mit
gerundeten Lippen werden zum Beispiel folgende Kurzvokale artikuliert: [œ]
Löffel, [ʏ] *hübsch*, [ɔ] *Glocke*, [ʊ] *Brust*.

Die Merkmale offen – geschlossen beziehen sich auf den Kieferwinkel.
Bei der Artikulation des [ɔ] in *Glocke* sind die Kiefer gegenüber der Artikulation des [o:] in *Boot* weiter geöffnet.

Die Merkmale kurz – lang betreffen die Dauer der Artikulation der Vokale; ungespannt und gespannt beziehen sich auf die gesamte Sprechmuskulatur,
besonders die Zunge.

Bei der verbundenen Artikulation zweier aufeinanderfolgender Vokale
entstehen Diphthonge, zum Beispiel [a] + [ʊ] = [aʊ] *Haus*.

Die phonetischen Merkmale liegen den Darstellungen des neuhochdeutschen Phonemsystems zugrunde. Im Vokalismus werden drei Teilsysteme unterschieden:

Kurzvokale ungespannte	vordere		hintere
	ungerundete	gerundete	
hohe	/ɪ/	/ʏ/	/ʊ/
mittlere	/ɛ/	/œ/	/ɔ/
tiefe	/a/		

Langvokale gespannte	vordere		hintere
	ungerundete	gerundete	
hohe	/i:/	/y:/	/u:/
mittlere	geschlossen: /e:/	/ø:/	/o:/
	offen: /ɛ:/		
tiefe	/ɑ:/		

Diphthonge	/aɪ/	/aʊ/	/ɔʏ/

Die **Konsonanten** unterscheiden sich von den Vokalen dadurch, dass bei ihrer Artikulation Hindernisse zu überwinden sind. Die Lage des Hindernisses im Mundraum legt die Artikulationsstelle fest. Es werden folgende Artikulationsstellen von vorne nach hinten fortschreitend unterschieden:

a) labial (an den Lippen), z.B.: [b] *Baum*
b) dental–alveolar (hinter den oberen Schneidezähnen und am oberen Zahndamm), z.B.: [t] *Tal*
c) palatal (am vorderen, harten Gaumen), z.B.: [ç] *nicht*
d) velar (am hinteren, weichen Gaumen), z.B.: [x] *Nacht*

e) uvular (am Zäpfchen), z.B.: [ʀ] *Brille*
f) glottal (an der Stimmritze), z.B.: [h] *Haus*.

Die Art des Hindernisses und die Art der Überwindung bestimmen die Artikulationsart:

a) plosiv (durch plötzliche Öffnung eines Verschlusses), z.B.: [p] *Pause*
b) frikativ (durch Reiben des Luftstroms an einer Verengung), z.B.: [f] *laufen*
c) nasal (durch Ausströmen der Luft durch die Nase bei Abschluss des Mundraumes), z.B.: [ŋ] *jung*
d) vibrierend (durch Schwingung unterbrochener Luftstrom), z.B.: [ʀ] *wirr*
e) lateral (durch seitliches Ausströmen der Luft bei Verschluss durch die Zungenspitze), z.B.: [l] *Wall*

Vibranten und Laterale werden zusammen als Liquide bezeichnet.

Bei der Verschluss- oder Engebildung sind verschiedene Teile der Zunge als artikulierendes Organ beteiligt. Es wird unterschieden nach dem vorderen Zungenrand (koronal) sowie nach dem vorderen und hinteren Zungenrücken (dorsal und postdorsal).

Nach der Stimmtonbeteiligung können die Konsonanten in die beiden Gruppen der stimmhaften und stimmlosen Konsonanten eingeteilt werden; man vergleiche zum Beispiel: [v] – [f] *Wein – fein*.

Beim Zusammentreten eines stimmlosen Plosivs mit einem stimmlosen Frikativlaut an derselben Artikulationsstelle spricht man von einer Affrikate, so zum Beispiel bei /pf/ und /ts/ in *Pfund, Zeit*.

Für die deutsche Gegenwartssprache ergibt sich, systematisch nach Artikulationsart und -stelle geordnet, das folgende Konsonantensystem, in dem die Konsonanten mit der Lautschrift bezeichnet sind:

Artikulations-art	Artikulationsstelle und -organ	Labial / Labial	Dental / Labial	Dental-Alveolar / Koronal	Präpalatal / Koronal	Präpalatal / Mediodorsal	Postpalatal-Velar / Postdorsal	Velar / Postdorsal	Uvular / Postdorsal	Glottal
Plosiv	stimmlos	/p/		/t/			/k/			
Plosiv	stimmhaft	/b/		/d/			/g/			
Affrikata		/pf/		/ts/						
Frikativ	stimmlos		/f/	/s/	/ʃ/	[ç]		[x]		/h/
Frikativ	stimmhaft		/v/	/z/		/j/				
Nasal		/m/		/n/			/ŋ/			
Lateral				/l/						
Vibrant				[r]					[ʀ]	

Anmerkung zur Tabelle: Die labial-labial gebildeten Konsonanten heißen Bilabiale, die dental-labial gebildeten Labiodentale.

5. Die distinktiven Merkmale der Phoneme

Die Erarbeitung der phonetischen Eigenschaften der Laute ermöglicht eine Zusammenstellung der unterscheidenden Merkmale der Phoneme:

/v/ *(Wiesel)*: frikativ, labiodental, stimmhaft
/k/ *(Kiesel)*: plosiv, postpalatal-postdorsal, stimmlos
/z/ *(reisen)*: frikativ, alveolar-koronal, stimmhaft
/s/ *(reißen)*: frikativ, alveolar-koronal, stimmlos

In der Opposition von /v/ und /k/ sind alle Merkmale verschieden, bei der Opposition von /z/ und /s/ nur ein Merkmal. Hier wird ansatzweise erkennbar, wie die Phonologie die Oppositionen weiter differenzieren kann. Die Merkmale, die Oppositionen tragen können, heißen **distinktive Merkmale**.

Die in einer Sprache vorhandenen distinktiven Merkmale müssen die vorhandenen phonetischen Merkmale der einzelnen Laute nicht ausschöpfen. Im deutschen Sprachgebiet werden zum Beispiel zwei verschiedene vibrierende Konsonanten gesprochen, die an verschiedenen Artikulationsstellen gebildet werden. Neben dem uvular-postdorsalen [ʀ] steht ein alveolar-koronales [r], das durch Vibration der Zungenspitze erzeugt wird. Zwischen den beiden Lauten besteht ein großer Abstand in Bezug auf die Artikulationsstelle, der mit dem Abstand zwischen [s] und [x] vergleichbar und ebenso deutlich akustisch wahrnehmbar ist. Das Wort [ʀa:t] – [ra:t] ist aber dennoch kein Minimalpaar, da es sich um zwei verschiedene Realisierungen desselben Zeichens *Rat* handelt. Die Merkmale der Artikulationsstelle sind in diesem Fall also nicht distinktiv. Bei [ʀ] und [r] handelt es sich um freie, regional verteilte Varianten desselben Phonems /ʀ, r/. Phonemvarianten heißen **Allophone**. Auch der *ich*-Laut [ç] und der *ach*-Laut [x] sind Allophone eines Phonems, das in Anlehnung an die Orthographie auch als /ch/ bezeichnet wird. Ihr Auftreten richtet sich nach der lautlichen Umgebung; diese Allophone können daher nicht in derselben Umgebung auftreten, sie sind komplementär distribuiert.

6. Silbenbegriff und Silbenphonologie

Die Phonologie der Einzellaute, die sogenannte segmentale Phonologie, erlaubt noch nicht die Beschreibung von Wortformen. Die einzelne Wortform besteht nicht unmittelbar aus Phonemen, sondern aus Silben, geregelten Folgen von Phonemen.

Die Gliederung in Sprechsilben ist den Sprechern unmittelbar einsichtig; Schulkinder können bei der Besprechung der graphischen Worttrennung am

Zeilenende, die meist der Silbenstruktur folgt, ohne Weiteres bei jeder Silbe einer mehrsilbigen Wortform in die Hände klatschen. Die Gliederung der Wortform in Silben ist prinzipiell nicht mit der morphematischen Gliederung einer Wortform in Morpheme identisch (man vergleiche dazu im Einzelnen Kapitel VI.), wie hier im Vorgriff an Beispielen erkennbar wird:

Silbengliederung	Morphemgliederung
lie - ben	*lieb - en*
lieb - lich	*lieb - lich*
lieb - li - che	*lieb - lich - e*

Eine Übereinstimmung ist stets zufällig.

Der Aufbau der Silbe aus Phonemen ist regelhaft und sprachspezifisch, das heißt, bestimmte Phonemkombinationen sind je nach Sprache an einzelnen Positionen der Silbe zulässig.

Die Silbenpositionen heißen Anfangsrand – Kern – Endrand. Kern und Endrand bilden den Reim. Kern ist im Deutschen meist ein Vokal. Silben mit leerem Endrand, also solche, die auf Vokal enden, heißen offene Silben; Silben mit gefülltem Endrand, also solche, die auf Konsonant enden, heißen geschlossene Silben. Silben mit leerem Anfangsrand, also solche, die mit Vokal beginnen, heißen nackte Silben. Sie sind im Deutschen selten, da im heimischen Wortschatz dem betonten Vokal der glottale Plosiv, der 'Knacklaut' [ʔ], vorausgeht.

Das Vorkommen und die Kombination der Phoneme im Anfangs- und Endrand folgt bestimmten Regeln, die zu einem allgemeinen Silbenbaugesetz zusammengefasst werden können. Hier sei zur Veranschaulichung nur auf typische Kombinationen von zwei Konsonanten im Anfangsrand und im Endrand hingewiesen:

Anfangsrand:	Plosiv	–	Liquid	(*klein*, ***Preis***)
	Frikativ	–	Liquid	(*schlau*, *frei*)
Endrand:	Liquid	–	Plosiv	(*welk*, *hart*)
	Liquid	–	Frikativ	(*falsch*, *scharf*)

Schließlich gehört zur Phonetik und Phonologie noch die Beschreibung der Regelung des Wortakzents sowie die Darstellung der Satzintonation, worauf hier aber nicht eingegangen werden kann.

Definitionen zur Phonologie

- **Phonem** ist ein Laut, der innerhalb eines sprachlichen Systems zur Unterscheidung sprachlicher Zeichen verwendet wird.
- **Allophon** meint die phonetisch variierende Realisierung eines Phonems.
- Ein **Minimalpaar** besteht aus zwei Zeichen, die sich in nur einem Phonem unterscheiden.
- **Opposition** ist der zeichenunterscheidende Gegensatz von zwei in derselben Umgebung möglichen Phonemen.
- **Paradigmatisch** heißt die Beziehung sprachlicher Elemente zu den in derselben Umgebung an ihrer Stelle möglichen anderen sprachlichen Elementen.
- **Kontrast** ist der zeichenkonstituierende Gegensatz der aufeinander folgenden Phoneme.
- **Syntagmatisch** heißt die Beziehung der sprachlichen Elemente zu den in ihrer Umgebung vorkommenden Elementen.
- **Distribution** meint die Gesamtheit der Umgebungen, in denen ein Phonem vorkommt.
- **Distinktive Merkmale** sind die phonetischen Eigenschaften von Lauten, die die Oppositionen tragen.
- **Silbe** ist die lautliche Einheit zwischen Phonem und Wortform mit charakteristischer einzelsprachlicher Struktur.

Literaturhinweise

Kurzinformation:

Metzler Lexikon Sprache. Artikel: Allophon, API, Distinktives Merkmal, Lautschrift, Opposition, Phonem, Silbe (von B. Pompino-Marschall)

Einführende Literatur:

H. *Pelz*, Linguistik, S. 69-107

A. *Linke* – M. *Nussbaumer* – P.R. *Portmann*, Studienbuch Linguistik, S. 401-435 (von U. Willi)

Duden. Grammatik der deutschen Gegenwartssprache, Kapitel: Der Laut und die Lautstruktur des Wortes (von P. Eisenberg)

Grundlegende und weiterführende Literatur:
Phonetik:

B. *Pompino-Marschall*, Einführung in die Phonetik

K.J. *Kohler*, Einführung in die Phonetik des Deutschen

Phonologie:

T.A. *Hall*, Phonologie. Eine Einführung

N.S. *Trubetzkoy*, Grundzüge der Phonologie

G. *Meinhold* – E. *Stock*, Phonologie der deutschen Gegenwartssprache

M. *Philipp*, Phonologie des Deutschen

O. *Werner*, Phonemik des Deutschen

V. Geschriebene Sprache und Orthographie

1. Sprechen und Schreiben

Wenn Sprechen in Kapitel II. im Sinne von Rede als individuelle Realisierung verstanden wird, so existieren für diese Realisierung zwei verschiedene Mittel: das Sprechen und das Schreiben. Der Ausdruck *Sprechen* wurde also bei den bisherigen Überlegungen in dieser Hinsicht undifferenziert verwendet und schloss das Schreiben ein.

Nun müssen aber auch die besonderen Bedingungen von Sprechen im eigentlichen Sinne und von Schreiben im eigentlichen Sinne berücksichtigt werden. Sie werden beim Vergleich alltäglicher Situationen deutlich. Beim Verkaufsgespräch beispielsweise sind Sprecher und Hörer in der Regel zur gleichen Zeit am gleichen Ort. Die schriftliche Bestellung und ihr Empfang erfolgen dagegen in zeitlicher und räumlicher Distanz. Daraus ergibt sich einerseits für den Sprecher ein unmittelbarer Kontakt zum Hörer, der Schreiber tritt dagegen mit dem Leser nur mittelbar in Kontakt. Das Sprechen ist im Vollzug noch in vieler Hinsicht modifizierbar, etwa durch Sprechtempo, Lautstärke, aber auch durch Gestik und Mimik. Dagegen muss das Schreiben mit den graphischen Mitteln auskommen. Der Sprecher kann sich mit Blick auf den Hörer ständig verbessern. Beim Schreiben vollzieht sich die Produktion in der Regel langsamer und reflektierender. Die einmal abgesandte Nachricht kann aber nicht mehr korrigiert werden. Die Aufnahme des Gesprochenen erfolgt gleichzeitig mit der Hervorbringung, sie ist nur einmalig möglich und unter Umständen lückenhaft und gestört. Das Lesen einer Mitteilung dagegen kann beliebig oft erfolgen. Geschrieben wird daher aufgrund der genannten Bedingungen insbesondere in Situationen, in denen es auf Genauigkeit, Bewahrbarkeit und Reproduzierbarkeit der Nachricht ankommt. Gesprochen wird dagegen in allen Situationen, in denen eine rasche und unmittelbare Reaktion möglich und erwünscht ist.

2. Graphische und phonische Realisierung – gesprochene und geschriebene Konzeption

Weitere Veranschaulichung an unterschiedlichen Situationen zeigt, dass mit den Ausdrücken Sprechen und Schreiben nicht genau genug unterschieden wird. Der mündlich vorgetragene Text eines wissenschaftlichen Vortrags ist oft vorher schriftlich ausformuliert. Umgekehrt lesen wir in einem gedruckten Interview Äußerungen, die zuvor mündlich konzipiert und realisiert worden sind.

Um diese Phänomene angemessen zu erfassen und die Merkmale gesprochener und geschriebener Sprache sinnvoll anwendbar zu machen, sind die Begriffe und die Terminologie vor allem von romanistischen Sprachwissenschaftlern weiterentwickelt worden. Das Medium der sprachlichen Kommunikation lässt sich nur entweder als phonisch oder als graphisch bestimmen, womit aber auch nur eine rein äußerliche Bestimmung gegeben ist. Relevant für die sprachliche Gestaltung im Sinne der im Abschnitt 1. beschriebenen Merkmale ist hingegen die kommunikative Strategie, nämlich die Konzeption des Textes für die geschriebene oder für die gesprochene Kommunikation. Dabei sind Übergangsformen zu beobachten, zum Beispiel ein privater Brief mit weniger strenger Normbeachtung neben einem amtlichen Schreiben mit Beachtung aller Normen.

Die Trennung des Begriffpaares gesprochen – geschrieben in die zwei Gegensätze der phonischen und graphischen Realisierung einerseits und der konzeptionellen Mündlichkeit und Schriftlichkeit andererseits erlaubt angemessenere Beschreibungen. So wird beispielsweise Internetkommunikation in Chats zweifellos graphisch realisiert, gehört aber in den Bereich gesprochener Konzeption und zeigt daher viele Merkmale der Mündlichkeit. Umgekehrt lässt die bei Vorträgen nicht seltene Handbewegung zur gestischen Signalisierung von Anführungszeichen erkennen, dass der mündlich realisierte Text eigentlich geschrieben konzipiert wurde. Interpunktion kann nun einmal nur gelesen, nicht gehört werden.

3. Strengere Normativität geschriebener Sprache und orthographische Normkodifikation

Für Schreiben und Sprechen haben sich entsprechend ihren Funktionen und ihren Situationsbedingungen eigene Normen der Realisierung entwickelt. Zu diesen Normen der Realisierung gehören insbesondere die Aussprachenorm und die Orthographie. Dabei entspricht es den Funktionen mündlicher Kommunikation, dass hier nur in Ausnahmefällen die Aussprachenorm für die phonische Realisierung angewandt wird, weshalb auch gar kein Bedarf an einer von irgendeiner Institution sanktionierten Norm besteht. Aus den Funktionen geschriebener Sprache ergibt sich der höhere Aufwand bei der Gestaltung und die strengere Beachtung ihrer Normen. Insbesondere hat sich für die graphische Realisierung eine Rechtschreibnorm von sehr viel höherer

Normativität entwickelt, die in der Moderne für den Gebrauch in den Schulen und im amtlichen Schriftverkehr staatlich geregelt wird.

Im gesamten deutschen Sprachgebiet gilt daher eine relativ einheitliche Orthographie, die in ihren inhaltlichen Regelungen letztlich auf der im 18. Jahrhundert entwickelten Norm beruht. Im 19. Jahrhundert wurde in einem langwierigen Prozess die Einheitlichkeit dieser Norm herbeigeführt und ihre Festlegung in Regelwerken und Wörterbüchern erreicht. Seit der II. Orthographischen Konferenz im Jahre 1901 und dem Beitritt der Schweiz im Jahre 1902 gilt diese Orthographie im gesamten deutschen Sprachgebiet.

Nach mehreren Anläufen und jahrzehntelanger Diskussion kam es im Jahre 1996 zu einer von den deutschsprachigen Staaten verabschiedeten Rechtschreibreform, die von der schreibenden und lesenden Gesellschaft zum Teil heftig abgelehnt wurde und wird, gleichwohl aber in den Schulen eingeführt wurde; man vergleiche die Schlussbemerkung des an der Reform beteiligten Sprachwissenschaftlers Dieter Nerius:

> So bleibt die 1996 vereinbarte Neuregelung der deutschen Rechtschreibung der erste Reformvorschlag im 20. Jahrhundert, der in das Stadium der Realisierung eingetreten ist. Über die allgemeine Durchsetzung dieser Regelung mit oder ohne Modifizierung wird die Zukunft entscheiden, zumal ja bis 2005 die alte Regelung noch zulässig ist und in den Schulen nicht als fehlerhaft gewertet werden soll. Unabhängig davon, wie man die Neuregelung beurteilt, ist es ein orthographiegeschichtlich bedeutsames Ereignis, dass es in Anbetracht der Komplexität des Bedingungsgefüges und sogar über Staatsgrenzen hinweg erstmals seit 1901 gelungen ist, einen gemeinsamen Beschluss zur Weiterentwicklung der deutschen Orthographie zu fassen und diesen Beschluss auch in die Praxis umzusetzen.

Dieter Nerius, Deutsche Orthographie, Kapitel 9.3. Entstehung und Einführung der Neuregelung von 1996, S. 388f.

4. Alphabetschrift und phonologisches Prinzip

Das für die Schreibung der deutschen Sprache verwendete Schriftsystem beruht auf der lateinischen Alphabetschrift. Durch deren Elemente – die Buchstaben – ist prinzipiell eine Beziehung der Schriftzeichen auf die Laute gegeben.

Den **Phonemen** als lautlichen Einheiten entsprechen **Grapheme** als schriftliche Repräsentanten der Phoneme; dabei wird hier ein relationaler Graphembegriff zugrunde gelegt. Bei strenger Anwendung dieses **phonologischen Prinzips** wäre eine eindeutige Zuordnung je eines Phonems zu je einem Graphem zu erwarten. Eine Betrachtung der deutschen Gegenwartsorthographie zeigt aber, dass die Zuordnung von Phonemen und Graphemen nicht einheitlich geregelt ist. So kann das Phonem /ɑ:/ orthographisch verschieden realisiert werden:

/ɑ:/   <a> Magen; <aa> Saal; <ah>   Zahl

Dass entsprechende Beobachtungen auch für andere Phoneme gelten, geht aus der systematischen Gegenüberstellung von Phonemen und ihren orthographischen Repräsentanten im Deutschen hervor.

Vokalismus						
Kurzvokale				**Diphthonge**		
/ɪ/	<i>	*Bild*	/aɪ/		<ei>	*Weise*
/ʏ/	<ü>	*hübsch*			<ai>	*Waise*
/ʊ/	<u>	*Kunst*	/aʊ/		<au>	*Baum*
/ɛ/	<e>	*Held*	/ɔʏ/		<eu>	*heute*
	<ä>	*hält*			<äu>	*Häute*
/œ/	<ö>	*können*				
/ɔ/	<o>	*oft*				
/a/	<a>	*Bach*				

Langvokale						
/i:/	<i>	*Lid*	/ɛ:/		<ä>	*träge*
	<ie>	*Lied*			<äh>	*Mähne*
	<ih>	*ihm*	/ø:/		<ö>	*schön*
/y:/	<ü>	*Blüte*			<öh>	*Höhle*
	<üh>	*Bühne*	/o:/		<o>	*Pol*
/u:/	<u>	*Mut*			<oo>	*Boot*
	<uh>	*Huhn*			<oh>	*Lohn*
/e:/	<e>	*Weg*	/ɑ:/		<a>	*Tag*
	<ee>	*Beet*			<aa>	*Saal*
	<eh>	*Sehne*			<ah>	*Zahl*

	Einfach-schreibun-gen	Doppel-schreibun-gen	Besonderheiten
			Konsonantismus
/p/	\<p\>	\<pp\>	\<b\> im Auslaut (*Leib*)
/t/	\<t\>	\<tt\>	\<d\> im Auslaut (*Hand*)
/k/	\<k\>	\<kk\>	\<g\> im Auslaut (*Tag*) \<ck\> (*Sack*) \<q\> in \<qu\> (*Quark*) \<ch\> in \<chs\> (*Dachs*) \<x\> = /k/ + /s/ (*Hexe*)
/b/	\<b\>	\<bb\>	
/d/	\<d\>	\<dd\>	
/g/	\<g\>	\<gg\>	
/pf/			\<pf\> (*Pfund*)
/ts/			\<z\> (*Zahl*) \<tz\> (*Satz*)
/f/	\<f\>	\<ff\>	\<v\> (*Vater*)
/ʃ/			\<sch\> (*schön*) \<s\> vor \<p\> (*Spiel*) \<s\> vor \<t\> (*Star*)
/s/		\<ss\>	\<ß\>, \<s\> im Auslaut (*Gruß, aus*) \<x\> = /k/ + /s/ (*Hexe*)
/ch/			\<ch\> (*ich*)
/h/	\<h\>		
/v/	\<w\>		\<u\> in \<qu\> (*Quark*), \<v\> (*Vase*)
/z/			\<s\> im An- und Inlaut (*Sonne, leise*)
/j/	\<j\>		
/m/	\<m\>	\<mm\>	
/n/	\<n\>	\<nn\>	
/ŋ/			\<ng\> (*eng*), \<n\> vor \<k\> (*Bank*)
/l/	\<l\>	\<ll\>	
/r/	\<r\>	\<rr\>	

(handwritten annotations: "kvaɪrk" next to the /k/ row; arrow and "?" next to the /ŋ/ row; at bottom "\<bank\> ⇨ /baŋ/ ???")

Die Komplexität der Beziehungen kann noch deutlicher veranschaulicht werden, wenn man wie in dem Handbuch 'Deutsche Orthographie' sowohl von der phonologischen wie von der graphematischen Seite ausgeht. Aus den mehrere Seiten umfassenden Tabellen sei hier ein Ausschnitt zu den *s*-Lauten und *s*-Graphien gegeben:

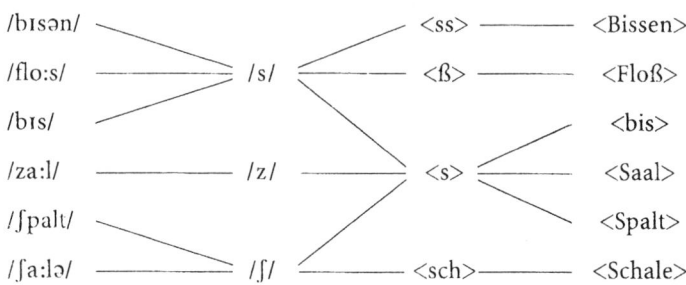

Dieter Nerius, Deutsche Orthographie, S. 122

5. Das semantische Prinzip der Orthographie

Die orthographische Norm steht zunächst einmal im Dienst der Aufzeichnungsfunktion der Schreibung. Sie ordnet dem Laut, genauer: dem Phonem, die jeweilige Schreibung, das Graphem, zu und folgt damit einem phonologischen Grundprinzip. Darauf beruht umgekehrt die Möglichkeit, beim lauten Lesen den Graphemen die Phoneme in ihrer jeweiligen Realisierung zuzuordnen. Dem phonologischen Grundprinzip entspricht es, dass dem Phonem /ɪ/ ein Graphem <i> zugeordnet ist, dass die Länge der Vokale teils direkt, teils indirekt bezeichnet wird und so weiter.

Es sind aber auf den ersten Blick vielfältige Abweichungen vom phonologischen Grundprinzip erkennbar: So stehen einerseits mehrfach für ein Phonem mehrere Grapheme zur Verfügung: [ɛ] – <e>, <ä>, /aɪ/ – <ei>, <ai> und so weiter.

Andererseits wird der lautliche Unterschied zwischen *Hand* [-t] und *Hände* [-d-] in der Schreibung nicht ausgedrückt, obwohl ein eigenes Graphem <t> zur Verfügung stände.

Wenn statt der möglichen Schreibungen *Hant – Hende* die Schreibungen *Hand – Hände* gewählt wurden, so wird damit die Identität des Wortes *Hand* graphisch besser bewahrt. Die Schreibung erlaubt es, in den verschiedenen

Wortformen das eine Wort *Hand* als Bedeutungsträger optisch wiederzuerkennen. Diese Schreibung dient damit unmittelbar der Erfassungsfunktion, der Inhaltsübermittlung. Sie folgt damit einem semantischen, das heißt auf die Inhaltsseite der Sprache gerichteten Grundprinzip, das im vorliegenden Fall als morphologisches Einzelprinzip (**morphologisch-semantisches Prinzip**) auftritt (zum Begriff des Morphems sieh Kapitel VI.).

Diesem Prinzip zufolge gilt in der deutschen Gegenwartsorthographie Morphemkonstanz. Ganze Wortfamilien zeigen durchgehend dieselbe Schreibung des Grundmorphems, vom Umlautzeichen abgesehen:

lehren, Lehre, Lehrer, Lehrbuch, belehren, Belehrung, unbelehrbar usw.

leeren, Leere, entleeren, Entleerung usw.

Haut, Häute, häuten, Häutung, Hautpflege usw.

Das morphologisch-semantische Prinzip besitzt in der Gegenwartsorthographie eine große Reichweite und regelt viele Schreibungen.

Auf der Wortebene wirkt das **lexikalisch-semantische Prinzip** in der konkreten Ausprägung der Großschreibung der Wortart Substantiv ebenfalls in großem Umfang. Eine wesentlich geringere Rolle spielt es in der unterscheidenden Schreibung homophoner, das heißt gleichlautender, Wörter wie *Weise – Waise, Moor – Mohr*.

Auf der Satzebene wird das **syntaktisch-semantische Prinzip** in der Großschreibung am Satzanfang und vor allem in der Interpunktion wirksam.

Auf der Textebene regelt das **textuell-semantische Prinzip** unter anderem die Großschreibung am Anfang von Überschriften; darüber hinaus wirkt es in allen Formen graphischer Textgestaltung in Absätzen, Einrückungen und so weiter; dazu vergleiche man Kapitel XI.

Definitionen

- **Graphem** ist die schriftliche Repräsentation eines Phonems.
- **Phonologisches Prinzip** heißt das Prinzip der Beziehung der Schriftzeichen auf die Lautseite der Sprache, also auf die Phoneme.
- **Semantisches Prinzip** heißt das Prinzip der Beziehung der Schriftzeichen auf die Inhaltsseite der Sprache.

Literaturhinweise

Kurzinformation:

Metzler Lexikon Sprache. Artikel: Alphabetische Schrift, Graphem, Graphematik, Graphem-Phonem-Korrespondenz, Geschriebene Sprache, Geschriebene Sprachform, Schrift, Schriftlich-keit, Schriftsystem (von H. Glück); Gesprochene Sprache, Gesprochene Sprachform, Münd-lichkeit (von G. Schoenthal); Orthographie, Orthographiereform (von G. Augst)

Einführende Literatur:

Duden. Grammatik der deutschen Gegenwartssprache, Kapitel: Der Buchstabe und die Schrift-struktur des Wortes (von P. Eisenberg)

Grundlegende und weiterführende Literatur:

P. *Koch* – W. *Oesterreicher*, Romanistisches Jahrbuch 36 (1985) S. 15-43

U. *Maas*, Grundzüge der deutschen Orthographie

H.H. *Munske*, Orthographie als Sprachkultur

D. *Nerius*, Beiträge zur deutschen Orthographie

D. *Nerius*, Deutsche Orthographie

Die *Rechtschreibreform*. Pro und Kontra

Schrift und Schriftlichkeit. Ein interdisziplinäres Handbuch

VI. Grundbegriffe der Wortbildung

1. Die Ermittlung der Morpheme

Der Textanfang aus 'Der Tod in Venedig' von Thomas Mann wird unter dem Aspekt des Aufbaus des sprachlichen Zeichens betrachtet:

Gustav Aschenbach oder von Aschenbach, wie seit seinem fünfzigsten Geburtstag amtlich sein Name lautete, hatte an einem Frühlingsnachmittag des Jahres 19.., das unserem Kontinent monatelang eine so gefahrdrohende Miene zeigte, von seiner Wohnung in der Prinzregentenstraße zu München aus allein einen weiteren Spaziergang unternommen. Überreizt von der schwierigen und gefährlichen, eben jetzt eine höchste Behutsamkeit, Umsicht, Eindringlichkeit und Genauigkeit des Willens erfordernden Arbeit der Vormittagsstunden, hatte der Schriftsteller dem Fortschwingen des produzierenden Triebwerkes in seinem Innern, jenem »motus animi continuus«, worin nach Cicero das Wesen der Beredsamkeit besteht, auch nach der Mittagsmahlzeit nicht Einhalt zu tun vermocht und den entlastenden Schlummer nicht gefunden, der ihm, bei zunehmender Abnutzbarkeit seiner Kräfte, einmal untertags so nötig war. So hatte er bald nach dem Tee das Freie gesucht, in der Hoffnung, daß Luft und Bewegung ihn wiederherstellen und ihm zu einem ersprießlichen Abend verhelfen würden.
Es war Anfang Mai und, nach naßkalten Wochen, ein falscher Hochsommer eingefallen. Der Englische Garten, obgleich nur erst zart belaubt, war dumpfig wie im August und in der Nähe der Stadt voller Wagen und Spaziergänger gewesen. Beim Aumeister, wohin stillere und stillere Wege ihn geführt, hatte Aschenbach eine kleine Weile den volkstümlich belebten Wirtsgarten überblickt, an dessen Rand einige Droschken und Equipagen hielten, hatte von dort bei sinkender Sonne seinen Heimweg außerhalb des Parks über die offene Flur genommen und erwartete, da er sich müde fühlte und über Föhring Gewitter drohte, am Nördlichen Friedhof die Tram, die ihn in gerader Linie zur Stadt zurückbringen sollte.
Zufällig fand er den Halteplatz und seine Umgebung von Menschen leer. Weder auf der gepflasterten Ungererstraße, deren Schienengeleise sich einsam gleißend gegen Schwabing erstreckten, noch auf der Föhringer Chaussee war ein Fuhrwerk zu sehen; hinter den Zäunen der Steinmetzereien, wo zu Kauf stehende Kreuze, Gedächtnistafeln und Monumente ein zweites, unbehaustes Gräberfeld bilden, regte sich nichts, und das byzantinische Bauwerk der Aussegnungshalle gegenüber lag schweigend im Abglanz des scheidenden Tages.

Thomas Mann, Die Erzählungen, Frankfurt a.M. 1966, S. 444f.

Der Inhalt des vorliegenden Textes wird durch die am Aufbau des Textes beteiligten Einheiten vermittelt. Im herkömmlichen Sinne gelten als kleinste bedeutungstragende Einheiten der Sprache die Wörter. Bereits das Beispiel *Eindringlichkeit* (Z. 6) zeigt aber, dass in Wörtern wieder andere Wörter enthalten sein können, neben denen andere Elemente stehen, die man nicht als Wörter bezeichnen kann, die aber auch an der Bedeutung des ganzen Wortes beteiligt sind. Das Verfahren der Ermittlung und Bestimmung dieser Einheiten soll zunächst an diesem Beispiel *Eindringlichkeit* erarbeitet werden.

In *Eindringlichkeit* ist das Adjektiv *eindringlich* enthalten. Die Gegenüberstellung von *Eindringlichkeit* und *eindringlich* als selbständig vorkommenden Wörtern führt zu der Beobachtung eines Elements *-keit*. Dieses ist bereits insofern an der Bedeutung des Wortes *Eindringlichkeit* beteiligt, als das Wort *Eindringlichkeit* einer anderen Wortart angehört als das Wort *eindringlich* und sich die beiden Wörter in diesem Element *-keit* unterscheiden. *-keit* lässt sich auch in anderen Wörtern wiederfinden:

Eindringlich	/	*keit*	*Haltbar*	/	*keit*
Freundlich	/	*keit*	*Regsam*	/	*keit*
Traurig	/	*keit*	*Übel*	/	*keit*

Diesen Wörtern mit jeweils unterschiedlicher Bedeutung ist gemeinsam, dass sie Substantive sind und dass bei Abtrennung des Elements *-keit* Adjektive als Grundlage erkennbar werden. Aufgrund dieses Befundes lässt sich dem Element *-keit* die Funktion zuordnen, zu Adjektiven Substantive zu bilden, in denen die Adjektivbedeutung als selbständige Größe ausgedrückt wird. Diese Funktion ist das, was das Element *-keit* zur Bedeutung des ganzen Wortes beiträgt.

Auch das Wort *eindringlich* steht in einer vergleichbaren Wortreihe:

eindring	/	*lich*	*bedroh*	/	*lich*
männ	/	*lich*	*freund*	/	*lich*
gelb	/	*lich*	*bitter*	/	*lich*

Es handelt sich um Adjektive, deren Grundlage Verben, Substantive oder Adjektive sind. An ihrer Bedeutung ist das Element *-lich* beteiligt. Das Beispiel *männlich* zeigt, dass bei der Kombination von Elementen auch lautliche Veränderungen auftreten können.

Das Wort *Eindringlichkeit* besteht also aus drei Elementen, die gemeinsam die Bedeutung ergeben. Das sind *eindring(en)*, *-lich*, *-keit*. Diese Elemente stehen im Hinblick auf die Bedeutung aber nicht einfach nebeneinander. Das Element *-keit* verbindet sich nur mit Adjektiven, so dass nur eine Zweigliederung in *eindringlich* und *-keit* erfolgen kann. Die durch das Element *-lich* gegebene Festlegung auf die Wortart Adjektiv ist in der Bildung auf *-keit* aufgehoben. Der Bestandteil *eindringlich* seinerseits ist ebenfalls in eine Zweiheit aufzulösen, da sich das Element *-lich* mit Verben, Substantiven und Adjektiven verbindet. Die Wortbildungsstruktur kann folgendermaßen veranschaulicht werden:

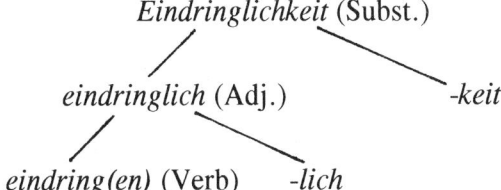

Strukturelle Elemente wie *eindringlich* und *-keit* bilden auf verschiedenen, hierarchisch geordneten Ebenen Wörter oder Teile von Wörtern. In dieser Eigenschaft werden sie **Konstituenten** genannt, ihre Verbindung und Anordnung **Konstituentenstruktur**. Als unmittelbare Konstituenten, also als Bildungselemente auf derselben hierarchischen Stufe, stehen sich im gewählten Beispiel *eindringlich* und *-keit* gegenüber, wobei *eindringlich* seinerseits ebenfalls als Wortbildungsprodukt erkannt und in die unmittelbaren Konstituenten *eindring(en)* und *-lich* zerlegt werden kann.

Die Beschreibung der Konstituentenstruktur setzt die **morphologische Durchsichtigkeit** und die **semantische Motiviertheit** einer Wortbildung voraus; (man vergleiche Kapitel III.6.). So ist das Wort *Eindringlichkeit* im Hinblick auf die durch die Kombination der einzelnen Elemente entstandene Bedeutung beschreibbar als 'Eigenschaft des Eindringlich-Seins'. In dieser Umschreibung der Bedeutung bleibt die Konstituente *eindringlich* erhalten, während die Konstituente *-keit* durch bedeutungsbeschreibende sprachliche Mittel ersetzt wird. Mit dieser Art der Umschreibung, die als **Paraphrasierung** bezeichnet wird, werden die beiden unmittelbaren Konstituenten *eindringlich* und *-keit* in ihrer Funktion verdeutlicht. Zugleich wird die Entscheidung für diese Form der Zerlegung begründet.

Die kleinsten am Zustandekommen der Bedeutung eines Wortes beteiligten Einheiten der Sprache werden **Morpheme** genannt. Verbreitet ist eine verkürzte Definition des Morphems als kleinste bedeutungstragende Einheit der Sprache. Wenn man aber Bedeutung als Verweisung eines Ausdrucks auf einen Inhalt versteht, so hat nur eine Morphemkonstruktion als Ganzes eine

Bedeutung, an der die einzelnen Morpheme in unterschiedlicher Weise beteiligt sind.

Das Verfahren, mit dem die Morpheme ermittelt werden, gliedert sich in die beiden Schritte des **Segmentierens** und **Klassifizierens**. Segmentieren bedeutet die Zerlegung von komplexen Wörtern in ihre Bestandteile (*eindringlich*, *-keit*). Für den als Morphem zu klassifizierenden Bestandteil *-keit* werden Oppositionen gebildet, die das Morphem *-keit* in verschiedenen Umgebungen zeigen.

Eindringlich-
Freundlich-   *-keit*
Traurig-

Die Segmentierung ist nur dann sinnvoll, wenn auch die verbleibenden Elemente mit einer vergleichbaren Funktion in anderen Umgebungen vorkommen. Diese Bedingung ist insofern erfüllt, als die Elemente *eindringlich*, *freundlich* und *traurig* auch als selbständige Wörter, und zwar als Adjektive, auftreten.

Beim Klassifizieren des Morphems ist in syntagmatischer Hinsicht seine Umgebung und in paradigmatischer Hinsicht seine Beziehung zu anderen in denselben Umgebungen auftretenden Morphemen zu berücksichtigen. Das Morphem *-keit* tritt an andere Wörter an und bildet mit ihnen Substantive. In diese Klasse gehören ferner beispielsweise die Morpheme *-heit*, *-e*, *-ei*, *-ung*, die alle feminine Substantive von anderen Wörtern ableiten:

Menschlich-keit, Schön-heit, Größ-e, Drucker-ei, Beweg-ung.

Es gibt allerdings auch eine Reihe von Fällen, in denen ein Morphem nur in einer Morphemkonstruktion auftritt, wie zum Beispiel *Him-* in *Himbeere*. Die Abtrennung des Morphems *Him-* ist durch die Opposition zu *Erdbeere* als richtig erweisbar. Morpheme wie *Him-* in *Himbeere* werden als **unikale Morpheme** bezeichnet, da sie nur in einer einzigen Verbindung auftreten. Wortbildungen mit unikalen Morphemen sind in der Regel nur historisch zu erklären.

Fugenelemente

Das Substantiv *Geburtstag* (Z. 1-2) weist außer den Bestandteilen *Geburt* und *Tag* mit *-s-* ein Element auf, das in der Fuge zwischen beiden Elementen steht und entsprechend als Fugenelement bezeichnet wird. Vergleichbare Fugenelemente zeigen auch andere Wortbildungen des Textes: *Prinzregent-*

en-straße (Z. 4), *Vormittag-s-stunden* (Z. 7), *Mittag-s-mahlzeit* (Z. 10), *Wirt-s-garten* (Z. 20), *Gräb-er-feld* (Z. 31), *Aussegnung-s-halle* (Z. 32).

Das Beispiel *Geburt-s-tag* zeigt, dass das Fugenelement nicht unbedingt in Zusammenhang mit der Flexion der ersten Konstituente *Geburt* zu sehen ist. Bei der Flexion des Femininums *Geburt* tritt kein *-s* auf. Das Fugenelement kann hier also keine flexivische Bedeutung (etwa des Genitivs Singular oder des Plurals) in die Bedeutung der Bildung einbringen. Das gilt auch für *-s-* in *Aussegnung-s-halle*.

In anderen Fällen stimmen die Fugenelemente formal mit Flexionselementen der ersten Konstituenten überein, zum Beispiel in *Prinzregent-en-straße* (Genitiv Singular), *Vormittag-s-stunden* (Genitiv Singular), *Mittag-s-mahlzeit* (Genitiv Singular), *Wirt-s-garten* (Genitiv Singular), *Gräb-er-feld* (Plural). Das Fugenelement *-er-* tritt nur bei Wörtern auf, die den Plural mit *-er* bilden: *Grab – Gräberfeld, Huhn – Hühnerei, Rind – Rindersteak*.

2. Die Funktionsklassen der Morpheme

Bei der bisherigen Morphemanalyse sind bereits zwei verschiedene Klassen von Morphemen sichtbar geworden.

Grundlage jedes Wortes ist immer mindestens ein Morphem, das die inhaltliche Beziehung des Wortes zu dem bezeichneten Sachverhalt und zu anderen Wörtern begründet und häufig auch allein als Wort auftreten kann, zum Beispiel *Tee* (Z. 13), *klein* (Z. 20). Nach ihrer Wichtigkeit für das ganze Wort nennt man diese Morpheme **Grundmorpheme**. Ein Wort besteht aus mindestens einem Grundmorphem. Es kann aber auch mehrere Grundmorpheme aufweisen. Beispielsweise bestehen die Bildungen *Hoch-sommer* und *Halte-platz* jeweils aus zwei Grundmorphemen. Die Morpheme in *Hoch-sommer* können auch als selbständige Wörter allein auftreten (*hoch* und *Sommer*). Grundmorpheme dieser Art werden als **freie Grundmorpheme** bezeichnet. In *Halte-platz* ist *Platz* ebenfalls ein freies Grundmorphem, während *Halte-* so als Wort nicht vorkommt. Grundmorpheme, die als selbständige Wörter in dieser Form nicht vorkommen, werden als **gebundene Grundmorpheme** bezeichnet. Häufig werden die Grundmorpheme zur Bildung neuer Wörter mit Morphemen vom Typ *-keit, -lich* und so weiter kombiniert, so zum Beispiel in *amt-lich* (Z. 2). Diese Morpheme treten entweder vor Grundmorpheme und werden **Präfix** genannt (z.B. *er-, ge-, be-, ver-*) oder sie treten hinter Grundmorpheme und werden **Suffix** genannt (z.B. *-lich, -heit, -ung, -nis*). Als Oberbegriff für Präfix und Suffix wird **Affix** verwendet. Diese Morpheme modifizieren die Bedeutung der Grundmorpheme und dienen der Überführung eines Grundmorphems in verschiedene Wortarten und damit zugleich in verschiedene syntaktische Funktionen. Im Hinblick auf ihren Anteil an der Bildung des ganzen Wortes heißen sie **Formationsmorpheme**.

Die Segmentierung der Morpheme des Wortes *Jahres* (Z. 3) führt auf eine weitere Klasse von Morphemen. Das Element *-es* lässt sich aufgrund folgender Oppositionen segmentieren: *Jahr-es : Haus-es : Hut-es : Mann-es*. Die verbleibenden Elemente *Jahr-, Haus-, Hut-, Mann-* können auch mit einem Segment *-e* verbunden auftreten: *Jahr-e, Haus-e, Hut-e, Mann-e*. Im Unterschied zu den Formationsmorphemen entsteht bei dieser Verbindung kein neues Wort. Es entsteht eine neue Wortform oder ein neues grammatisches Wort, das heißt ein Wort, das grammatisch anders einsetzbar ist. Das Morphem *-es* lässt sich als Genitivendung im Singular neutraler und maskuliner Substantive klassifizieren. In syntagmatischer Hinsicht ist sein Auftreten gebunden an neutrale und maskuline Substantive, denen die Artikelform *des* oder *eines* vorangehen kann. In paradigmatischer Hinsicht steht die Genitivendung *-es* in Opposition zur Dativendung *-e* und zum Fehlen von Endungen im Nominativ und Akkusativ. Um die Opposition auch dieser Formen in Bezug auf die Endung benennen zu können, spricht man ihnen eine **Nullendung** zu; sie wird als Ø geschrieben: *Geist-Ø* gegenüber *Geist-es*. Das Morphem *-es* gehört in die Klasse der **Flexionsmorpheme** oder **Flexive**, die vor allem die Beziehungen der Wörter im Satz ausdrücken und daher auch **Relationsmorpheme** heißen. Auf diese Weise sind sie an der grammatischen Bedeutung beteiligt, die die Wörter im jeweiligen Kontext haben. Formations- und Relationsmorpheme lassen sich als stets unselbständige **Hilfsmorpheme** den Grundmorphemen gegenüberstellen. Die Flexionsmorpheme bilden jeweils kategorial bestimmte geschlossene Paradigmen. Im Unterschied dazu sind die Wortbildungsparadigmen offen, insofern sie durch Neubildungen prinzipiell erweiterbar sind.

Die im Text von Thomas Mann vorkommenden Wörter lassen sich nunmehr segmentieren, ihre Morpheme klassifizieren. Es treten beispielsweise die folgenden Grundmorpheme auf: *Tag* in *Geburtstag* (Z. 1-2), *Weg* in *Heimwege* (Z. 22), *Garten* in *Wirtsgarten* (Z. 20), *fünf* in *fünfzigsten* (Z. 1). Formationsmorpheme sind beispielsweise *-ung* in *Wohnung* (Z. 4), *-lich* und *-keit* in *Eindringlichkeit* (Z. 6), *er-* und *-lich* in *erspießlich* (Z. 30). Als Flexionsmorpheme klassifizierbar sind beispielsweise *-em* in *seinem* (Z. 1), *-es* in *Jahres* (Z. 3), *-en* in *produzierenden* (Z. 8).

3. Arten der Wortbildung

Während die Flexionsmorpheme der Verbindung der Wörter im Text dienen und neue Wortformen schaffen, bilden Grund- und Formationsmorpheme neue Wörter. Dabei können grundsätzlich zwei Verfahren nach der Art der beteiligten Morpheme unterschieden werden. In dem Wort *Hochsommer* (Z. 16) treten als unmittelbare Konstituenten die beiden Wörter *hoch* und *Sommer* zusammen. Wortbildungen wie diese, in denen die beiden Konstituenten Wörter oder Grundmorpheme sind, die auch außerhalb der jeweiligen Verbindung vorkommen, nennt man **Komposita** oder **Zusammensetzungen**. Den Wortbildungstyp nennt man **Komposition** oder **Zusammensetzung**. Den Komposita sind Wortbildungen gegenüberzustellen, in denen eine Konstituente nicht frei vorkommt. Die Konstituente *-keit* in dem Wort *Eindringlichkeit* (Z. 6) ist als Formationsmorphem zu klassifizieren. Sie leitet aus dem Wort *eindringlich* eine neue Bildung ab. Solche Bildungen nennt man **Derivate** oder **Ableitungen**. Den Wortbildungstyp nennt man **Derivation** oder **Ableitung**.

Komposition und Derivation können in einem Wort kombiniert auftreten, wie an dem Beispiel *Aussegnungshalle* (Z. 32) sichtbar wird. Die gesamte Bildung ist zunächst als Kompositum aus *Aussegnung* und *Halle* zu charakterisieren. Das Element *-s-* ist als Fugenelement zu bestimmen. Die erste Konstituente *Aussegnung* ist eine Ableitung eines Substantivs auf *-ung* von einem Verb *aussegn(en)*, das selbst aus einem Präfix *aus-* und einem Grundmorphem *segn(en)* besteht. Die zweite Konstituente *Halle* ist ein substantivisches Grundmorphem.

4. Typen der Komposition

Determinativkompositum

In dem Text von Thomas Mann begegnen neben *Hochsommer* weitere Komposita, zum Beispiel *Frühlingsnachmittag* (Z. 2), *Vormittagsstunden* (Z. 7), *Halteplatz* (Z. 26), *Gedächtnistafeln* (Z. 30). Das Zweitelement der Komposita legt jeweils die Wortart fest. Sofern das Zweitelement ein Substantiv ist, legt es auch das Genus fest. *Hochsommer* ist ein maskulines Substantiv, da *Sommer* ein maskulines Substantiv ist. *Vormittagsstunde* ist ein feminines Substantiv, da *Stunde* ein feminines Substantiv ist. Die Flexion des Kompositums wird am Zweitelement ausgewiesen. Aufgrund dieser wichtigen grammatischen Funktionen wird das Zweitelement **Grundwort** genannt.

Die Bedeutung des Kompositums wird von Erstelement und Grundwort gemeinsam festgelegt: *Frühlingsnachmittag* 'Nachmittag im Frühling', *Vormittagsstunden* 'Stunden am Vormittag', *Halteplatz* 'Platz, wo ein öffentliches Verkehrsmittel hält', *Gedächtnistafeln* 'Tafeln zum Gedächtnis'. Die durch das Grundwort gegebene Bedeutung wird durch das Erstelement spezifiziert. Das Erstelement bestimmt (determiniert) die Bedeutung des Grundwortes näher. Aufgrund dieser Funktion der Erstelemente werden sie als **Bestimmungswörter** bezeichnet. Der in diesen Bildungen vorliegende Kompositionstyp wird im Hinblick auf die Bedeutungsbeziehung zwischen Bestimmungswort und Grundwort **Determinativkompositum** genannt. Das Bedeutungsverhältnis wird als **subordiniert** bezeichnet. Ein Merkmal der Determinativkomposita ist, dass sie im folgenden Text durch ihr Grundwort vertreten werden können. *Frühlingsnachmittag* ist durch *Nachmittag* ersetzbar, *Gedächtnistafeln* durch *Tafeln*. Der Ersatz ist möglich, da die Bedeutung des Kompositums innerhalb der Bedeutung des Grundwortes liegt. Ein solches Bedeutungsverhältnis wird als **endozentrisch** bezeichnet.

Die Art der Determination kann variieren. Sie ergibt sich nicht unmittelbar aus der Bildung selbst, sondern oft erst aus den außersprachlichen Gegebenheiten. So liegt bei *Frühlingsnachmittag* 'Nachmittag im Frühling' und *Vormittagsstunden* 'Stunden am Vormittag' eine zeitliche Determination des Grundwortes durch das Bestimmungswort vor, *Halteplatz* weist ein lokale und funktionale Determination auf, und bei *Gedächtnistafeln* ist eine Bestimmung durch den Zweck gegeben: 'Tafeln zum Gedächtnis'.

Die bisher genannten Komposita bestehen aus zwei Wörtern (z.B. *Vormittagsstunden*) oder zwei Grundmorphemen (*Hochsommer*). Die unmittelbaren Konstituenten eines Kompositums können aber auch selbst schon Komposita sein. Das gilt beispielsweise für *Prinzregentenstraße* (Z. 4). Bei diesem Kompositum ist das Bestimmungswort bereits zusammengesetzt.

$$(A + B) + C = (Prinz\text{-} + \text{-}regent\text{-}en) + \text{-}straße$$

Possessivkompositum
Bei anderen Komposita liegt ein anderes Bedeutungsverhältnis vor:

Rotschwänzchen 'Vogel, der einen roten Schwanz hat'
Langbein   'Person, die lange Beine hat'

Bei *Rotschwänzchen* und *Langbein* wird wie bei den bisher behandelten Komposita das Zweitglied durch das Erstglied determiniert. Es handelt sich also um Determinativkomposita. Allerdings liegt die Bedeutung der ganzen Bildung außerhalb der Bedeutung des Grundwortes. Ein *Rotschwänzchen* ist kein Schwänzchen, ein *Langbein* ist kein Bein, weshalb das Kompositum auch nicht durch das Grundwort ersetzt werden kann. Ein solches Bedeutungsverhältnis wird als **exozentrisch** bezeichnet. Häufig erfolgt die Bezeichnung nach einem Besitzverhältnis. Exozentrische Determinativkomposita mit einem derartigen Bedeutungsverhältnis werden **Possessivkomposita** genannt.

Anderen Komposita mit einem exozentrischen Bedeutungsverhältnis liegen Übertragungen zugrunde:

Angsthase 'Person, die übertrieben viel Angst hat'
Naschkatze 'Person, die sehr gern nascht'.

Kopulativkompositum

In dem Auszug aus Thomas Manns Erzählung zeigt sich in dem Kompositum *naßkalt* (Z. 16) ein anderes Bedeutungsverhältnis zwischen Erstelement und Zweitelement. Beide Elemente stehen semantisch gleichwertig nebeneinander. Die Bedeutungen beider Elemente bilden additiv die Bedeutung des Kompositums: *naßkalt* 'nass und kalt zugleich'. Das Bedeutungsverhältnis derartiger Komposita ist als koordiniert zu bestimmen. Sie werden als **Kopulativkomposita** bezeichnet. Bei diesen Komposita gehören beide Elemente derselben Wortart an. Sie stammen zudem aus demselben Bedeutungsbereich, hier aus dem der Witterungsadjektive. Die Elemente sind grundsätzlich auch vertauschbar: *naßkalt = kaltnaß*. Die Bedeutung verändert sich dadurch nicht, allerdings ist die Umkehrung der Reihenfolge in der Regel nicht üblich. Bei Determinativkomposita ist die Umkehrung der Reihenfolge der Elemente stets mit einer Veränderung der Bedeutung verbunden: *Hochsommer* versus *Sommerhoch*.

Zusammenrückung

Von dem häufigen Typ der Zusammensetzung ist der Sonderfall der **Zusammenrückung** zu unterscheiden. Gemeint ist, dass eine syntaktische Wortgruppe unter Beibehaltung der Wortfolge und der Flexion zu einem neuen Wort 'zusammengerückt' worden ist:

drei Käse hoch	zu *Dreikäsehoch*
nimmer satt	zu *Nimmersatt*
das hohe Lied	zu *das Hohelied*.

An der Bildung *Hohelied* wird die Beibehaltung der Flexion sichtbar, die bei Komposita wie *Hochsommer* gerade nicht gegeben ist.

5. Typen der Derivation

In dem Auszug aus der Erzählung 'Der Tod in Venedig' begegnen auch einige Wortbildungen, in denen eine Konstituente nicht frei vorkommt, sondern als Formationsmorphem zu klassifizieren ist, zum Beispiel *Wohnung* (Z. 4), *Abnutzbarkeit* (Z. 12), *Bewegung* (Z. 14), *dumpfig* (Z. 17), *besteht* (Z. 10), *belebt* (Z. 20), *verhelfen* (Z. 14-15). Es handelt sich dabei um **Derivate** oder **Ableitungen**.

Der Bestandteil, mit dem das Formationsmorphem bei der Ableitung verbunden wird, heißt **Basis**. Die Basis kann aus einem Grundmorphem (z.B. *dumpf-*) oder einem bereits gebildeten Wort (z.B. *abnutzbar-*) bestehen.

Zwischen der Basis und dem Derivat kann ein Wechsel der Wortart eintreten: *wohn(en)* → *Wohn-ung*; *beweg(en)* → *Beweg-ung*; *abnutzbar* → *Abnutzbar-keit*. Es kann auch nur ein Wechsel der Bezeichnungsklasse eintreten: *Bamberg* ('Ort') → *Bamberger* ('Person'). Ein Wortart- und/oder Bezeichnungsklassenwechsel durch Ableitung wird **Transposition** genannt. Die Wortartzugehörigkeit wird durch das Suffix festgelegt.

Eine Ableitung ohne Wortartwechsel und ohne Wechsel der Bezeichnungsklasse wird als **Modifikation** bezeichnet. Sie erfolgt grundsätzlich bei der Wortbildung mit Präfixen, da Präfixe keinen Einfluss auf die Wortartzugehörigkeit haben: *leben* → *be-leben*; *helfen* → *ver-helfen*. Modifikation kann aber auch bei der Wortbildung mit Suffixen vorliegen. Ein Beispiel aus dem Text von Thomas Mann ist *dumpf* → *dumpf-ig* (Z. 17).

Die Funktion der Suffixe beschränkt sich nicht auf die Wortartzuweisung. Die Suffixe haben semantisch unterscheidbare Funktionen, wobei auch ein einzelnes Suffix polyfunktional sein kann. Das wird beispielsweise an den Substantiven des Textes sichtbar, die mit Hilfes des Suffixes *-ung* aus Verben abgeleitet sind: *Wohnung* (Z. 4) 'Ort des Wohnens', *Bewegung* (Z. 14) 'Vorgang des Bewegens'.

Zusammenbildung

Ein anderer Derivationstyp zeigt sich im Text bei dem Wort *Schriftsteller* (Z. 8). Nach einer Wörterbuchdefinition bezeichnet die Bildung 'jmd., der literarische Werke verfasst'. Die Ableitung erfolgt mit Hilfe des Suffixes *-er* von der Basis *Schrift stellen* in der Bedeutung von 'einen Text herstellen'. Die Bildung ist durch die Basis *Schrift stellen* nicht mehr voll motiviert, da eine solche Wortgruppe in dieser Bedeutung nicht mehr gebräuchlich ist. Eine voll motivierte Bildung ist dagegen beispielsweise *braunäugig*. Basis ist die Wortgruppe *braune Augen*, die mit Hilfe des Suffixes *-ig* abgeleitet worden ist.

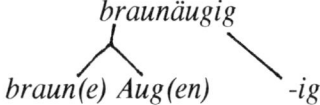

braunäugig

braun(e) Aug(en)   *-ig*

Derartige Ableitungen von Wortgruppen nennt man **Zusammenbildungen**. Eine Deutung der Bildungen *Schriftsteller* und *braunäugig* als Komposita scheidet aus, da es *Steller* und *äugig* als Grundwörter nicht gibt.

Derivation ohne Affix
Bei den bisherigen Beispielen für eine Derivation war stets ein Affix an der Wortbildung beteiligt. Diese Ableitung mit Hilfe von Affixen wird als **explizite Ableitung** bezeichnet.

Es gibt auch eine Art der Ableitung, an der kein Affix beteiligt ist. Die Überführung eines Wortes in eine andere Wortart ohne Affix, aber mit einer Veränderung der Ausdrucksseite durch Kürzung und gegebenenfalls durch Aufnahme des ablautenden Vokals starker Verben, bei denen diese Art der Ableitung besonders häufig vorkommt, heißt **implizite Ableitung**. Beispiele aus dem Text sind *Einhalt* (Z. 10) und *Kauf* (Z. 29). Diese Ableitungen weisen gegenüber den Basisverben *einhalten* und *kaufen* Substantivierung und Kürzung um die Infinitivendung *-en* auf. Aufnahme des ablautenden Vokals starker Verben findet sich bei *Griff* gegenüber der Basis *greifen*.

Neben der impliziten Ableitung gibt es eine weitere Form der suffixlosen Ableitung, bei der keine Veränderung der Ausdrucksseite festzustellen ist. Ein Beispiel aus dem Text ist *Fortschwingen* (Z. 8). Die Bildung unterscheidet sich ausdrucksseitig vom Infinitiv nur durch die Substantivgroßschreibung. Eine derartige Überführung eines Wortes in eine andere Wortart ohne Affix und ohne Veränderung der Ausdrucksseite heißt **Konversion**.

6. Grenzbereich von Komposition und Derivation

Wortbildungen wie *Chemiewerk* und *Schönheit* lassen sich eindeutig und problemlos den Typen Komposition und Derivation zuordnen. *Chemiewerk* ist ein Determinativkompositum. Die Bildung kann im Satz auch durch das Grundwort *Werk* allein vertreten werden. Ebenso sicher ist *Schönheit* als Derivation zu bestimmen. Von einem Adjektiv ist durch ein Formationsmorphem ein Substantiv abgeleitet worden. Das Suffix *-heit* kann selbständig nicht vorkommen.

Vergleicht man jedoch *Chemiewerk* mit *Buschwerk*, *Laubwerk* oder *Schuhwerk*, so ist auf Anhieb erkennbar, dass diese Bildungen nicht sinnvoll durch

Werk ersetzt werden können. In diesen Bildungen hat *-werk* nicht die Bedeutungen 'Produkt' oder 'Fabrik', sondern das Element verleiht den Bildungen eine kollektive Bedeutungskomponente: *Buschwerk* 'Gesamtheit der Büsche'; *Laubwerk* 'Gesamtheit des Laubes' und *Schuhwerk* 'Schuhe; Gesamtheit der Schuhe'. Die Hauptbedeutung dieser Bildungen liegt auf dem ersten Bestandteil, nicht wie bei Determinativkomposita auf dem zweiten. Der zweite Bestandteil ist semantisch entleert. Das Element *-werk* neigt zur Reihenbildung: *Ast-, Busch-, Flecht-, Laub-werk* usw. Obwohl *Werk* als eigenständiges Wort existiert, hat es in diesen Bildungen eine suffixartige Funktion. Suffixartige Morpheme werden **Suffixoide** (auch **Halbsuffixe**) genannt, die Bildungen **Suffixoidbildungen**.

Andere Beispiele für Suffixoidbildungen sind *Ideen-gut, Wort-gut*; *Pflanzen-reich, Tier-reich*; *Lumpen-zeug, Papier-zeug*.

Auch zwischen Komposita und Präfixbildungen ist ein Übergangsbereich erkennbar. Präfixartige Morpheme dienen oft als verstärkende Zusätze: *Affenhitze, Riesen-durst, Mords-kerl, Pfunds-wetter, Blitz-erfolg, Bomben-stimmung*. Die genannten ersten Bestandteile haben alle eine verstärkende Bedeutung, ganz unabhängig davon, welche Bedeutung sie als eigenständiges Wort haben. Die Elemente sind semantisch entleert. Entsprechend sind sie auch leicht austauschbar: *Affen-, Höllen-, Bomben-, Mords-hitze*. Schließlich neigen sie wie Suffixoide zur Reihenbildung: *Pfunds-kerl, -wetter, -eis, -laune, -feier*. Derartige präfixartige Morpheme werden **Präfixoide** (auch **Halbpräfixe**) genannt, die Bildungen **Präfixoidbildungen**. Präfixoidbildungen und Suffixoidbildungen werden als **Affixoidbildungen** zusammengefasst.

Der Grenzbereich von Komposition und Derivation lässt sich nicht so leicht fassen wie die eindeutigen Komposita und eindeutigen Derivationen. Ein Affix und damit eine Derivation liegt in jedem Fall dann vor, wenn das Element nicht oder nicht mehr selbständig im Wortschatz vorkommt, wie zum Beispiel *-heit* und *-tum*. Die Schwierigkeit liegt vor allem in einer Abgrenzung von Komposita und Affixoidbildungen, da sie formal, ausdrucksseitig gleich sind. Die weiteren Kriterien (semantische Entleerung gegenüber dem selbständig vorkommenden Morphem, Reihenbildung) werden nicht von allen Elementen in gleicher Weise erfüllt. Zudem kommt ein subjektiver Ermessensspielraum hinzu. In jedem Fall gibt es einen breiten Übergangsbereich zwischen Grundmorphemen und Suffixoiden. So könnten die Bildungen *Bildwerk, Dichtwerk* und *Bauwerk* (Z. 31) als Zusammensetzungen wie als Ableitungen klassifiziert werden.

7. Kurzwortbildung

Eine andere Art der Wortbildung ist die **Kurzwortbildung**, bei der mehrere Formen unterschieden werden können. In den Beispielen *Ober(kellner)*, *Foto(grafie)* sowie *(Regen)schirm, (Schall)platte* werden links- oder rechtsstehende Bestandteile in der Funktion der ganzen Morphemkombination verwendet. Man spricht in diesen Fällen auch von **Kopfwörtern** und **Schwanzwörtern**.

Eine andere Kürzungsform liegt in den Beispielen *Bier(glas)deckel, Tank-(stellen)wart* vor. Zwei Wörter werden zu einem zusammengezogen, wobei ein Zwischenelement wegfällt. Diese Kürzungsform wird als **Klammerform** bezeichnet.

In Fällen wie *Kripo* (<u>Kri</u>minal-<u>Po</u>lizei), *Hapag* (Hamburg-Amerikanische Paketfahrt Aktiengesellschaft) oder *Nato* (North Atlantic Treaty Organization) liegt eine wortförmige Verbindung von Wortanfängen vor. Bei aneinandergereihten Großbuchstaben ergeben sich silbisch artikulierte Initialkombinationen: *UB, LKW, UKW*. Bildungen dieser Art werden als **Initialwörter** bezeichnet.

8. Lehnwortbildung

In der Erzählung von Thomas Mann kommen mehrere Wörter vor, die nichtheimischen Ursprungs sind. Dazu gehören die durch Anführungszeichen als Zitat markierten lateinischen Wörter "motus animi continuus" (Z. 9; 'anhaltende Bewegung der Seele') sowie mehrere Wörter, die im Deutschen ganz geläufig sind. Lateinischen Ursprungs sind beispielsweise *Kontinent* (Z. 3) und *Monumente* (Z. 30), aus dem Französischen stammen *Equipagen* (Z. 21; 'elegante Kutsche') und *Chaussee* (Z. 28), aus dem Englischen *Tram* (Z. 24; Kurzform zu *tramway* 'Straßenbahnlinie').

Für Fragen der Wortbildung sind die Wörter von Interesse, die Morphemkombinationen darstellen, die also gebildet sind. Diese Bildungen können als fertige Wortbildungen ins Deutsche entlehnt worden sein; in dem Fall handelt es sich um **(Wort-)Entlehnung**. Sie können aber auch aus entlehnten Elementen im Deutschen gebildet worden sein; dann liegen **Lehnwortbildungen** vor. Diese Unterscheidung betrifft die Entstehung der Bildungen und ist sprachhistorisch zu untersuchen.

Im Deutschen begegnet eine große Fülle von Bildungen mit Lehnelementen. Dabei kann in seltenen Fällen die Basis heimisch, das Formationsmorphem entlehnt sein (z.B. *Bummel-ant, Horn-ist, Schwul-ität*), oder es tritt –

sehr viel häufiger – ein heimisches Formationsmorphem an eine entlehnte Basis an (z.B. *realist-isch, deklinier-bar, phrasen-haft*). In vielen Fällen sind alle beteiligten Morpheme entlehnt: *Million-är, Kapital-ist, Rektor-at, Sozial-ist*. Diese Bildungen sind wie heimische Wortbildungen analysierbar, da ihre Basiswörter als selbständige Wörter vorkommen. In den Bildungen *Fris-eur, Mass-eur, Emigr-ant, Illustr-ation* liegen als Basen Verben vor, die selbst suffigiert sind: *fris-ieren, mass-ieren, emigr-ieren, illustr-ieren*. Die Ableitung erfolgt in diesen Fällen durch Wechsel des Suffixes *-ieren* mit *-eur* oder *-ant* oder *-ation*.

Schwierigkeiten ergeben sich bei der Analyse dann, wenn die Bildungen Basen haben, die im Deutschen isoliert sind, also nicht in anderen Wörtern vorkommen. Das gilt beispielsweise für *Veterin-är, Dek-an, Bar-on*. Dass es sich um gebildete Wörter handelt, ist aus vergleichbar gebildeten Wörtern wie *Million-är, Kastell-an, Kompagn-on* zu erkennen.

Ein weiteres Problem der Lehnwortbildung besteht in der Feststellung des Basiswortes, wenn mehrere Wörter dafür in Frage kommen. Das gilt beispielsweise für die Bezeichnung *Rassist*, neben der im Deutschen *Rasse, Rassismus* und *rassistisch* existieren.

Mit diesen Problemen werden Spezifika der Lehnwortbildung sichtbar, die aber nicht dazu führen dürfen, diesen großen Bereich aus der Wortbildung auszugrenzen. Die Lehnwortbildung steht gleichrangig neben der heimischen Wortbildung. Beide Systeme bilden das Gesamtsystem unserer Wortbildung wie auch unseres Wortschatzes überhaupt. Aufgabe der Sprachwissenschaft ist es, die Gemeinsamkeiten und je spezifischen Merkmale zu erforschen.

9. Paraphrasierung als Analyseverfahren

Wortbildungen, die durchsichtig und motiviert sind, lassen sich hinsichtlich ihrer Konstituentenstruktur beziehungsweise ihres Basisbezuges auch beschreiben. Ein Mittel der Beschreibung ist die **Paraphrase**.

Ziel der Paraphrase ist es, die an der Wortbildung beteiligten Konstituenten beziehungsweise die Basis und die Wortbildungsbedeutung sichtbar zu machen. Entsprechend soll die Paraphrase die Konstituenten eines Kompositums beziehungsweise die Basis eines Derivats enthalten.

Turmuhr   'Uhr an einem Turm'
Lehrer   'jmd., der lehrt'

Um die Bedeutung einer Wortbildung mit der Paraphrase zu erfassen, muss die Paraphrase der Bildung semantisch entsprechen und die Wortart zu erkennen geben:

kindlich   'sich einem Kinde gemäß verhaltend'
kindisch   'sich als Erwachsener in unangemessener Weise wie ein Kind benehmend'

Eine Wortbildungsparaphrase, die Struktur, Bedeutung und Wortart einer Bildung wiedergeben soll, unterscheidet sich oft erheblich von einer Bedeutungsangabe in einem Wörterbuch. Ein Wörterbuch wie der 'Duden. Das große Wörterbuch der deutschen Sprache' will beispielsweise die Verwendungsweisen einer Bildung möglichst genau aufzeigen. Die Wortbildungsstruktur kann dabei vernachlässigt werden. So finden sich im Duden (V, S. 2390) zu dem Derivat *Lehrer* folgende Bedeutungsangaben: "1.a) *jmd., der an einer Schule unterrichtet*", "b) *jmd., der an einer Hochschule od. Universität lehrt*", "2. *jmd., der anderen sein Wissen vermittelt, der durch sein Wissen, seine Persönlichkeit als Vorbild angesehen wird; Lehrmeister*". Eine Wortbildungsparaphrase wird nicht gegeben; sie ist auch nicht Aufgabe eines Wörterbuchs.

Wortbildungen, an denen unikale Morpheme beteiligt sind, lassen sich nicht paraphrasieren, da sie nicht vollständig durchsichtig sind: *Him-beere*, *Un-flat*, *Sint-flut*. Ebensowenig lassen sich Wortbildungen paraphrasieren, die lexikalisiert sind, also eine Bedeutung aufweisen, die aus den einzelnen Elementen nicht hinreichend erschlossen werden kann. Dazu gehören Bildungen wie *Morgenrock*, *Unhold*, *inständig*.

10. Analyse von Wortbildungen

Bei der Wortbildungsanalyse sind die morphologischen und semantischen Aspekte der Bildung zu beschreiben. Bei allen Bildungen ist grundsätzlich binär vorzugehen. Ein binäres Vorgehen erweist sich besonders bei Bildungen aus mehr als zwei Grundmorphemen als wichtig: *Eichenschrankwand* 'Schrankwand aus Eiche'.

Zur morphologischen Bestimmung gehört die Angabe des Wortbildungstyps und der beteiligten Morpheme. Die Bedeutung der Bildung wird durch die Paraphrase bestimmt.

Kompositum

[...] das byzantinische Bauwerk der <u>Aussegnungshalle</u> gegenüber (Z. 31-32)
Die zu analysierende Bildung ist als Genitiv Singular des Femininums *Aussegnungshalle* zu bestimmen.

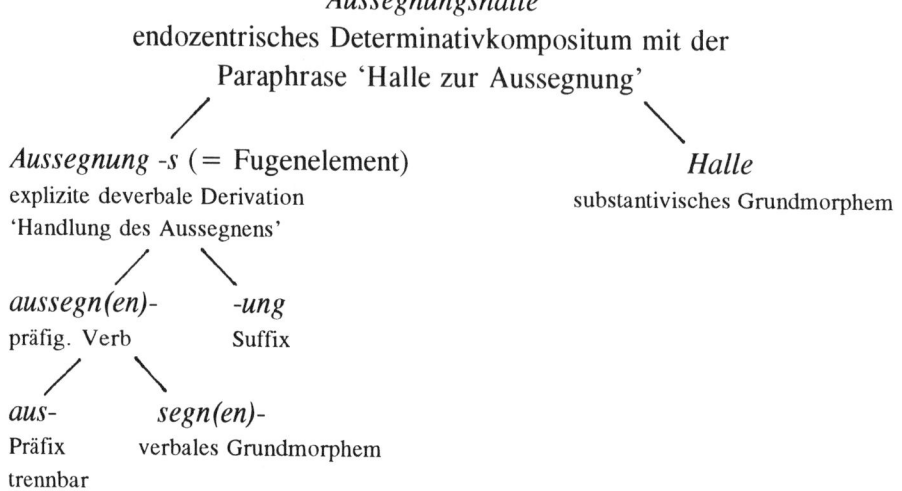

Derivation

[...] bei zunehmender <u>Abnutzbarkeit</u> seiner Kräfte (Z. 11-12)
Die zu analysierende Bildung ist als Dativ Singular des Femininums *Abnutzbarkeit* zu bestimmen.

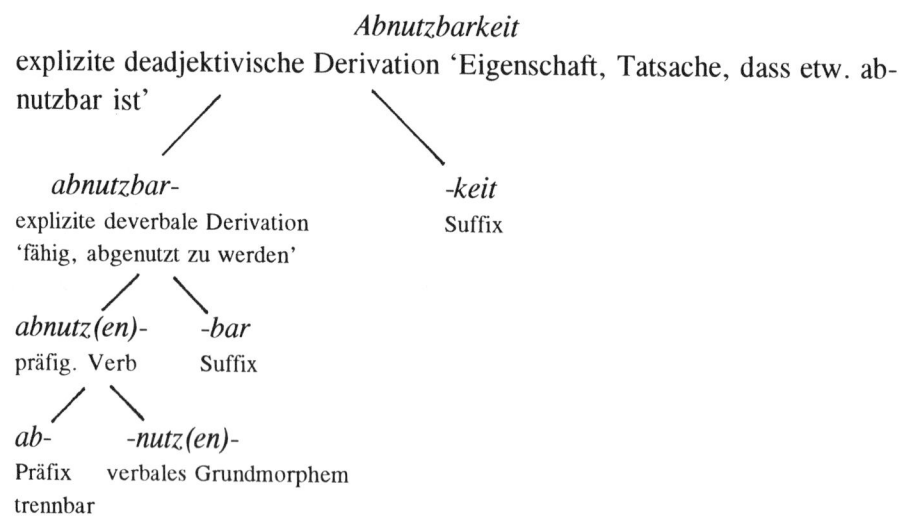

11. Wortfamilien

Morphologische Strukturen bestimmen nicht nur den Aufbau der Wörter, sondern auch große Teile der Wortschatzgliederung in synchroner und diachroner Hinsicht; (zu dieser Unterscheidung sieh Kapitel XIV.9.). Dabei kommt den morphologischen Paradigmen oder Wortfamilien eine besondere Rolle zu. Als Wortfamilie wird auf synchroner Ebene die Gesamtheit der mit einem Grundmorphem gebildeten Wörter bezeichnet.

In dem anschließenden Ausschnitt aus dem "Wortfamilienwörterbuch der deutschen Gegenwartssprache" von Gerhard Augst wird die Wortfamilie zu *biegen* dargestellt. Diesem Wort werden komplexe Wörter zugeordnet, die mit dem Bezugswort zusammen synchron gegenwartssprachlich eine Wortfamilie bilden. Dabei werden die Wortbildungen zugleich einer Bedeutung des Basisverbs zugeordnet. Im Anschluss an die Tabellen werden die Stichwörter getrennt nach ihren Bedeutungen in Einzelartikeln genauer besprochen. Dabei werden auch Weiterbildungen genannt (zu *Bügel* zum Beispiel *Kleiderbügel, Steigbügel*).

biegen, bog, gebogen

Für diese Wf. ist eine besondere Darstellungsform gewählt worden. Das Vb. biegen entfaltet eine große Wf., dazu gehören Bogen, Bügel. Das abgeleitete Vb. beugen entwickelt seinerseits eine kleine Wf. Die meisten Informanten stellen Buckel u. bücken nicht mehr zu biegen; einige erkennen allerdings bei Vorgabe den Zusammenhang. Vgl. als eigene Wfn. **Buckel, bücken.**

biegen

1. *etw. krümmen, gekrümmt werden*
2. *die Richtung ändern*

bieg en	1	2
bieg sam	x	
Bieg sam keit	x	
Bieg ung		x
Bog en	x	x
Büg el	x	
ab bieg en	x	x
- ab bieg er		x
Ab bieg ung		x
auf bieg en	x	
aus bieg en	x	x
bei bieg en	x	
durch bieg en	x	
ein bieg en	x	x
hin bieg en	x	
um bieg en	x	x
ver bieg en	x	
zurecht bieg en	x	

Mehrere Präfigierungen mit biegen 1 *werden (auch) im metaphorischen Sinn gebraucht (*biegen = jmdn./eine Angelegenheit, Situation, so beeinflussen, verändern, dass sie den eigenen Vorstellungen besser gefällt):* ab-; bei-; hin-; ver-; zurecht-; *vgl. auch die Zus.* gerade-

beugen

1. *etw./sich biegen, krümmen*
2. *zwingen, sich zu fügen*
3. */in der Phys./*
4. */in der Sprachw./*

beug en	1	2	3	4
Beug e	x			
beug sam		x		
un beug sam		x		
Beug ung	x	x	x	x
un ge beug t		x		
ver beug en	x			
Ver beug ung	x			
vor beug en	x			
zurück beug en	x			

1. /hat/ etw. biegen *auf etw. so umformend einwirkend, dass es eine gekrümmte, abgewinkelte Form erhält:* Rohre, Bleche b.; einen Draht zu einer Spirale b.; er hat den Stab wieder gerade gebogen; Äste zur Seite, nach unten b.; gebogen werden, eine gebogene Form annehmen: die Bäume bogen sich im Wind; ◊ der Tisch bog sich unter der Last der Speisen *(es waren Speisen in überreichem Maß aufgetragen)* ⊙ geradebiegen ◊ u m g. *etw. in Ordnung bringen* **biegsam** /Adj./ *leicht zu biegen:* biegsames Holz; **Biegsamkeit,** die; -, /o. Pl./ ⟨-keit⟩ *das Biegsamsein*

Bogen, der; -s, -/Bögen **a.** *aus einem elastischen gebogenen Stab und einer Sehne bestehende Schusswaffe*: den B. spannen; Pfeil und B. ⊕ Bogenschießen – Flitz(e)bogen *als Kinderspielzeug dienender kleiner B. zum Abschnellen von Pfeilen*; **b.** M u s i k ⟨*gebogene*⟩ *elastische Stange aus Hartholz, mit der die Saiten eines Streichinstrumentes gestrichen u. dadurch zum Tönen gebracht werden* ⊕ Fiedelbogen; Geigen-

Bogen ,*Papierbogen' vgl. dort*

Bügel, der; -s, - *zu einem Bogen o. Ä. gekrümmter* ⟨*gebogener*⟩ *schmaler Gegenstand* ⟨*in unterschiedlichen Bereichen*⟩ **a.** *aus Holz od. Kunststoff zum*

Aufhängen von Kleidungsstücken ⟨*kurz für* Kleiderbügel⟩ ⊕ Kleiderbügel; **b.** *als Fußstütze für den Reiter, die in Höhe der Füße seitlich vom Sattel herabhängt* ⟨*kurz für* Steigbügel⟩ ⊕ Steigbügel; **c.** *als Teil des Brillengestells, mit dem die Brille auf dem Ohr aufliegt* ⟨*kurz für* Brillenbügel⟩; **d.** *zum Schutz des Abzugs eines Gewehres* ⟨*kurz für* Abzugsbügel⟩ ⊕ Abzugsbügel; **e.** *als Einfassung aus festem Material am oberen Rand von Handtaschen, Geldbeuteln o. Ä.; daran angebrachter, fester Griff einer Handtasche; **f.** *als Stromabnehmer bei elektrischen Bahnen*

Gerhard Augst, Wortfamilienwörterbuch der deutschen Gegenwartssprache, S. 108

Definitionen

- **Morpheme** sind die kleinsten bedeutungtragenden Einheiten der Sprache.
- **Unikale Morpheme** sind Morpheme, die nur in einer einzigen Verbindung auftreten. Bildungen mit unikalen Morphemen sind nur historisch erklärbar.
- **Fugenelemente** sind die an der Verbindungsstelle von erster und zweiter Konstituente auftretenden Elemente.
- **Grundmorpheme** sind Morpheme, die selbständig auftreten können und die lexikalische Bedeutung des Wortes begründen.
  - **Freie Grundmorpheme** sind Grundmorpheme, die auch als selbständige Wörter vorkommen können.
  - **Gebundene Grundmorpheme** sind Grundmorpheme, die in der Form nur gebunden an ein anderes Morphem, nicht aber als selbständige Wörter vorkommen können.
- **Formations-** oder **Wortbildungsmorpheme** sind unselbständige Morpheme, mit deren Hilfe neue Wörter gebildet werden.
- **Relations-** oder **Flexionsmorpheme** sind unselbständige Morpheme, die keine neuen Wortbildungen schaffen, sondern neue Wortformen, das heißt neue grammatische Wörter.
- **Komposita** oder Zusammensetzungen sind Wortbildungen, in denen die unmittelbaren Konstituenten Wörter oder Grundmorpheme sind, die auch außerhalb der jeweiligen Verbindung vorkommen.
- **Determinativkomposita** sind Komposita, bei denen das Zweitelement, das Grundwort, durch das Erstelement, das Bestimmungswort, näher spezifiziert wird. Das Bedeutungsverhältnis ist subordiniert.
- **Possessivkomposita** sind exozentrische Determinativkomposita, bei denen das Bedeutungsverhältnis oft als Bezeichnung nach dem Besitz einer Eigenschaft zu beschreiben ist.

- **Kopulativkomposita** sind Komposita, bei denen das Bedeutungsverhältnis zwischen dem Erstelement und dem Zweitelement koordiniert ist.
- **Zusammenrückung** ist ein Sonderfall der Zusammensetzung, bei dem eine syntaktische Wortgruppe unter Beibehaltung der Wortfolge und der Flexion zu einem neuen Wort 'zusammengerückt' worden ist.
- **Derivate** oder Ableitungen sind Wortbildungen, bei denen aus einer Basis mit Hilfe eines Formationsmorphems ein neues Wort gebildet worden ist.
- **Explizite Ableitung** ist die Ableitung mit Hilfe eines Affixes.
- **Transposition** ist eine Ableitung mit Wortart- und/oder Bezeichnungsklassenwechsel.
- **Modifikation** ist eine Ableitung ohne Wortartwechsel.
- **Zusammenbildung** ist ein Sonderfall der Derivation, bei der eine Wortgruppe die Ableitungsbasis darstellt.
- **Konversion** ist die Überführung in eine andere Wortart ohne Affix und ohne Veränderung der Ausdrucksseite.
- **Implizite Ableitung** ist die Überführung in eine andere Wortart ohne Affix, aber mit einer Veränderung der Ausdrucksseite durch Kürzung der Basis und gegebenenfalls Aufnahme des ablautenden Vokals starker Verben.
- **Affixoidbildungen** (Präfixoidbildungen und Suffixoidbildungen) sind Bildungen mit Affixoiden, affixartigen Morphemen.
- **Kopfwörter** und **Schwanzwörter** sind Wörter, die aus einem links- oder rechtsstehenden Bestandteil einer Wortbildung bestehen, aber in der Funktion der ganzen Morphemkombination verwendet werden.
- **Klammerform** bezeichnet eine Kürzungsform, bei der zwei Wörter zu einem zusammengezogen werden, wobei ein Zwischenelement wegfällt.
- **Initialwörter** sind Verbindungen von Initialen, die silbisch oder wortförmig artikuliert werden.
- **(Wort-)Entlehnung** bezeichnet die Entlehnung eines Wortes oder einer Wortbildung aus einer anderen Sprache ins Deutsche.
- **Lehnwortbildung** bezeichnet die Bildung von Wörtern aus entlehnten Elementen im Deutschen.
- **Paraphrase** bezeichnet eine inhaltliche Umschreibung motivierter Wortbildungen, durch die ihre Konstituentenstruktur und ihr Basisbezug sichtbar gemacht wird.
- **Wortfamilie** bezeichnet auf synchroner Ebene die Gesamtheit der mit dem gleichen Grundmorphem gebildeten Wörter.

Literaturhinweise

Kurzinformation:

Metzler Lexikon Sprache. Artikel: Komposition, Morph, Morphem, Morphologie, Paraphrase (von H. Glück); Ableitung, Ableitungsaffix, Ableitungsbasis, Affixoid, Determinativkompositum, Flexionsmorphem/Flexiv, Fugenelement, Grundmorphem, Kompositum, Kompositionsfuge, Konversion, Kopfwort, Kopulativkompositum, Kurzwort, Modifikation, Possessivkompositum, Schwanzwort, Transposition, Unikales Morphem, Wortbildung, Wortbildungstyp, Zusammenbildung, Zusammenrückung (von H. Günther); Grundwort, Lehnpräfix, Lehnsuffix, Lehnwort, Lehnwortbildung, Wortfamilie (von B. Schaeder)

Einführende Literatur:

L.M. *Eichinger*, Deutsche Wortbildung. Eine Einführung
J. *Erben*, Einführung in die deutsche Wortbildungslehre
R. *Lühr,* Neuhochdeutsch, S. 131-191
B. *Naumann*, Einführung in die Wortbildungslehre des Deutschen

Grundlegende und weiterführende Literatur:

H. *Altmann* – S. *Kemmerling*, Wortbildung fürs Examen
Deutsche Wortbildung. Typen und Tendenzen in der Gegenwartssprache, Erster Hauptteil: Das Verb; Zweiter Hauptteil: Das Substantiv; Dritter Hauptteil: Das Adjektiv; Vierter Hauptteil: Substantivkomposita; Fünfter Hauptteil: Adjektivkomposita und Partizipialbildungen; Morphem- und Sachregister zu Band I-III
W. *Fleischer* – I. *Barz*, Wortbildung der deutschen Gegenwartssprache
H.-M. *Gauger*, Durchsichtige Wörter
H.H. *Munske*, in: Deutscher Wortschatz, S. 46-74
H.H. *Munske*, in: Germanistik in Erlangen, S. 559-595
R.Z. *Murjasov*, DaF 13 (1976) S. 121-124

VII. Die Wortarten

1. Wortformen und Wörter

Manche Wörter aus dem Text in Kapitel VI. stehen in derselben Form im Wörterbuch, in der sie auch im Text vorkommen, zum Beispiel: *amtlich, Miene, Kontinent, Spaziergang, jetzt, nötig.* Andere Wörter des Textes müssen erst in die Form gebracht werden, in der sie im Wörterbuch stehen, zum Beispiel: *fünfzigsten – fünfzig, Jahres – Jahr, lautete – lauten, vermocht – vermögen, Kräfte – Kraft.*

Dabei zeigt sich, dass manche Wörter immer in derselben Form erscheinen, wie zum Beispiel *jetzt, bald, oder, wie, seit,* andere aber in verschiedenen Formen vorkommen oder vorkommen können, wie zum Beispiel *seinem – sein, Miene, Spaziergang, nötig.*

Wörter unterscheiden sich also nach ihrer formalen Veränderlichkeit oder Unveränderlichkeit im Textzusammenhang. Deshalb muss die einzelne im Text vorkommende Wortform und das Wort als Einheit im Wörterbuch auch begrifflich unterschieden werden. Die Veränderung der Wortformen heißt **Flexion**; die entsprechenden Wörter flektieren beziehungsweise sind flektierbar. Unterschiedlich flektierte Wortformen eines Wortes (z.B. *lautete* und *lautet*) werden auch als unterschiedliche grammatische Wörter bezeichnet.

2. Unterschiede zwischen Wörtern

Die Veränderlichkeit und Unveränderlichkeit der Wörter hängt mit ihren unterschiedlichen syntaktischen Funktionen zusammen und drückt ihre syntaktischen Beziehungen aus. Dass im ersten Satz die Wortform *lautete* erscheint (statt *lauteten*), hängt zum Beispiel damit zusammen, dass der Bezugspunkt *sein Name* ist (und nicht etwa *Namen*). Die Form *hielten* (statt *hielt*) steht in syntaktischem Zusammenhang mit den Formen *einige Droschken und Equipagen* (Z. 21).

Deutlich erkennbar sind auch die Unterschiede in der semantischen Beziehung der Wörter, so etwa zwischen Wörtern vom Typ *Geburtstag, Name, Frühlingsnachmittag, Jahres* einerseits und Wörtern vom Typ *lautete, zeigte, besteht, verhelfen* andererseits. Diese zunächst nur angedeuteten Unterschiede zwischen den Wörtern liegen allen Einteilungen des Wortschatzes in Wortarten oder Wortklassen zugrunde.

Ein Unterschied zwischen den Wörtern zeigt sich bei dem Versuch, ihre Bedeutung unabhängig von ihrer Verwendung im Kontext anzugeben. Das bereitet keine Schwierigkeiten bei Wörtern des Textes wie *Geburtstag* (Z. 1-2) 'Jahrestag der Geburt', *Wohnung* (Z. 4) 'meist aus mehreren Räumen bestehender, nach außen abgeschlossener Bereich in einem Wohnhaus ...', *Schriftsteller* (Z. 8) 'jmd., der [beruflich] literarische Werke verfasst', *unternehmen* (Z. 5) 'etw., was bestimmte Handlungen ... erfordert, in die Tat umsetzen; Maßnahmen ergreifen', *falsch* (Z. 16) 'künstlich u. meist täuschend ähnlich nachgebildet, imitiert; dem tatsächlichen Sachverhalt nicht entsprechend' oder *still* (Z. 19) 'so, dass kein, kaum ein Geräusch, Laut zu hören ist; ruhig'. Derartige Wörter, die eine kontextunabhängige, selbständige Bedeutung haben, werden als **Autosemantika** bezeichnet. In der Regel handelt es sich dabei um Substantive, Verben oder Adjektive. Autosemantika bilden offene Klassen von Wörtern, das heißt, der Wortbestand an Autosemantika verändert sich kontinuierlich. Es können immer wieder neue Substantive, Verben oder Adjektive entstehen.

Anders verhält es sich bei Wörtern wie *an* (Z. 2), *von* (Z. 5), *nach* (Z. 1), *bei* (Z. 11), *daß* (Z. 13), *obgleich* (Z. 17). Die Bedeutung dieser Wörter ist vom jeweiligen Kontext abhängig. Die Präpositionen *an* und *von* treten beispielsweise in folgenden Funktionen auf:

an: *an der Wand* (räumlich)
        an dem Tag (zeitlich)
        an Krücken gehen (mit Hilfe von)

von: *von Norden* (räumlich)
        von zu Hause lösen (Trennung)
        von nun an (zeitlicher Ausgangspunkt)
        einer von euch (Menge, zu der der genannte Teil gehört)
        Lehrer von Beruf (in Bezug auf)
        der Hut von meinem Vater (Besitzer einer Sache)
        Post von einem Freund (Urheber)

Derartige Wörter, die bei isoliertem Auftreten keine selbständige lexikalische Bedeutung tragen, werden **Synsemantika** genannt. In der Regel handelt es sich dabei um Funktionswörter wie Präpositionen, Konjunktionen und Partikeln. Synsemantika bilden geschlossene Klassen von Wörtern. Ihr Wortbestand verändert sich kaum. Es entstehen fast keine neuen Präpositionen, Konjunktionen und Partikeln.

3. Wortarteneinteilung nach den Flexionsverhältnissen

Nach der grundsätzlichen Unterscheidung von flektierbaren und nicht-flektierbaren Wörtern werden die flektierbaren Wörter nach den für sie zutreffenden
Flexionskategorien eingeteilt. Genus, Kasus und Numerus sind die Flexionskategorien der nominalen Wortarten des Deutschen, nämlich Substantiv, Adjektiv, Pronomen einschließlich Artikel. Beim Adjektiv tritt zusätzlich die
Komparation (Steigerung) auf.

In der deutschen Gegenwartssprache werden in der Flexion der nominalen
Wortarten folgende grammatische Kategorien unterschieden:

drei Genera	Maskulinum
	Neutrum
	Femininum
vier Kasus	Nominativ
	Genitiv
	Dativ
	Akkusativ
zwei Numeri	Singular
	Plural

Die Flexionsmorpheme am Verb drücken Person, Numerus, Modus, Tempus
und Genus Verbi aus.

In der deutschen Gegenwartssprache werden in der Flexion der Verben
folgende grammatische Kategorien unterschieden:

drei Personen	1. Person (Sprecher)
	2. Person (Angesprochener)
	3. Person (Besprochenes)
zwei Numeri	Singular
	Plural
drei Modi	Indikativ
	Konjunktiv
	Imperativ
zwei Tempora	Präsens
	Präteritum
zwei Genera Verbi	Aktiv
	Passiv

Das Passiv sowie weitere Tempusformen werden mit den Hilfsverben *sein*,
haben und *werden* gebildet; diese Formenbildung (z.B. *ist gekommen*) nennt

man analytisch, im Gegensatz zu synthetischen Formen (z.B. *kam*). Die Flexion nach den unterschiedlichen grammatischen Kategorien dient als Grundlage einer Einteilung der flektierenden Wortarten:

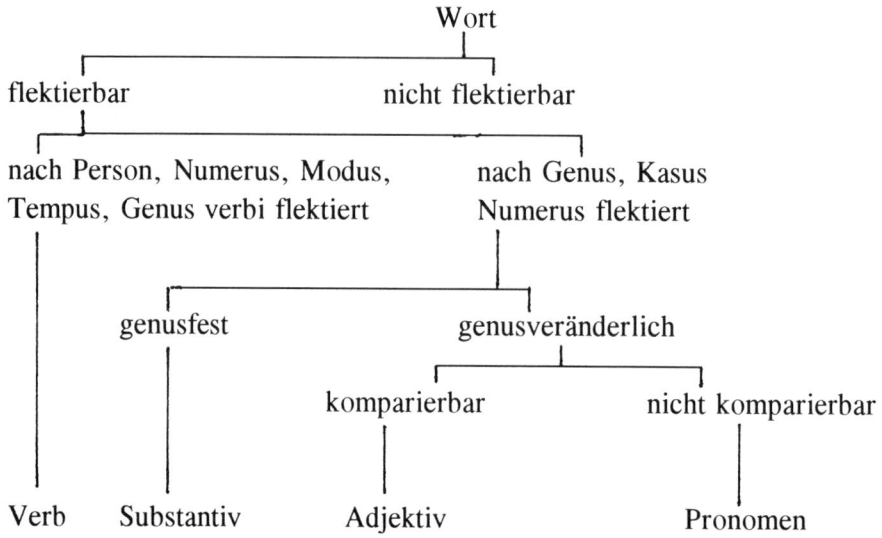

Nach W. Flämig, Grammatik des Deutschen. Einführung in Struktur- und Wirkungszusammenhänge, S. 358

Anmerkung: Die Termini *Genus*, *Kasus* (usw.) einschließlich ihrer aus dem Lateinischen stammenden Pluralformen *Genera*, *Kasus* (mit langem *u*) sind Bestandteile der sprachwissenschaftlichen Fachsprache und als solche zu erlernen.

4. Wortarteneinteilung nach syntaktischen Verhältnissen

Die morphologische Gliederung der Wortarten lässt sich syntaktisch vertiefen, wobei hier einzelne, erst im folgenden Kapitel (VIII.) behandelte Begriffe vorweg benutzt werden. Das Verb bildet den Satzkern; Substantiv, Adjektiv sowie Artikel und Pronomen bilden in charakteristischen syntaktischen Verbindungen die Satzglieder und ihre Erweiterungen. Die morphologisch nur negativ als nicht-flektierbar ausgeschiedenen Wörter lassen sich nach ihren syntaktischen Eigenschaften gliedern. Der Text von Peter Bichsel (Kapitel III.) enthält beispielsweise folgende nicht-flektierbaren Wörter:

von, zu, um, oder, fast, kaum, und, vielleicht, aber, wo, so, auf, daneben, an, morgens, auch

Durch verschiedene Proben lassen sich die unflektierbaren Wörter weiter differenzieren.

Die Entscheidungsfrage erlaubt eine Trennung solcher unflektierbaren Wörter, die Satzwert haben, von denen, die keinen Satzwert haben.

Der Student kommt vielleicht zur Vorlesung.
Kommt der Student zur Vorlesung? Vielleicht.

Die Entscheidungsfrage kann mit dem Wort *vielleicht* beantwortet werden. Damit erweist sich *vielleicht* als satzwertig. Satzwertige Wörter werden als **Modalwörter** bezeichnet.

Die Umstellprobe (sieh Kapitel VIII.1.) erlaubt eine Trennung solcher unflektierbaren Wörter, die Satzglieder sind, von denen, die nicht Satzglieder sind:

Die Sekretärin arbeitet vormittags.
Vormittags arbeitet die Sekretärin.
*Arbeitet die Sekretärin? *Vormittags.*

Die Entscheidungsfrage kann nicht mit dem Wort *vormittags* beantwortet werden. Somit besitzt *vormittags* keinen Satzwert. Das Wort *vormittags* kann aber im Satz umgestellt werden. Damit erweist sich *vormittags* als satzgliedwertiges unflektierbares Wort. Wörter ohne Satzwert, aber mit Satzgliedwert, werden **Adverbien** genannt.

Die unflektierbaren Wörter ohne Satzgliedwert lassen sich danach unterscheiden, ob sie Fügteilcharakter haben oder nicht. Wörter mit Fügteilcharakter treten mit oder ohne Kasusforderung auf. Fügteile mit Kasusforderung heißen **Präpositionen**; sie leisten die syntaktische Einfügung von präpositionalen Satzgliedern oder Attributen. Textbeispiele sind *von, auf* usw.

Fügteile ohne Kasusforderung heißen **Konjunktionen**; sie fügen Teile von Satzgliedern, Gliedteilsätze, Gliedsätze oder Sätze aneinander. Textbeispiele sind *oder, und* usw.

Unflektierbare Wörter ohne Satzgliedwert und ohne Fügteilcharakter heißen **Partikeln**; sie dienen der Modifizierung der Aussage. Textbeispiele sind *fast* und *kaum* in den Sätzen:

Es lohnt sich fast nicht, ihn zu beschreiben,
kaum etwas unterscheidet ihn von andern.

Wie diese Beispiele zeigen, können unflektierbare Wörter in mehreren syntaktischen Funktionen auftreten: *fast* kann Adverb (*wir hätten fast vergessen*) oder Partikel (*fast wie ein Kind*) sein; *kaum* kann Konjunktion (*kaum dass der*

Regen nachließ), Adverb (*ich habe kaum geschlafen*) oder Partikel (*kaum drei Meter*) sein, *um* kann Präposition (*um die Welt segeln*), Adverb (*um zweitausend Mark wert sein*) und Konjunktion (*ich beeilte mich, um den Bus nicht zu verpassen*) sein. Der Terminus Partikel wird übrigens in anderen Einteilungsverfahren mit erheblich weiterer Bedeutung verwendet, was im Einzelfall beachtet werden muss.

Die Unterschiede der syntaktischen Funktionen dienen als Grundlage einer Einteilung der nicht-flektierenden Wortarten:

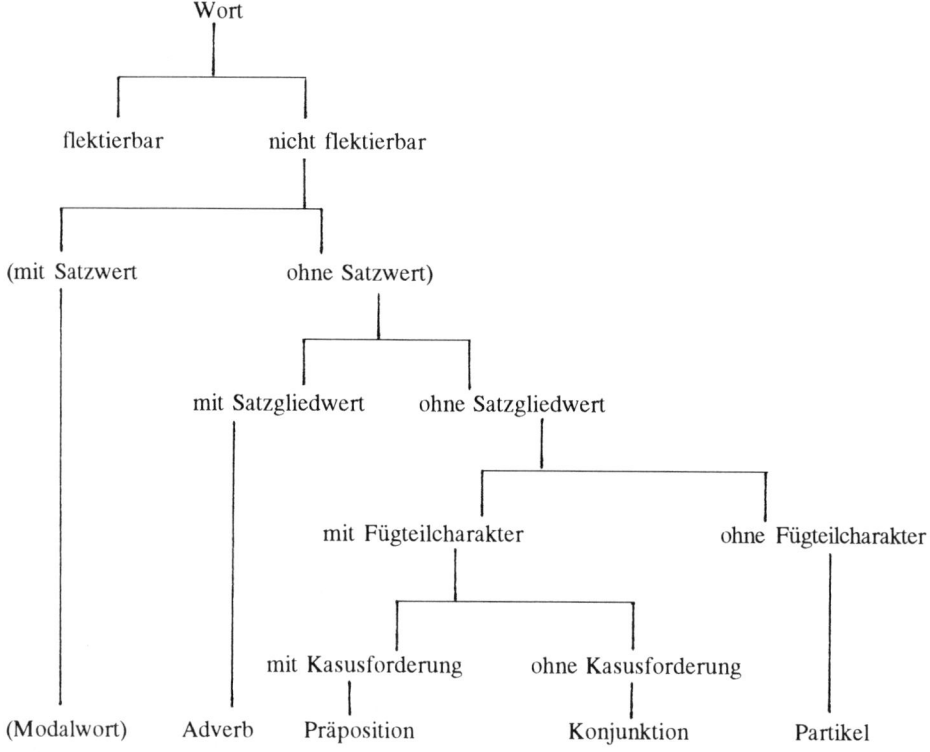

Nach W. Flämig, Grammatik des Deutschen. Einführung in Struktur- und Wirkungszusammenhänge, S. 358

5. Wortarteneinteilung nach semantischen Verhältnissen

Die Beachtung der semantischen Unterschiede zwischen den Wörtern liegt der im Schulunterricht verbreiteten Terminologie Namenwort oder Dingwort, Eigenschaftswort, Tätigkeitswort zugrunde. Namenwörter wie *Bett, Bild, Teppich* benennen Größen, geben in einem allerdings landläufigen Sinn die Namen der Dinge an. Zur genaueren Unterscheidung von Name und Wort ist hier auf Kapitel XVII.1. zu verweisen. Eigenschaftswörter wie *alt, müde, klein, grau* benennen Eigenschaften von Dingen, Tätigkeitswörter wie *erzählen, wohnen, beschreiben, sehen* Tätigkeiten. Den Wortarten lassen sich somit auch gewisse grundsätzliche semantische Leistungen zuordnen (man vergleiche Kapitel IX.1.).

Allerdings treten im Einzelnen die vielfältigsten Probleme auf, wenn alle Wortarten nach einer einheitlichen Vorgehensweise aufgrund flexivischer, syntaktischer und semantischer Merkmale eingeteilt werden sollen. Die in Grammatiken verwendeten Einteilungen unterscheiden sich daher beträchtlich.

6. Wortarten und Wortbildung

Bei der Wortbildung werden vielfach die Grenzen der Wortarten durch Transposition überwunden; zum Beispiel werden aus Verben und Adjektiven Substantive gebildet:

wohnen	–	*Wohnung*
bewegen	–	*Bewegung*
eindringlich	–	*Eindringlichkeit*
beredsam	–	*Beredsamkeit*

Dabei kommt es zu Verschiebungen in der Bedeutung, indem eine Tätigkeit oder eine Eigenschaft nun wie ein Gegenstand benannt wird. Aus diesem Grunde sind die semantisch begründeten Wortartbezeichnungen nur bei primären, nicht durch Wortbildung entstandenen Wörtern problemlos anwendbar (z.B. *Stadt, zart, helfen*).

7. Wortarten in Grammatiken und Wörterbüchern

Grammatiken und Wörterbücher geben Auskunft darüber, welcher Wortart ein Wort angehört. Beim Durchblättern eines Wörterbuchs fällt auf, dass zu vielen Wörtern mehrere Wortartangaben gemacht werden. Diese Wörter gehören – wie bereits in Abschnitt 4. sichtbar geworden ist – je nach ihrer syntaktischen Verwendung verschiedenen Wortarten an.

Im 'Deutschen Universalwörterbuch' des Duden-Verlages werden beispielsweise bei dem Wort *doch* drei Wortarten unterschieden:

I. Konjunktion in der Bedeutung von 'aber': *ich klopfe, doch niemand öffnet.*

II. Adverb in der Bedeutung von 'dennoch': *sie blieb dann doch zu Hause.*

III. Partikel: *das hast du doch gewusst.*

Duden. Deutsches Universalwörterbuch, S. 387

Grammatiken verfügen oft über ein Wortregister, das die Stellenangaben bereits nach Wortarten differenziert. In der 'Duden-Grammatik' lautet der Registereintrag zu *doch*:

doch Abtönungspartikel 671 · Gesprächspartikel 674 · koordinierende Konjunktion 717 · restriktive/adversative Konjunktion 721 · Stellung 1413

Duden. Grammatik der deutschen Gegenwartssprache, S. 884

Wörterbücher und Grammatiken stimmen allerdings in ihren Wortartbestimmungen keineswegs überein, da sie die morphologischen, syntaktischen und semantischen Kriterien unterschiedlich gewichten. In der 'Duden-Grammatik' (S. 85-89) werden beispielsweise neun Wortarten unterschieden: fünf flektierbare (Verben, Substantive, Adjektive, Artikel, Pronomen) und vier unflektierbare (Adverbien, Partikeln, Präpositionen, Konjunktionen). G. Helbig und J. Buscha unterscheiden in ihrer für den Ausländerunterricht konzipierten 'Deutschen Grammatik' (S. 5-12) 12 Wortarten (Verb, Substantivwörter, Adjektiv, Adverb, Artikelwörter, Pronomen *es*, Präpositionen, Konjunktionen, Partikeln, Modalwörter, Negationswörter, Satzäquivalente). U. Engel kommt in seiner 'Deutschen Grammatik' (S. 18f.) durch eine weitere Differenzierung der Partikeln auf 15 Wortarten (Verben, Nomina, Determinative, Adjektive, Pronomina, Präpositionen, Subjunktoren, Konjunktoren, Adverbien, Modalpartikeln, Rangierpartikeln, Gradpartikeln, Kopulapartikeln, Satzäquivalente, Abtönungspartikeln). Die stärkste Wortartdifferenzierung ergibt sich aus einer streng syntaktischen Kategorisierung, bei der H. Bergenholtz und B. Schaeder auf 51 Wortarten kommen. Die Wortart Verb wird dabei allein in zehn Verbwortarten (finites Verb, Imperativ, Hilfsverb finit, Hilfsverb Imperativ, Partizip, Hilfsverb Partizip, Infinitiv, Hilfsverb Infinitiv, Infinitiv mit eingeschlossenem *zu*, Verbzusatz) unterteilt.

An den Wörtern des Satzes *eigentlich versucht der Lehrer deutlich zu sprechen* lässt sich zeigen, wie unterschiedlich die Wortartbestimmungen in den grammatischen Werken ausfallen.

Wort	H. Bergenholtz – B. Schaeder 1977	G. Helbig – J. Buscha 1993	U. Engel 1996	Duden 1998
eigentlich	Adverb	Partikel	Rangierpartikel	Modalpartikel
versucht	finites Verb	Verb	Verb	Verb
der	Artikel	bestimmter Artikel	definiter Artikel	Artikel
Lehrer	Substantiv	Substantiv	Nomen	Substantiv
deutlich	Adverb	Adverb	Adjektiv	Adjektiv
zu	Infinitivpartikel	Partikel	Subjunktor	Infinitivkon-junktion
sprechen	Infinitiv	Verb	Verb	Verb

Die unterschiedlichen Bestimmungen können an dem Wort *deutlich* beispielhaft erklärt werden. Das Wort *deutlich* ist isoliert betrachtet ein Adjektiv, da es grundsätzlich flektierbar (und komparierbar) ist: *deutliche Worte*. In dem obigen Satz wird *deutlich* adverbial verwendet und ist dementsprechend auch unflektiert. Betrachtet man das Wort als lexikalische Einheit, also unabhängig von seinen syntaktischen Verwendungsmöglichkeiten, so ist es als Adjektiv zu bestimmen. Diese Bestimmung nehmen U. Engel und die 'Duden-Grammatik' vor. Legt man die syntaktische Verwendung von *deutlich* in dem Beispielsatz zugrunde, so kann es als Adverb bestimmt werden. Das syntaktische Kriterium wenden bei ihrer Klassifizierung H. Bergenholtz – B. Schaeder und G. Helbig – J. Buscha an.

Der in den Abschnitten 3. und 4. dargestellte Ansatz, der auf W. Flämig zurückgeht, verbindet morphologische (flektierbar und unflektierbar) und syntaktische Kriterien (Satzgliedwert, Fügteilcharakter, Kasusforderung) miteinander.

Definitionen

- **Flexion** meint Veränderung der Wortformen (nach Person, Numerus, Modus, Tempus, Genus Verbi oder nach Genus, Kasus, Numerus).
- **Grammatische Wörter** sind unterschiedlich flektierte Wortformen eines Wortes.

- **Autosemantika** sind Wörter, die eine kontextunabhängige, selbständige Bedeutung haben (Substantive, Verben oder Adjektive).
- **Synsemantika** sind Wörter, die bei isoliertem Auftreten keine selbständige lexikalische Bedeutung tragen (Funktionswörter wie Präpositionen, Konjunktionen und Partikeln).
- **Offene Wortarten** sind Wortarten wie Substantive, Adjektive und Verben, die kontinuierlich durch Wortbildung erweitert werden.
- **Geschlossene Wortarten** sind Wortarten wie Präpositionen, Konjunktionen und Partikeln, die nur in geringem Umfang durch Wortbildung erweitert werden.
- **Verben** sind nach Person, Numerus, Modus, Tempus und Genus Verbi flektierbare Wörter.
- **Substantive** sind nach Kasus und Numerus flektierbare genusfeste Wörter.
- **Adjektive** sind nach Genus, Kasus und Numerus flektierbare und komparierbare Wörter.
- **Pronomina** sind nach Genus, Kasus und Numerus flektierbare, aber nicht-komparierbare Wörter.
- **Modalwörter** sind unflektierbare satzwertige Wörter.
- **Adverbien** sind unflektierbare Wörter ohne Satzwert, aber mit Satzgliedwert.
- **Präpositionen** sind unflektierbare Wörter ohne Satzgliedwert, die Fügteilcharakter und eine Kasusforderung haben; sie leisten die syntaktische Einfügung von präpositionalen Satzgliedern oder Attributen.
- **Konjunktionen** sind unflektierbare Wörter ohne Satzgliedwert, die Fügteilcharakter, aber keine Kasusforderung haben; sie fügen Teile von Satzgliedern, Gliedteilsätze, Gliedsätze oder Sätze aneinander.
- **Partikeln** sind unflektierbare Wörter ohne Satzgliedwert und ohne Fügteilcharakter; sie dienen der Modifizierung der Aussage.

Literaturhinweise

Kurzinformation:

Metzler Lexikon Sprache. Artikel: Adjektiv, Adverb, Autosemantikum, Grammatisches Wortform, Konjunktion, Modalwort/-partikel, Partikel, Präposition, Pronomen, Substantiv, Synsemantikon, Verb (von B. Schaeder); Flexion, Geschlossene und Offene Klasse (Wortart) (von H. Glück)

Grundlegende und weiterführende Literatur:

H. *Bergenholtz* – B. *Schaeder*, Die Wortarten des Deutschen
Duden. Grammatik der deutschen Gegenwartssprache, S. 85-407
U. *Engel*, Deutsche Grammatik
J. *Erben*, Deutsche Grammatik
W. *Flämig*, Grammatik des Deutschen
G. *Helbig* – J. *Buscha*, Deutsche Grammatik. Ein Handbuch für den Ausländerunterricht
M.D. *Stepanowa* – G. *Helbig*, Wortarten und das Problem der Valenz in der deutschen Gegenwartssprache

VIII. Syntax

1. Vorbemerkung: Syntaxtheorie und konkrete Satzanalyse

Theoretisch grundlegend für das hier gewählte Vorgehen sind die Begriffe **Konstituenz**, **Dependenz** und **Mitteilungsstruktur**. Die Analyse geht also von der Ermittlung der Konstituenten gegebener Sätze aus, interpretiert die Konstituentenstruktur so weit wie möglich im Rahmen von Dependenzbeziehungen und beachtet die konkrete lineare Konstituentenabfolge im Zusammenhang der Mitteilungsstruktur. Dabei wird vorausgesetzt, dass Sätze im Zusammenhang von Texten geäußert werden (man vergleiche dazu Kapitel XI.) und daher auch nur Sätze aus Texten analysiert werden sollten.

Ziel des vorliegenden Kapitels kann im Rahmen dieser Einführung natürlich nur die erste Anleitung zu konkreter Satzanalyse und die Veranschaulichung syntaktischer Strukturen sein, nicht ein Überblick über verschiedene Syntaxtheorien. Dazu muss auf die entsprechende Literatur verwiesen werden. Die folgende Darstellung knüpft an den vor allem an der Valenzgrammatik orientierten neueren Beschreibungen der deutschen Syntax an, wie sie in den verbreiteten Grammatiken vorliegen. Dieses Verfahren sichert so auch den Zusammenhang einer syntaktischen Einführung mit den im Studium hauptsächlich benutzten Grammatiken, die auch den Darstellungen in Schulbüchern zugrunde liegen.

2. Die operationale Ermittlung der Satzglieder

In einem Satz stehen die Wörter – wie jeder Sprecher intuitiv erfasst und wie die Schulgrammatik jedem Schüler vermittelt hat – nicht einzeln und isoliert, sondern sie stehen untereinander in näheren und ferneren Beziehungen und geben dies unter anderem in ihrer Flexionsform und in ihrer Stellung im Satz zu erkennen. Diese sprachliche Organisation wird durch den Begriff **Syntax** ausgedrückt. Syntax bezeichnet den Satzbau als Regelsystem der Sprache, die sprachwissenschaftliche Teildisziplin, die sich mit der Analyse und Beschreibung dieses Regelsystems beschäftigt, und schließlich auch das Buch, in dem diese Beschreibung gegeben wird.

Wichtige Analyseverfahren werden an einzelnen Sätzen aus dem Text von Peter Bichsel (Kapitel III.1.) sichtbar gemacht.

Im obersten Stock des Hauses hat er sein Zimmer.

Die engere Zusammengehörigkeit einzelner Teile des Satzes wird erkennbar, wenn man **Umstellproben** (auch: Verschiebeproben) vornimmt. Die Umstellung erfolgt jeweils an den Satzanfang vor die finite Verbform. Einige Wörter können einzeln umgestellt werden, andere, wenn sinnvolle Anordnungen entstehen sollen, nur als ganze Gruppe:

> [*Er*] *hat* [*sein Zimmer*] [*im obersten Stock des Hauses*].
> [*Sein Zimmer*] *hat* [*er*] [*im obersten Stock des Hauses*].
> [*im obersten Stock des Hauses*] *hat* [*er*] [*sein Zimmer*].

Geschlossen umstellbare Einheiten heißen **Satzglieder**. Die Satzglieder des Satzes sind:

> [*im obersten Stock des Hauses*] – [*er*] – [*sein Zimmer*].

Im nächsten Satz ergeben sich folgende Möglichkeiten der Umstellung:

> *Er hatte jetzt eine neue Sprache, die ihm ganz allein gehörte.*
> *Jetzt hatte er eine neue Sprache, die ihm ganz allein gehörte.*
> *Eine neue Sprache, die ihm ganz allein gehörte, hatte er jetzt.*

Satzglieder des Satzes sind demnach:

> [*er*] – [*jetzt*] – [*eine neue Sprache, die ihm ganz allein gehörte*].

Dieser Satzgliedbestimmung scheint die folgende Umstellung zu widersprechen:

> *Eine neue Sprache hatte er jetzt, die ihm ganz allein gehörte.*

Der Ausdruck *eine neue Sprache* erweist sich hier als allein umstellbar. Er wäre demnach allein als Satzglied anzusehen, was der früheren Bestimmung widerspräche. Es zeigt sich hier, dass das Kriterium der geschlossenen Umstellbarkeit so angewendet werden muss, dass die größte geschlossen umstellbare Gruppe gewählt wird.

Als zusätzliche Probe kann die **Ersatzprobe** (auch: Austauschprobe) eingeführt werden. Was bei der Umstellprobe als Ganzes an den Anfang rücken kann, wird als Ganzes der Ersatzprobe durch möglichst kurze Einwortausdrücke unterworfen.

> *Eine neue Sprache, die ihm ganz allein gehörte, hatte er jetzt.*
> *Etwas   hatte er jetzt.*

Umstellprobe und Ersatzprobe sind die wichtigsten Verfahren bei der Ermittlung der Satzkonstituenten.

3. Die Bestimmung der Satzglieder im Rahmen der Verbvalenz

Die Funktion der übrigen Satzglieder lässt sich vom Verb aus bestimmen. Die Weglassprobe lässt erkennen, welche Satzglieder für den Satz grammatisch konstitutiv sind und welche fehlen können, ohne dass der Satz grammatisch unvollständig wird. Das Verb ist in keinem Fall weglassbar; es bildet den grammatischen Kern des Satzes. In dem Satz *Er hatte jetzt eine neue Sprache, die ihm ganz allein gehörte* ist nur das Satzglied *jetzt* weglassbar. Die Satzglieder *er* und *eine neue Sprache, die ...* sind notwendig, um mit dem verbalen Satzkern *hatte* zusammen einen grammatisch vollständigen Satz zu bilden. Vom verbalen Satzkern aus lassen sich die nicht-weglassbaren Satzglieder feststellen und als verbabhängig beschreiben. Die verbabhängigen Satzglieder werden als **Ergänzungen** bezeichnet, die übrigen als **Angaben**.

Das Verb *haben* erfordert in der hier vorliegenden Bedeutung 'besitzen' stets zwei Ergänzungen, eine Ergänzung im Nominativ und eine im Akkusativ. Dies lässt sich durch Ersatzproben für diese beiden Satzglieder überprüfen:

Er		*eine neue Sprache.*
Der Mann	*hatte*	*eine andere Ausdrucksweise.*
Die Familie		*einen neuen Wagen.*

Die Struktur derartiger Sätze lässt sich abstrakt darstellen:

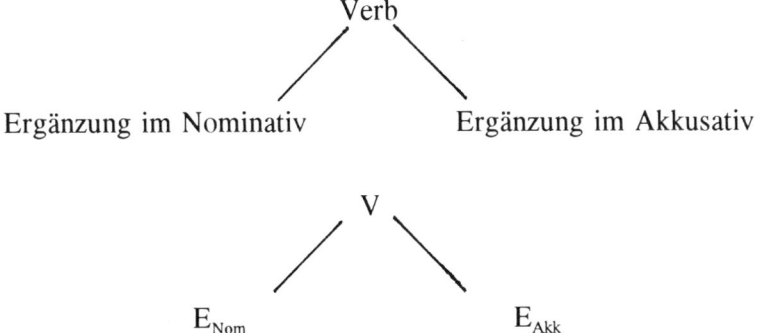

Die Symbole E_{Nom}, V und E_{Akk} stehen für die Bestandteile eines Satzes; die Verbindungslinien sollen die Abhängigkeitsbeziehungen zwischen den Bestandteilen ausdrücken.

Der Ersatz des Verbs durch andere Verben mit ähnlicher Bedeutung lässt die Abhängigkeit der Ergänzungen vom Verb besonders deutlich werden:

Er	*hatte*	*eine neue Sprache.*
Er	*verfügte*	*über eine neue Sprache.*
Ihm	*gehörte*	*eine neue Sprache.*

Verfügen fordert zwei Ergänzungen, und zwar eine Ergänzung im Nominativ und eine mit der Präposition *über* eingeleitete Ergänzung, die man Präpositional-Ergänzung nennt.

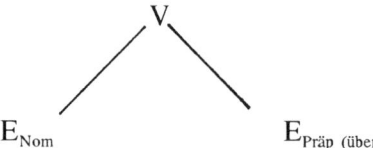

Gehören fordert zwei Ergänzungen, und zwar eine Ergänzung im Nominativ (*eine neue Sprache*) und eine im Dativ (*ihm*).

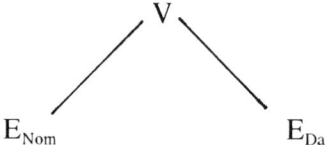

Die vom Verb geforderten Satzglieder bezeichnen die an dem vom Verb bezeichneten Vorgang oder Zustand beteiligten Größen; sie werden **Aktanten** genannt. Der ganze Satz bezeichnet einen Sachverhalt; man spricht in diesem Sinne vom propositionalen Gehalt des Satzes oder kurz von der **Proposition**. Zum Sachverhalt 'Besitz einer Sache' gehören zwei Aktanten, die ihrer Bedeutung nach den Besitzer und die besessene Sache bezeichnen. Man spricht in diesem Zusammenhang von **semantischen Rollen**. Bei dem Verb *haben* in der Bedeutung 'besitzen' bezeichnet die Nominativ-Ergänzung den Besitzer, die Akkusativ-Ergänzung das Besessene. In der Nominativ-Ergänzung wird die semantische Rolle des Handelnden, das Agens, realisiert, in der Akkusativ-Ergänzung die des die Handlung Erleidenden, das Patiens.

Der alte Mann	*hatte*	*eine neue Sprache*
E_{Nom}		E_{Akk}
Besitzer	'besitzen'	Besessenes
Agens		Patiens

Bei der Wahl eines anderen Verbs für denselben Sachverhalt ändern sich die semantischen Rollen der Aktanten nicht, auch wenn sie syntaktisch eine andere Gestalt erhalten. Das Verb *gehören* beschreibt den Sachverhalt Besitz gewissermaßen aus umgekehrter Sicht:

etwas	*gehört*	*jemandem*
E_{Nom}		E_{Dat}
Besessenes	'besessen werden'	Besitzer
Patiens		Agens

Die Fähigkeit des Verbs, Ergänzungen in bestimmter Zahl und Gestalt an sich zu binden, nennt man **Valenz** oder Wertigkeit und spricht von einwertigen, zweiwertigen usw. Verben. Im Blick auf die Valenz wird das Verb als Satzkern aufgefasst. Der verbale Satzkern und die von ihm abhängigen Ergänzungen konstituieren den Satz. Die hier im Ansatz vorgeführte **Valenzgrammatik** hat sich bei der Beschreibung der Syntax der deutschen Gegenwartssprache besonders bewährt. Im Hinblick auf das Prinzip der Abhängigkeit, der **Dependenz**, spricht man auch von **Dependenzgrammatik**.

Bei manchen Verben sind nicht alle Ergänzungen in jedem Satz realisiert. Das kann an kontextbedingten Ersparungen (Ellipse) liegen, zum Beispiel in einer Äußerung *Er gibt*, wenn situativ klar ist, dass er den Mitspielern die Karten gibt. Bei manchen Verben sind grundsätzlich Aktanten fakultativ, zum Beispiel bei dem Verb *reden*:

jemand redet – jemand redet über etwas

Sofern in einem gegebenen Satz eine fakultative Ergänzung realisiert ist, kann sie bei der Weglassprobe nicht von einer freien Angabe unterschieden werden. Sie bleibt aber inhaltlich als Bezeichnung eines Aktanten mit dem Verb verbunden.

Eine der durch die Valenz geforderten Ergänzungen ist gegenüber den anderen hervorgehoben. Die Ergänzung im Nominativ und das verbale Satzglied stimmen in der Flexionskategorie des Numerus und der Person überein:

Er	*hatte*	*eine*	*neue*	*Sprache.*
3. Person	3. Person			
Singular	Singular			
Wir	*haben*	*eine*	*neue*	*Sprache.*
1. Person	1. Person			
Plural	Plural			

Eine Übereinstimmung in Flexionskategorien nennt man **Kongruenz**; zwischen verbalem Satzkern und Ergänzung im Nominativ besteht Kongruenz. Durch diese Kongruenz mit dem verbalen Satzglied wird die Nominativ-Ergänzung gegenüber allen anderen Satzgliedern hervorgehoben. Ihre Sonderstellung wird auch in der Satzgliedbezeichnung **Subjekt** berücksichtigt. Die anderen Ergänzungen in den übrigen Kasus werden auch **Objekte** genannt. Für die Kasusforderung des Verbs an die Objekte wird auch der Begriff **Rektion** verwandt.

4. Die freien Angaben

Das weglassbare Satzglied *jetzt* in dem analysierten Satz bezeichnet den Zeitpunkt, zu dem der ausgedrückte Sachverhalt vorlag. Für viele Sachverhalte lassen sich Zeit und Ort angeben sowie weitere Umstände, unter denen sich der Sachverhalt vollzieht. Als Beispiel wird der verkürzte erste Satz des Textes in Kapitel VI.1. gewählt:

> *Gustav Aschenbach [...] hatte an einem Frühlingsnachmittag des Jahres 19.. [...] von seiner Wohnung in der Prinzregentenstraße zu München aus allein einen weiten Spaziergang unternommen.*

Nach Umstell- und Ersatzproben zur Ermittlung der Satzglieder und Weglassproben zur Ermittlung der valenzabhängigen Ergänzungen bleibt als grammatisches Satzminimum übrig:

> *Gustav Aschenbach hatte einen weiten Spaziergang unternommen.*

Weglassbar sind die Satzglieder:

> *an einem Frühlingsnachmittag des Jahres 19..*
> *von seiner Wohnung in der Prinzregentenstraße zu München aus*
> *allein*

Es handelt sich um eine Temporalangabe, eine Lokalangabe und eine Modalangabe, in denen Umstände der Zeit, des Ortes und der Art und Weise beschrieben werden.

In der graphischen Darstellung des Satzes können die Angaben nicht dem Verb untergeordnet werden, da sie nicht von ihm gefordert sind; sie betreffen vielmehr den Sachverhalt, das Geschehen insgesamt. Das wird deutlich bei dem zur Sicherung des Angabestatus in vielen Syntaxdarstellungen empfohlenen *geschehen*-Test, einer Paraphrase mit dem Verb *geschehen*:

(*Aschenbach hatte einen Spaziergang unternommen,*)
- *und das* **geschah** *an einem Frühlingsnachmittag*

- *und das* **geschah** *von seiner Wohnung aus*
- *und das* **geschah** *allein*

Mit diesem Test lassen sich auch die freien Angaben von den fakultativen Ergänzungen unterscheiden.

Die Angaben werden in der Graphik dem Satz selbst untergeordnet; die gestrichelten Linien signalisieren den Unterschied zu den durchgezogenen Linien für die Dependenzbeziehung:

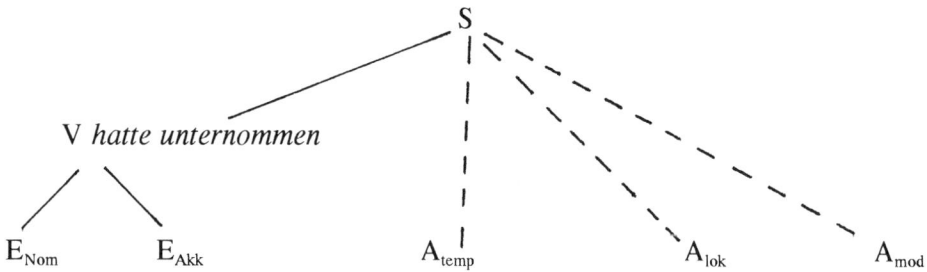

Am Beispiel wird deutlich, dass zur Analyse und Darstellung eine bestimmte Terminologie und vor allem ein Inventar von Satzgliedern, nämlich Ergänzungen wie Angaben, benötigt wird, mit dem alle vorkommenden Fälle erfasst werden. Dafür ist hier auf die Grammatiken und auf die Anleitungen zur Satzanalyse zu verweisen.

5. Wörter und Syntagmen als Satzglieder

Satzglieder können aus einem Wort oder aus Wortgruppen bestehen. Die beteiligten Wörter lassen sich nach ihren Wortarten unterscheiden:

er: Personalpronomen der dritten Person Maskulinum im Nominativ Singular

sein Zimmer: Possessivpronomen der dritten Person Maskulinum im Akkusativ Singular Neutrum,
Substantiv mit Genus Neutrum im Akkusativ Singular

eine neue Sprache: unbestimmter Artikel im Akkusativ Singular Femi-
                        ninum,
                        Adjektiv im Akkusativ Singular Femininum,
                        Substantiv mit Genus Femininum im Akkusativ Sin-
                        gular.

Innerhalb der aus mehreren Wörtern flektierender Wortarten bestehenden
Satzglieder herrscht Kongruenz in den Flexionskategorien Kasus, Numerus
und Genus. Das Genus ist jeweils mit einem Substantiv für das ganze Satzglied vorgegeben. Adjektiv, Artikel oder Pronomen richten sich in ihrer Flexion nach dem Genus des Substantivs.

Durch die Umstellprobe ist nachgewiesen, dass es sich bei der Wortgruppe
im obersten Stock des Hauses um ein einziges Satzglied handelt. Die Kon-
gruenzverhältnisse lassen zwei Teile dieses Satzgliedes erkennen. Innerhalb
der Teilgruppen *im obersten Stock* und *des Hauses* besteht jeweils Kongruenz
in Genus, Kasus und Numerus.

im obersten Stock   :   Dat. Sing. Mask.
des Hauses   :   Gen. Sing. Neutr.

Die Teilgruppe *des Hauses* ist eine Erweiterung der Teilgruppe *im obersten
Stock*. Die Erweiterung ist weglassbar, sie kann nur zusammen mit dem Element auftreten, auf das sie sich bezieht. Derartige Erweiterungen von Satzgliedern heißen **Attribute**.

Das übergeordnete Bezugselement, von dem sie abhängen, heißt **Kern**
oder **Nukleus**. Die Abhängigkeit lässt sich auch graphisch darstellen:

im obersten Stock   :   Kern

            |

des Hauses   :   Genitiv-Attribut

In dem Syntagma *im obersten Stock* ist *obersten* nicht weglassbar, wohl aber
ersetzbar:

im obersten Stock
   ersten
   zweiten

Es handelt sich ebenfalls um eine Erweiterung zu dem Kern *Stock*. Das lässt sich zusätzlich zeigen, wenn man *im* zu *in einem* auflöst, wodurch *obersten* weglassbar wird:

In einem Stock des Hauses hat er sein Zimmer.

Damit dieser Satz einen kommunikativen Sinn erhält, bedarf das Wort *Stock* jedoch einer näheren Bestimmung. Ein Attribut wie *obersten* ist hier also notwendig, das Genitiv-Attribut hingegen frei.

6. Satzförmige Satzglieder und Erweiterungen von Satzgliedern

Satzglieder können selbst auch Satzgestalt besitzen. Die Umstellprobe erweist den *weil*-Satz als Satzglied des gesamten Satzes:

Er mußte lachen, weil er all das nicht verstand.
Weil er all das nicht verstand, mußte er lachen.

Die Ersatzprobe mit *deshalb* bestätigt diesen Befund:

Deshalb mußte er lachen.

Ebenso lässt sich der *dass*-Satz als Satzglied bestimmen:

– und das Besondere war, daß das alles dem Mann plötzlich gefiel.

Umstellprobe: *und daß das alles dem Mann plötzlich gefiel, war das Besondere.*

Ersatzprobe: *und das war das Besondere.*

Der *weil*-Satz oder seine Entsprechung *deshalb* fungiert im Gesamtsatz als Angabe, da er nicht von dem verbalen Ausdruck *mußte lachen* gefordert wird. Diese Angabe in Satzform ist in sich wie ein Satz beschreibbar, wenn man die die Verbindung und Unterordnung kennzeichnende Konjunktion *weil* abtrennt: *Er verstand all das nicht.*

Der *dass*-Satz oder seine Entsprechung *das* fungiert im Gesamtsatz als vom Verb geforderte Nominativ-Ergänzung. Diese Ergänzung in Satzform ist auch als Satz beschreibbar, wenn man die Konjunktion *dass* abtrennt:

Das alles gefiel dem Mann plötzlich.

Sätze, die als Satzglieder in anderen Sätzen fungieren, heißen **Gliedsätze**.

Auch Attribute können Satzgestalt besitzen. Der Ausdruck *eine neue Spra-che, die ihm ganz allein gehörte* ist durch Umstell- und Ersatzprobe als ein

Satzglied erwiesen. Die Erweiterung *die ihm ganz allein gehörte* ist weglassbar, sie kann nicht ohne die Bezugsgruppe *eine neue Sprache* auftreten. Sätze, die als Teile von Satzgliedern fungieren, heißen **Gliedteilsätze**.

Gliedsätze und Gliedteilsätze sind abhängige Sätze, die Teile von übergeordneten Sätzen, den Träger- oder Matrixsätzen, bilden. Sie werden nach der syntaktischen Funktion klasssifiziert:

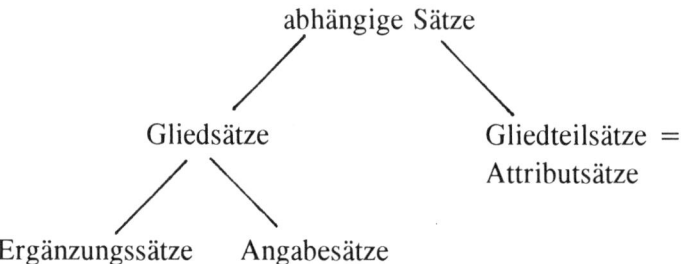

Eine andere Einteilungsmöglichkeit wird durch die Art der Einleitung und die damit zusammenhängende Position des Verbs begründet; darauf kann hier aber nicht eingegangen werden.

7. Die Mitteilungsstruktur des Satzes

Das Verfahren der Umstellprobe könnte den Eindruck erwecken, als sei die Reihenfolge der Satzglieder beliebig. Tatsächlich ist aber in jedem Satz im Text eine bestimmte Reihenfolge gegeben, die nicht zufällig ist, sondern Ausdruck der Mitteilungsstruktur und so zu der Bedeutung des Satzes beiträgt.

In dem Text in Kapitel III.1. gibt es Sätze, die diese Mitteilungsstruktur in sehr einfacher Form zeigen.

> *Er wohnt in einer kleinen Stadt,* [...]
> *Er trägt einen grauen Hut* [...]
> *und er hat einen dünnen Hals* [...]

In diesen Sätzen wird mit dem Personalpronomen *er* auf den am Anfang der Geschichte eingeführten alten Mann Bezug genommen; er ist das nun bekannte Thema, über ihn erfolgen weitere Mitteilungen, die alle neue Informationen enthalten, wie insbesondere an den unbestimmten Artikeln (*einer, einen*) sichtbar wird. Bei einer vollständigen Satzanalyse ist auch diese Ebene mit zu berücksichtigen; dazu vergleiche man Kapitel XI.5. (Thema und Rhema).

8. Analysebeispiel

In dem Text in Kapitel III.1. lässt sich folgender Satz abgrenzen:

– *und das Besondere war, daß das alles dem Mann plötzlich gefiel.*

Anstelle des Anschlusses mit Gedankenstrich wäre auch ein Satzschluss mit Punkt und Großschreibung am Anfang (*Und ...*) denkbar. Der Satz enthält zwei Verbformen: *war* und *gefiel*, die einen Aufbau des ganzen Satzes aus zwei Teilsätzen anzeigen. Die Konjunktion *daß* bezeichnet syntaktische Unterordnung und ist typisch als Einleitewort abhängiger Sätze. Wenn der *dass*-Satz untergeordnet ist, muss er Teil des Trägersatzes sein. Die Umstellprobe und die Ersatzprobe haben ihn in Abschnitt 6. bereits als Satzglied erwiesen:

– *und daß das alles dem Mann plötzlich gefiel, war das Besondere.*
– *und das war das Besondere.*

Die Konjunktion *und* lässt sich nicht umstellen, sie ist kein Satzglied, sondern verbindet hier lediglich den Satz mit dem vorhergehenden Text.

Das Verb *sein* (in der Form *war*) wird in dem Satz zweiwertig verwendet; beide Ergänzungen stehen im Nominativ, wobei eine der anderen prädikativ zugeordnet ist:

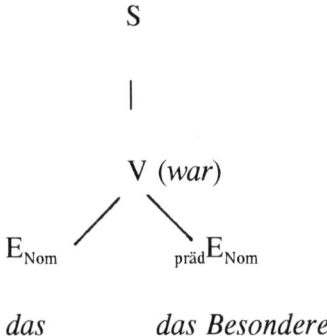

$$
\begin{array}{c}
S \\
| \\
V\ (war) \\
E_{Nom} \qquad _{präd}E_{Nom} \\[2mm]
das \qquad das\ Besondere
\end{array}
$$

Die Nominativ-Ergänzung ist selbst satzförmig und kann zunächst getrennt analysiert werden:

Umstellproben:	*das alles gefiel dem Mann plötzlich*
	dem Mann gefiel das alles plötzlich
	plötzlich gefiel dem Mann das alles
Weglassprobe:	*dem Mann gefiel das alles*

Verbvalenz:

plötzlich ist Modalangabe.

Satzstruktur:

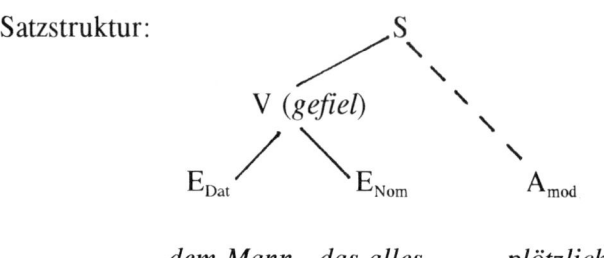

Satzgliedstrukturen:

In der Nominativ-Ergänzung *das alles* ist wechselweise ein Teil weglassbar:

> *dem Mann gefiel das*
> *dem Mann gefiel alles*

Es ließen sich also beide Wortformen als Attribut der anderen verstehen; darauf kann hier nicht weiter eingegangen werden.

Bei der Darstellung des ganzen Satzes wird die Darstellung des abhängigen Satzes in die des übergeordneten Satzes eingefügt:

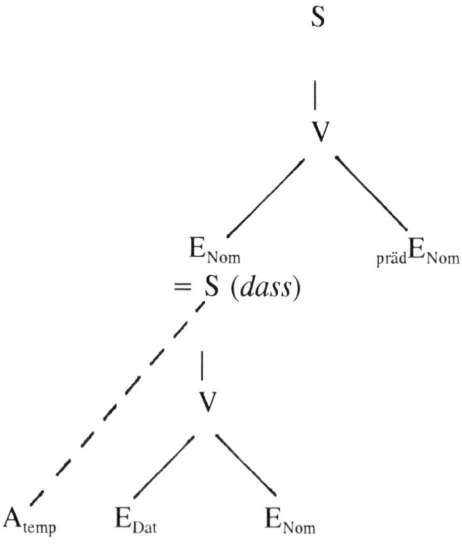

Bei umfangreicheren Sätzen wird diese verbreitete Art der Darstellung in sogenannten Strukturbäumen oder Baumgraphen schnell unübersichtlich. Dann erweist sich die folgende Form als vorteilhafter:

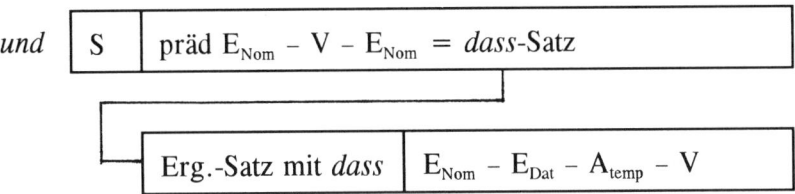

Bei dieser Darstellung werden die Satzglieder hintereinander notiert, die Gefügestruktur wird mit den Kästen graphisch veranschaulicht, was besonders bei Satzgefügen mit vier, fünf oder noch mehr Teilsätzen hilfreich ist.

Ein weiterer Vorteil dieser Darstellung liegt darin, dass hier die Reihenfolge der Satzglieder abgebildet werden kann. Sie besitzt auch syntaktische Funktion und ist deshalb bei der Satzanalyse zu berücksichtigen. Die bei den Strukturbäumen explizit mögliche Veranschaulichung der Dependenz geht hier natürlich verloren; die Dependenz steckt hier in der Bezeichnung der Satzglieder als E = Ergänzung und A = Angabe. Die mögliche weitere Strukturierung der Satzglieder mit Attributen muss bei dieser Darstellung in Satzkästen gesondert behandelt werden.

Für weitere und differenziertere Darstellungsformen syntaktischer Analysen wird auf die entsprechenden Übungsbücher verwiesen.

Definitionen

- **Satzglieder** sind die größtmöglichen geschlossen umstellbaren, insbesondere erststellenfähigen und als Ganzes ersetzbaren Konstituenten eines Satzes.
- **Valenz** ist die Fähigkeit des Verbs, nach ihrer Anzahl und ihrer syntaktischen Gestalt bestimmte Satzglieder an sich zu binden.
- **Ergänzungen** sind von der Verbvalenz geforderte notwendige Satzglieder, die die Aktanten des ausgedrückten Sachverhalts bezeichnen.
- **Angaben** sind die freien Satzglieder, die die Umstände des ausgedrückten Sachverhalts bezeichnen.
- **Kongruenz** ist die Übereinstimmung von Satzgliedern oder von Teilen von Satzgliedern in bestimmten Flexionskategorien.
- **Attribute** sind innerhalb von Satzgliedern auftretende weglassbare Erweiterungen zu ihnen übergeordneten Kernen.
- **Gliedsätze** sind Satzglieder in Form abhängiger Sätze.
- **Gliedteilsätze** sind Attribute in Form abhängiger Sätze.

Literaturhinweise

Kurzinformation:

Metzler Lexikon Sprache. Artikel: Angabe, Dependenz, Dependenzgrammatik, Ergänzung, Semantische Rolle, Valenz, Valenzgrammatik (von K. Welke); Austauschprobe, Verschiebeprobe, Weglassprobe (von W. Schöneck)

Einführende Literatur:

U. *Engel*, Syntax der deutschen Gegenwartssprache
J. *Erben*, Deutsche Syntax
A. *Linke* – M. *Nussbaumer* – P.R. *Portmann*, Studienbuch Linguistik, S. 78-84

zu anderen theoretischen Ansätzen

A. *Linke* – M. *Nussbaumer* – P.R. *Portmann*, Studienbuch Linguistik, S. 89-129
H. *Vater*, Einführung in die Sprachwissenschaft, S. 107-146

Grundlegende und weiterführende Literatur:
zu den theoretischen Aspekten

K. *Baumgärtner*, in: Vorschläge für eine strukturale Grammatik des Deutschen, S. 52-77
Beiträge zur Valenztheorie, hg. v. G. Helbig
Neue Grammatiktheorien und ihre Anwendung auf das heutige Deutsch
L. *Tesnière*, Grundzüge der strukturalen Syntax
Th. *Vennemann*, Sprachwissenschaft 2 (1977) S. 259-301

zur Syntax der deutschen Gegenwartssprache

Duden. Grammatik der deutschen Gegenwartssprache
P. *Eisenberg*, Grundriß der deutschen Grammatik, I-II
U. *Engel*, Deutsche Grammatik
J. *Erben*, Deutsche Grammatik
H.-W. *Eroms*, Syntax der deutschen Sprache
W. *Flämig*, Grammatik des Deutschen
Grammatik der deutschen Sprache, I-III
G. *Helbig* – J. *Buscha*, Deutsche Grammatik

zur praktischen Satzanalyse

H. *Altmann* – S. *Hahnemann*, Syntax fürs Examen
R. *Bergmann* – P. *Pauly* – C. *Moulin-Fankhänel*, Neuhochdeutsch
G. *Van der Elst* – M. *Habermann*, Syntaktische Analyse

IX. Semantik und Lexikologie

1. Bedeutungsarten

Lexikalische Bedeutung

Die semantischen Beziehungen der Zeichen beruhen auf ihren lexikalischen Bedeutungen, das heißt der Gesamtheit funktionaler Einheiten, die die Inhaltsseite eines Zeichens bilden. So, wie die Phoneme als strukturierte Kombinationen von artikulatorischen Merkmalen beschreibbar sind, lassen sich die funktionalen Einheiten der Bedeutungsseite, die **Sememe**, als Kombinationen kleinster begrifflicher Merkmale, der Seme, beschreiben.

Spiegel	'Gegenstand aus Glas oder Metall, dessen glatte Fläche das, was sich vor ihm befindet, als Abbild zeigt'
	'Oberfläche eines Gewässers, einer Flüssigkeit'

Die auswahlsweise Betrachtung der Sememe des Substantivs *Spiegel* in ihrer wörterbuchüblichen Fassung zeigt hier zwei Begriffskomplexe. Jeder der sememischen Begriffskomplexe besitzt eine für das System der Gegenwartssprache charakteristische, invariante Kombination von Begriffsmerkmalen. Im ersten Semem finden sich so etwa die Merkmale 'Gegenstand', 'aus Glas oder Metall bestehend', 'mit einer glatten Fläche', 'etwas als Abbild zeigen'. Als sprachliches Zeichen, das solche Sememe besitzt, wird das Substantiv *Spiegel* als **Lexem** bezeichnet. Die Sememe stehen untereinander durch gemeinsame Merkmale in Beziehung. So besitzen die beiden hier betrachteten Sememe gemeinsam das Merkmal 'glatte Oberfläche'.

Die lexikalische Bedeutung, die von den Sememen getragen wird, meint das 'Was' der sprachlichen Erfassung der Welt. Sie stellt einen Bezug zwischen der Ausdrucksseite, der Lautgestalt und allen Gegenständen eines bestimmten Typus her. Der Bezug wird nicht hergestellt zu einem individuellen Gegenstand, sondern zu einer Klasse von Gegenständen. Die lexikalische Bedeutung wird mit der formalen Struktur des Wortes fest verbunden gesehen. Das Lexem *Spiegel* ist nicht nur für einen individuellen Spiegel anwendbar, sondern für die Klasse der Spiegel.

Die Sememe können auch quer durch die Wortarten gehen. So hat *Spiegel* auch gemeinsame Bedeutungsmerkmale mit dem Verb 'als Spiegelbild erscheinen'

spiegeln 'das Spiegelbild von etw. zurückwerfen'

'(wie ein Spiegel Lichtstrahlen zurückwerfend) glänzen'

und dem Adjektiv

spiegelig 'eine spiegelähnliche Oberfläche habend'.

Kategorielle Bedeutung

Zur Bedeutungsseite der Wörter gehört auch, auf welche Weise sie die Welt erfassen. So erfasst jedes Substantiv die Welt als Ding. Das Verb erfasst die Welt als Tätigkeit. Das Adjektiv erfasst die Welt als Eigenschaft. Das gilt auch für Substantive, die lexikalisch gerade kein Ding bezeichnen, wie zum Beispiel *Liebe*, und für Verben, die lexikalisch gerade keine Tätigkeit ausdrücken, wie zum Beispiel *ruhen*, und für Adjektive, die lexikalisch keine Eigenschaft bezeichnen, wie zum Beispiel *ärztlich*.

Diese Bedeutungsart gilt jeweils für alle Wörter einer Wortart; sie weisen eine kategorielle Gleichartigkeit auf, das heißt, sie zeigen eine Gleichartigkeit hinsichtlich ihrer grammatischen Eigenschaften. Sie werden grammatisch gleich behandelt. Diese Bedeutungsart, die die Art und Weise der sprachlichen Erfassung der Welt meint, wird als **kategorielle Bedeutung** bezeichnet (man vergleiche auch Kapitel VII.5.).

Instrumentale Bedeutung

Auch einzelne Elemente eines Wortes können Bedeutung tragen. In *Tag-e* gibt das Element *-e* der Einheit die Bedeutung 'Plural'. Diese Funktion einzelner bestimmter sprachlicher Elemente wird als **instrumentale Bedeutung** bezeichnet. Sie wird getragen von Relationsmorphemen. Die instrumentale Bedeutung ist stets auf ein einzelnes sprachliches Element, eine bestimmte Wortform, bezogen (*Tage*). Sie wirkt sich aber auf den ganzen Satz aus.

Syntaktische Bedeutung

Neben den Bedeutungsarten, die von einem einzelnen Wort getragen werden, gibt es auch Bedeutungen, die sich auf den ganzen Satz beziehen.

Der Satz *Im obersten Stock des Hauses hat er sein Zimmer* aus Peter Bichsels Erzählung (Kapitel III.1.) kann als Aktivsatz, Singularsatz und Präsenssatz bestimmt werden. Diese Bestimmungen sind **syntaktische Bedeutungen** des Satzes, die auf den instrumentalen Bedeutungen der Wortformen beruhen.

Ontische Bedeutung

Eine weitere Bedeutungsart, die sich auf den ganzen Satz bezieht, meint den Wirklichkeits- oder Seinswert, der einer Sache zugeschrieben wird. Die Sätze

Es regnet und *Es regnet nicht* unterscheiden sich in ihrem Seinswert, der in dem ersten Satz bejaht und in dem zweiten Satz verneint wird. Die Sätze haben eine unterschiedliche **ontische Bedeutung**. Ihre syntaktische Bedeutung ist hingegen gleich.

2. Eindeutigkeit und Mehrdeutigkeit

In dem Text von Peter Bichsel ist der Satz *Im obersten Stock des Hauses hat er sein Zimmer* ohne Weiteres zu verstehen. Es bereitet keine Schwierigkeit, den einzelnen Ausdrücken die jeweiligen Inhalte zuzuordnen. Der Ausdruck *Stock* wird verstanden als Bezeichnung für einen Gebäudeteil, der auch als *Geschoss* oder *Etage* bezeichnet wird.

Dennoch ist die Bedeutung des Ausdrucks *Stock* keineswegs eindeutig, wie beispielsweise der Artikel *Stock* in dem Wörterbuch 'Wörter und Wendungen' zeigen kann.

Stock, der: **1.** ⟨*Stab, Stecken*⟩ ein langer, dünner, dicker, derber S.; S. und Hut (*poet;* die Wanderausrüstung); das Regiment des Stockes (eine Gewaltherrschaft) ‖ ich habe mir einen S. zum Wandern geschnitten; der Hund bekam den S. zu fühlen, spüren (wurde geprügelt); den S. auf jmds. Buckel (*umg*), Rücken tanzen lassen; jmdn., ein Tier mit dem S. traktieren, schlagen; er geht am S., an zwei Stöcken; mit dem S. nach jmdm. schlagen; den Hund über den S. springen lassen; er ist steif wie ein S., sitzt da wie ein S. − **2.** ⟨*Baumstumpf u. -wurzel*⟩ Stöcke herausmachen (*umg*), ausgraben, roden; es ging über S. und Stein (querfeldein) − **3.** ⟨*Block*⟩ Gefangene in den S. legen, schließen (mittelalterliche Strafe); der Gefangene mußte im S. sitzen − **4.** ⟨*Bienenhaus*⟩ die Bienen leben in Stöcken, verlassen den S. zum Schwärmen, tragen Honig in den S. ein − **5.** ⟨*Stockwerk [außer dem Erdgeschoß]*⟩ das Haus hat zwei Stock, ist zwei Stock hoch; wir wohnen dritter / dritten S. [links] / im dritten S. [links]; in welchem, im wievielten S. wohnen Sie?; sie ziehen in den dritten S.; vierter S.: Lebensmittel! (Ausruf des Fahrstuhlfahrers [im Kaufhaus])

Wörter und Wendungen, S. 613

Wie der Wörterbuchartikel zeigt, kann der Ausdruck *Stock* auf verschiedene Inhalte verweisen. Er besitzt verschiedene Sememe. Die Verbindung eines Ausdrucks mit mehreren Sememen heißt **Polysemie** (Mehrdeutigkeit).

In der Darstellung des Wortschatzes im Wörterbuch wird der einzelne Ausdruck mit seinen Bedeutungen isoliert dargestellt, wobei seine Polysemie sichtbar wird. Bei der Polysemie handelt es sich nicht um eine Ausnahmeerscheinung; vielmehr können zahlreiche weitere Wörter des Textes von P. Bichsel als Beispiele angeführt werden. Es ist ihnen nur eine Auswahl der in Wörterbüchern genannten Bedeutungen beigegeben:

Bett   'Möbelstück zum Schlafen', 'Vertiefung eines fließenden Gewässers'

Bild   'Darstellung', 'Anblick', 'Vorstellung', 'Eindruck', 'Zeichen'

spielen 'sich beschäftigen', 'aufführen', 'darstellen', 'vor sich gehen', 'bewegen', 'so tun, als ob'

Innerhalb des polysemen Gefüges bestehen vielfach Motivationsbeziehungen zwischen den Sememen, die auf gemeinsamen begrifflichen Merkmalen oder Bedeutungsentwicklungen beruhen. So entsteht die Bedeutung *Stock* = 'Bienenhaus' aus einer Bezeichnungsübertragung von der Bedeutung 'Baumstumpf' auf einen 'hohlen Baumstumpf, in dem Bienen gehalten werden'. Sprachlicher Konservativismus bewahrt diese Bezeichnungsfunktion als eigenes Semem bis in die Gegenwartssprache, obwohl die Art der Bienenhaltung sachlich heute deutlich verändert ist.

Die eindeutige Verständlichkeit des Wortes *Stock* in dem zitierten Satz des Textes beruht auf seinen Bedeutungsbeziehungen im Kontext. Die Verbindung mit den Bedeutungen der Ausdrücke *obersten*, *des Hauses* und *hat er sein Zimmer* schließt alle anderen Bedeutungen des Lexems *Stock* aus. Die lexikalische Polysemie erfährt im Kontext ihre Monosemierung. Die Verbindung mit dem Kontext konstituiert die aktuelle Bedeutung, die in der Regel eindeutig ist.

3. Syntagmatische Bedeutungsbeziehungen

Im Nebeneinander der einzelnen Wörter ergibt sich eine gegenseitige Bestimmung und Eingrenzung ihrer jeweils möglichen Bedeutungen. Die vorliegende Verbindung mit *Haus* ergibt für *Stock* die Eingrenzung auf die Bedeutung 'Gebäudeteil', sowie umgekehrt die Verbindung mit *Stock* für *Haus* die Eingrenzung auf 'Gebäude' ergibt und damit andere Bedeutungen, wie in den Verbindungen ein *Hohes Haus*, *das erste Haus am Platze*, *ein fideles Haus* ausschließt. Die eindeutige Festlegung der Bedeutung von Wörtern im Satz ist die Voraussetzung für das Funktionieren von Kommunikation.

Die Wörter stehen auch in Hinsicht auf ihre Bedeutungen in syntagmatischen Beziehungen. Bestimmte kontextuelle Verbindungen sind semantisch möglich, andere nicht. Die semantische Vereinbarkeit oder Verträglichkeit von Wörtern im Kontext wird **Kompatibilität** genannt. Syntagmatische semantische Beziehungen ermöglichen nicht nur Verbindungen von Wörtern, sie können auch den Charakter von Forderungen annehmen.

Der Sprachwissenschaftler Eugenio Coseriu hat das Enthaltensein der Bedeutung von Lexemen in der Bedeutung anderer Lexeme als 'lexikalische Solidarität' bezeichnet. E. Coseriu unterscheidet drei Typen: **Implikation** meint, dass ein Lexem ein anderes impliziert und somit nicht eigens genannt werden muss. Der Satz *Er hat blonde Haare* könnte durch *Er ist blond* ersetzt werden, da *blond* das Lexem *Haare* impliziert. In dem Satz *Sie wiehert* kann nur eine Stute gemeint sein, in *Sie bellt* nur eine *Hündin*. Die Implikation ist eine besonders enge Solidarität.

Eine weniger enge Solidarität zeigt sich in dem Satz *Er fährt Roller*. Aus dem Wortfeld der Fahrzeuge wird ein einzelnes Lexem, hier *Roller*, selektiert. Anstelle von *Roller* wären auch andere Lexeme einsetzbar, so zum Beispiel *Fahrrad*, *Wagen*, *Bus*, *PKW*, *Lastwagen*. Das Verb *fahren* ist kompatibel mit allen Lexemen aus dem Wortfeld der Fahrzeuge. Dieses Wort, das Archilexem des Wortfeldes, muss also nicht eigens genannt werden, zum Beispiel in einem Satz wie *Er fährt nach München*. Vielfach wird aber ein Lexem des Wortfeldes ausgewählt. Diese Solidarität wird daher als **Selektion** bezeichnet.

Ein Beispiel für die Solidarität, die am wenigsten eng ist, zeigt der Satz *Das Pferd frisst*. Aus der Klasse der fressenden Tiere wird ein einzelnes Lexem, hier *Pferd*, erfasst. Anstelle von *Pferd* wären auch andere Lexeme einsetzbar, so zum Beispiel *Löwe*, *Hund*, *Kuh*, *Maus*. Das Verb *fressen* ist kompatibel mit allen Lexemen aus der Klasse der fressenden Tiere. Diese Solidarität wird als **Affinität** bezeichnet.

Bei den syntagmatischen Beziehungen geht es um die Verträglichkeit der Wörter im Satz und damit um die Einsetzbarkeit von Wörtern. Insofern sind die semantischen Merkmale von Wörtern syntaktisch relevant. Dass ein Satz wie *Hohe Felsen fressen hastig* ungrammatisch ist, liegt an semantischen Unverträglichkeiten, nicht jedoch an syntaktischen Verstößen. Das Verb *fressen* erfordert ein Lebewesen als Agens; das Verb verträgt sich zwar mit dem Adverb *hastig*, aber nicht mit dem Agens *hohe Felsen*. Anstelle von *hastig* wäre ein Lexem wie *farblos* beispielsweise semantisch nicht möglich. Das Verb steuert, welche Satzglieder mit welchen semantischen Merkmalen eingesetzt werden können. Hier zeigt sich, dass semantische Merkmale auch für die Syntax eine Rolle spielen.

4. Paradigmatische Bedeutungsbeziehungen

Die Bedeutungen der Wörter stehen auch in paradigmatischen Beziehungen. In dem gegebenen Kontext ist das Wort *Stock* durch andere Wörter ersetzbar:

Im obersten	*Stock*	*des Hauses*
Im obersten	*Geschoss*	*des Hauses*
In der obersten	*Etage*	*des Hauses*

Die Wörter *Stock, Geschoss, Etage* haben in diesem Kontext dieselbe aktuelle Bedeutung, da sie dasselbe bezeichnen. In diesem Sinne sind sie Synonyme. Paradigmatische semantische Beziehungen treten nicht nur als Synonymie auf. Die Bedeutungen können auch im Sinne der Über- oder Unterordnung sowie im Sinne des Gegensatzes in paradigmatischer Beziehung stehen.

Überordnung und Unterordnung der Bedeutungen beobachten wir zum Beispiel bei der paradigmatischen Beziehung der Wörter *Hund* und *Pudel*. *Hund* ist Hyperonym zu *Pudel*, *Pudel* Hyponym zu *Hund*. Die paradigmatische Beziehung heißt **Hyperonymie** beziehungsweise **Hyponymie**. Entgegengesetzte Bedeutung haben zum Beispiel die Ausdrücke *im obersten Stock - im untersten Stock*. Die Wörter *oberste* und *unterste* sind **Antonyme**, sie stehen in der Beziehung der Antonymie. Komplexe paradigmatische semantische Beziehungen finden sich in **Wortfeldern**.

Wortfeld ist ein von Jost Trier eingeführter (und vor allem von Eugenio Coseriu weitergeführter) Terminus zur Bezeichnung einer Menge von sinnverwandten Wörtern, deren Bedeutungen sich gegenseitig begrenzen und die einen bestimmten begrifflichen oder sachlichen Bereich abdecken sollen. Zum Wortfeld 'Fortbewegung' gehören beispielsweise Verben wie *gehen, laufen, rennen, wandern, pilgern, spazieren, schlendern*. Die Verben sind sinnverwandt und können in bestimmten Kontexten auch ausgetauscht werden:

Die Studentin	*geht*	*zum Bus.*
Die Studentin	*läuft*	*zum Bus.*
Die Studentin	*rennt*	*zum Bus.*
Die Studenten	*spazieren*	*über die Straße.*
Die Studenten	*schlendern*	*über die Straße.*
Die Studenten	*pilgern*	*über die Straße.*

Die Verben weisen inhaltsunterscheidende Züge auf. Durch diese Inhaltsunterschiede sind sie semantisch voneinander abgrenzbar, zum Beispiel durch die Geschwindigkeit (*gehen, laufen, rennen*), durch die Intention (*pilgern* 'eine Reise an eine besonders verehrte Stätte machen') oder die Gangart (*wandern* 'eine größere Strecke gehen,' *schlendern* 'lässig und gemächlich gehen'). Die Wörter eines Wortfeldes stehen in Opposition zueinander.

5. Strukturelle Wortfeldanalyse

Die beschriebenen Bedeutungsbeziehungen, die zwischen Lexemen bestehen, führen zu einer Strukturierung und Beschreibung des Lexikons, des Wortschatzes des Deutschen. Die strukturelle Wortfeldanalyse von E. Coseriu setzt bei Wörtern an, die zum gleichen inhaltlichen Bereich gehören und in paradigmatischer Beziehung stehen.

Das Wortfeld der Sitzmöbel umfasst beispielsweise Lexeme wie *Stuhl*, *Sessel*, *Hocker*, *Sofa*. Diese Wörter verfügen über einen gemeinsamen inhaltlichen Kern und stehen in paradigmatischer Beziehung. Jedes der genannten Lexeme besteht semantisch aus einer Kombination inhaltlicher Merkmale. Die kleinsten inhaltsunterscheidenden Züge werden als **Seme** bezeichnet. Die Wörter bilden ein Wortfeld, weil sie alle mindestens ein gemeinsames Merkmal haben, sich aber gleichzeitig alle in mindestens einem Merkmal voneinander unterscheiden. Die Seme lassen sich in eine Matrix bringen, die freilich um weitere Lexeme und um weitere Seme ergänzt werden könnte.

Sem Lexem	Sem^1 'zum Sitzen'	Sem^2 'mit Lehne'	Sem^3 'für 1 Person'	Sem^4 'mit Armlehne'
Stuhl	+	+	+	-
Sessel	+	+	+	+
Hocker	+	-	+	-
Sofa	+	+	-	+

Jedes Lexem hat im Wortfeld seinen festen Platz. Sein Inhalt besteht aus einem Bündel distinktiver Merkmale. Das Merkmal, das allen Lexemen gemeinsam ist, ist hier Sem^1 'zum Sitzen'. Dieses inhaltliche Merkmal konstituiert das Lexem *Sitzmöbel*, das als Oberbegriff des Wortfeldes fungiert. Ein solcher Oberbegriff wird als **Archilexem** bezeichnet. Ein Archilexem ist eine lexikalische Einheit, die dem ganzen Inhalt eines Wortfeldes entspricht. Nicht

zu jedem Wortfeld existiert allerdings ein Archilexem, so fehlt es beispielsweise zu dem Wortfeld der Altersbezeichnungen wie *neu*, *jung*, *alt*.

Neben der Strukturform des Wortfeldes existiert als weitere paradigmatische Struktur die **Klasse**. Eine Klasse ist die Gesamtheit der Lexeme, die
einen gemeinsamen inhaltsunterscheidenden Zug haben. Beispiele für Klassen
sind 'Lebewesen' (z.B. *Mensch*, *Kind*, *Tier*, *Hund*) oder 'transitive Verben'
(z.B. *übergeben*, *aushändigen*, *schenken*, *reichen*). Der Inhaltszug, durch den
die Lexeme verbunden sind, wird als **Klassem** bezeichnet. Klassen können
durch einen grammatischen Zug (hier Transitivität) verbunden sein, während
Wortfelder stets lexikalische Inhaltskontinua sind.

Klassen können Wortfelder im Ganzen umfassen. So liegt das Wortfeld
'Verwandtschaftsbezeichnungen' innerhalb der Klasse 'menschliche Wesen'.
Ein Klassem kann ein Wortfeld auch unterteilen. So wird das Wortfeld
'Altersadjektive' (*jung*, *neu*, *alt*) durch das Klassem 'menschliche Wesen'
geteilt.

Die strukturelle Wortfeldanalyse hat das Anliegen, Aufbau und Funk-
tionieren der paradigmatischen Strukturen des Wortschatzes (Aufbau des
Wortfeldes durch Oppositionen der Lexeme) zu erforschen und damit den
Wortschatz im Ganzen einer semantischen Strukturanalyse zu unterziehen.

6. Prototypensemantik

Ein anderer Beschreibungsansatz des Lexikons wird durch die sogenannte
Prototypensemantik vertreten.

In der Prototypensemantik wird die Zugehörigkeit zu einer Kategorie aus
dem Grad der Ähnlichkeit mit dem Prototypen ermittelt. Der Prototyp ist das
Exemplar, das von den Sprechern als bester Vertreter einer Kategorie aner-
kannt wird. Die Lexeme werden also nicht über ein gemeinsames Inhaltsmerkmal beschrieben, sondern über sogenannte Familienähnlichkeiten. Jedes
Mitglied muss nach dieser Methode eine Ähnlichkeit mit einem anderen Mitglied haben, aber eben nicht mit allen. In den meisten Kategorien gibt es
Merkmale, die typischer für das Feld sind als andere.

Bezogen auf das Beispiel der Sitzmöbel wäre zum Beispiel *Stuhl* ein 'bes-
seres' (prototypischeres) Exemplar der Kategorie als etwa *Sofa*, weil Sem^3
'für eine Person' ein typischeres Merkmal des Feldes ist als Sem^4 'mit Armlehne'.

Ein anderes Beispiel ist das Begriffsfeld 'Vogel'. Mit dem Begriff 'Vogel'
werden bestimmte prototypische Eigenschaften verbunden. Dazu gehören zum
Beispiel 'kann fliegen' und 'hat Federn'. Entsprechend antwortet ein hoher

Prozentsatz aller Befragten auf die Bitte, einen Vogel zu nennen, nicht mit *Strauß* oder *Pinguin*, sondern mit *Spatz* o.ä. Ein Merkmal ist dann typisch für eine Kategorie, wenn möglichst viele Vertreter es aufweisen und es möglichst selten in anderen Kategorien auftaucht.

Aus den beiden Werten kann man den Grad der prototypischen Zugehörigkeit der einzelnen Vertreter zu einem Begriffsfeld errechnen. Die Merkmale 'kann fliegen' und 'hat Federn' sind in hohem Maße prototypisch für das Begriffsfeld. Prototypische Merkmale sind aber per definitionem keine notwendigen Merkmale, weshalb auch ein weniger 'vogelhafter' Vertreter wie ein *Pinguin* als Vogel erkannt werden kann.

In der Prototypensemantik wird im Unterschied zur strukturellen Semantik nicht immer streng zwischen sprachlichen und enzyklopädischen Merkmalen unterschieden. Für die Beschreibung des Lexikons besteht der wesentliche Unterschied der Ansätze darin, dass die strukturelle Semantik die Zugehörigkeit zu einem Wortfeld über einen allen Vertretern gemeinsamen Kernbestand an notwendigen Semen feststellt. In der Prototypensemantik hingegen muss ein Vertreter lediglich mindestens ein Merkmal mit einem anderen Vertreter teilen. Es gibt nur typische, aber keine notwendigen Merkmale. Die Prototypensemantik ist dadurch in der Lage, die unscharfen Ränder zahlreicher Lexembedeutungen zu erklären. Damit lassen sich weniger vogelhafte Exemplare wie *Strauß* und *Pinguin* der Kategorie 'Vogel' implizieren, ebenso beispielsweise ein Stuhl mit einer einzigen Armlehne der Kategorie 'Sitzmöbel'.

Die Prototypentheorie ist in den letzten Jahren auf immer weitere Bereiche der Sprachwissenschaft ausgedehnt worden, beispielsweise auf die Phonologie, Morphologie, Syntax und Textlinguistik. Der Gedanke der Kategorisierbarkeit unter prototypischen Aspekten ist auf jede sprachliche Kategorie anwendbar.

7. Bezeichnung, Bedeutung und Sinn

In den bisherigen Betrachtungen ging es stets um die Bedeutung, die an das einzelsprachliche Lexem gebunden ist. Demgegenüber wird die Beziehung, die zwischen dem sprachlichen Zeichen und dem außersprachlichen Sachverhalt besteht, **Bezeichnung** genannt, beispielsweise die Beziehung zwischen dem sprachlichen Zeichen *Stock* und dem außersprachlichen Sachverhalt 'Gebäudeteil'. Für den Sachverhalt 'horizontale Gliederung von Gebäudeteilen' stehen verschiedene sprachliche Zeichen als Bezeichnungen zur Verfügung, zum Beispiel: *Keller, Parterre, Erdgeschoss, 1., 2., 3. Etage, Dach-*

boden. Die Bezeichnung dieser Sachverhalte mit diesen Wörtern ist möglich, weil die Bedeutung dieser Wörter diese Bezeichnungsfunktion beinhaltet. Der Begriff der **Bedeutung** ist aber von dem Begriff Bezeichnung klar zu trennen. Unter Bezeichnung wird stets die Verbindung eines sprachlichen Zeichens mit einem außersprachlichen Sachverhalt verstanden. Bezeichnung meint lediglich die Funktion, den außersprachlichen Sachverhalt zu erfassen. Sie kann mit unterschiedlichen sprachlichen Mitteln erfolgen:

- in verschiedenen Sprachen: *Haus, house, maison, huis*;
- in einer Sprache mit verschiedenen Lexemen: *Haus, Gebäude, Heim, Villa, Burg, Bau*;
- in verschiedenen Sätzen: *Der Hund beißt Hans*; *Hans wird von dem Hund gebissen*.

Die Bezeichnung ist unabhängig von der jeweiligen Einzelsprache. Die Bedeutung eines Zeichens ist dagegen fest mit dem Ausdruck verbunden. Sie ist immer einzelsprachlich. Die Bedeutung ist im Unterschied zur Bezeichnung auch ohne aktuellen Bezug auf einen außersprachlichen Sachverhalt mit einem Ausdruck mitgegeben. Mit dem Ausdruck *Haus* ist die Bedeutung 'Gebäude' verbunden. Die Bedeutung ist das einzelsprachliche Mittel, die Bezeichnung im Sprechen herzustellen. Sie ist Teil der Langue des Deutschen.

Neben Bezeichnung und Bedeutung existiert als dritte Größe der **Sinn**. Der Sinn wird vom Text, seinen Sätzen und den einzelnen grammatischen Verbindungen getragen. Der Sinn betrifft den spezifischen Inhalt einer sprachlichen Äußerung bei Kenntnis der Welt, Kenntnis der Situation, Kenntnis der beteiligten Personen etc. Die Interpretation eines Textes führt zur Erschließung seines Sinns. Eine Äußerung wie *Die Tür steht offen* kann in verschiedenen Situationen einen ganz anderen Sinn konstituieren. Es kann gemeint sein *Bitte schließe die Tür, sie ist nämlich offen* oder *Es ist kalt hier, die Tür ist nämlich offen* oder *Der Hund kann weglaufen, die Tür ist nämlich offen*. Der Sinn bezieht sich stets auf den Text mit all seinen sprachlichen und außersprachlichen Implikationen.

Die Bezeichnung korrespondiert also mit dem Sprechen im Allgemeinen, die Bedeutung mit den in einer Einzelsprache gegebenen Möglichkeiten der Bezeichnung, und der Sinn ist dem Text zuzuweisen.

8. Onomasiologische und semasiologische Fragestellung

Das Bedürfnis nach Bezeichnungen für außersprachliche Sachverhalte entsteht in der natürlichen Sprechsituation. Der Sprecher verwendet für den Sachverhalt die aufgrund ihrer Bedeutung entsprechende Bezeichnung. In der Auswahl aus mehreren möglichen Bezeichnungen wird das Phänomen der Synonymie als paradigmatische Bedeutungsbeziehung berücksichtigt. Für den Hörer ist mit dem übermittelten Ausdruck eine Bedeutung verbunden. Durch die syntagmatischen Bedeutungsbeziehungen zum Kontext ist die jeweilige aktuelle Bedeutung realisiert. Auf diesem Wege wird dem Hörer die konkrete Bezeichnungsfunktion des Ausdrucks verständlich.

Entsprechend dem Verhältnis von Bedeutung und Bezeichnung werden zwei wissenschaftliche Fragestellungen in der Semantik unterschieden. Die **Onomasiologie** geht von den außersprachlichen Sachverhalten, Vorstellungen und Inhalten aus und fragt nach ihren Bezeichnungen. In seiner einfachsten Form vollzieht sich das onomasiologische Verfahren im Vorzeigen und Bezeichnen eines Gegenstandes.

Wie bezeichnet man ein Gebäude, in dem man wohnen kann?   *Haus.*

Die **Semasiologie** geht von der Ausdrucksseite des sprachlichen Zeichens aus und fragt nach seiner Bedeutung, das heißt seiner Bezeichnungsfunktion im Hinblick auf Inhalte, Vorstellungen und außersprachliche Sachverhalte.

Was bedeutet *Haus*?   Gebäude, in dem man wohnen kann.

Aufgabe der Semantik ist es, die Inhaltsseite der sprachlichen Zeichen, ihr Zusammenwirken und Funktionieren in der Sprache zu erforschen und zu beschreiben. Soweit semantische Beschreibungen auf der Wortebene durchgeführt werden, sind sie Gegenstand der Lexikologie.

Definitionen

- **Sem** ist das kleinste bedeutungsunterscheidende Inhaltsmerkmal. Lexeme, die sich nur durch ein Sem unterscheiden, stehen in Opposition zueinander.
- **Semem** ist die aus Semen kombinierte Einzelbedeutung eines Lexems.
- **Bedeutung** meint die feste Verbindung zwischen einem Ausdruck und einem Inhalt.
  - **Lexikalische Bedeutung** meint das "Was" der sprachlichen Erfassung der Welt. Sie stellt einen Bezug zwischen der Lautgestalt und allen Gegenständen eines bestimmten Typus her. Die lexikalische Bedeutung wird mit der formalen Struktur des Wortes fest verbunden gesehen.
  - **Kategorielle Bedeutung** meint die Art und Weise der sprachlichen Erfassung der Welt. Sie ist für alle Wörter einer Wortart gleich.
  - **Instrumentale Bedeutung** meint die Bedeutung einzelner Elemente, die ein neues grammatisches Wort schaffen. Sie wird getragen von Relationsmorphemen. Die instrumentale Bedeutung wirkt sich auf den ganzen Satz aus.

- **Syntaktische Bedeutung** meint die Bedeutung, die dem ganzen Satz zukommt (z.B. Aktivsatz, Singularsatz, Präsenssatz).
- **Ontische Bedeutung** meint den Wirklichkeits- oder Seinswert, der einer Sache zugeschrieben wird.
- **Kompatibilität** ist die semantische Vereinbarkeit oder Verträglichkeit von Wörtern im Kontext.
- **Lexikalische Solidarität** ist im Anschluss an E. Coseriu das Enthaltensein der Bedeutung von Lexemen in der Bedeutung anderer Lexeme.
  - **Implikation** meint, dass ein Lexem ein anderes impliziert.
  - **Selektion** meint, dass ein Lexem ein einzelnes Lexem aus einem Wortfeld selektiert.
  - **Affinität** meint, dass ein Lexem ein Lexem aus einer bestimmten Klasse fordert.
- **Polysemie** meint, dass ein Ausdruck mehrere Bedeutungen hat; ein Ausdruck ist mit mehreren Sememen verbunden.
- **Synonymie** meint die paradigmatische Beziehung zwischen bedeutungsähnlichen Wörtern, die in einem speziellen Kontext dieselbe aktuelle Bedeutung haben können, da sie dasselbe bezeichnen.
- **Antonymie** meint die paradigmatische Beziehung der Gegensätzlichkeit der Bedeutungen.
- **Hyperonymie** meint die paradigmatische Beziehung der Überordnung der Bedeutungen.
- **Hyponymie** meint die paradigmatische Beziehung der Unterordnung der Bedeutungen.
- **Wortfeld** gilt im Anschluss an E. Coseriu als lexikalisches Paradigma, das durch die Aufteilung eines lexikalischen Inhaltskontinuums unter verschiedene in der Sprache als Wörter gegebene Einheiten entsteht, die durch einfache inhaltsunterscheidende Züge in unmittelbarer Opposition zueinander stehen. [E. Coseriu, Lexikalische Solidaritäten, Poetica 1 (1967) S. 294]
- **Archilexem** ist eine Einheit, die dem Inhalt eines ganzen Wortfeldes entspricht.
- **Klasse** gilt im Anschluss an E. Coseriu als Gesamtheit der Lexeme, die durch einen gemeinsamen inhaltsunterscheidenden Zug zusammenhängen. [E. Coseriu, Lexikalische Solidaritäten, Poetica 1 (1967) S. 294f.]
- **Klassem** ist der Inhaltszug, durch den eine Klasse definiert wird.
- **Bezeichnung** meint die Verbindung eines sprachlichen Zeichens mit einem außersprachlichen Sachverhalt.
- **Onomasiologie** meint die Frage, die von den außersprachlichen Sachverhalten, Vorstellungen und Inhalten ausgeht und nach ihren Bezeichnungen fragt.
- **Semasiologie** meint die Frage, die von der Ausdrucksseite des sprachlichen Zeichens ausgeht und nach seiner Bedeutung fragt.
- **Sinn** meint die Inhaltsebene, die sich auf den Text bezieht, durch den Text konstituiert wird.

Literaturhinweise

Kurzinformation:

Metzler Lexikon Sprache. Artikel: Bedeutung, Hyponymie, Klassem, Lexikalische Semantik, Lexikalische Bedeutung, Onomasiologie, Polysemie, Sem, Semantik, Semasiologie, Semem, Sinn, Synonymie (von H. Rehbock); Antonymie, Bezeichnung, Lexem, Lexikalische Solidarität, Lexikologie, Wortfeld (von B. Schaeder); Archilexem, Hyperonymie (von B. Schaeder und H. Rehbock); Klasse (von N. Fries); Kompatibilität (von H. Schwinn)

Einführende Literatur:

A. *Linke* – M. *Nussbaumer* – P.R. *Portmann,* Studienbuch Linguistik, S. 131-168
St. *Ullmann*, Semantik. Eine Einführung in die Bedeutungslehre

Grundlegende und weiterführende Literatur:

R. *Bergmann*, Sprachwissenschaft 2 (1977) S. 17-59
E. *Coseriu*, in: Sprachwissenschaft und Übersetzen, S. 104-121
E. *Coseriu*, Einführung in die Allgemeine Sprachwissenschaft
E. *Coseriu*, Einführung in die strukturelle Betrachtung des Wortschatzes
E. *Coseriu*, Formen und Funktionen. Studien zur Grammatik
E. *Coseriu*, Poetica 1 (1967) S. 293-303
E. *Coseriu*, Probleme der strukturellen Semantik. Vorlesung, gehalten im Wintersemester 1965/66 an der Universität Tübingen
N. *Dörschner*, Lexikalische Strukturen
H. *Geckeler*, Strukturelle Semantik und Wortfeldtheorie
H. *Gipper* - H. *Schwarz*, Bibliographisches Handbuch zur Sprachinhaltsforschung. Teil I. , Bände I-IV; Teil II. Bände A–D
G. *Kleiber*, Prototypensemantik
E. *Leisi*, Der Wortinhalt. Seine Struktur im Deutschen und Englischen
P.R. *Lutzeier*, Linguistische Semantik
M. *Philipp*, Semantik des Deutschen
O. *Reichmann*, Germanistische Lexikologie
Th. *Schippan*, Lexikologie der deutschen Gegenwartssprache
L. *Schmidt*, Wortfeldforschung
Ch. *Schwarze* - D. *Wunderlich* (Hgg.), Handbuch der Lexikologie
Semantik. Ein internationales Handbuch der zeitgenössischen Forschung
J. *Trier*, Der deutsche Wortschatz im Sinnbezirk des Verstandes
St. *Ullmann*, Grundzüge der Semantik

X. Pragmatik: Handeln mit Sprache

1. "Worte können verletzen – oder helfen"

Für die Einführung in die linguistische Pragmatik wird ein Text von Max von der Grün (*1926) als Anschauungsmaterial benutzt, nämlich das Vorwort zu seinem Jugendbuch 'Vorstadtkrokodile'.

> Weil ich selbst einen zehnjährigen Jungen habe, der im Rollstuhl gefahren werden muß, habe ich diese Geschichte von den Krokodilern geschrieben. Auch mein Sohn muß oft warten, bis Nachbarjungen kommen und ihn abholen, zum Fußballplatz mitnehmen oder zum Minigolfplatz.
> Es ist schwer für einen Jungen, nicht einfach mit den anderen Jungen weglaufen zu können, immer warten zu müssen, bis ihm einer hilft. Und wenn ihr in eurer Nachbarschaft einen Jungen und ein Mädchen seht, die behindert sind, denkt daran, daß es jeden treffen kann, seid freundlich zu ihnen, versucht zu helfen. Oft ist schon viel geholfen, wenn ihr freundliche Worte findet, denn Worte können verletzen – oder helfen.
> Max von der Grün

Max von der Grün, Vorstadtkrokodile. Eine Geschichte vom Aufpassen, rororo rotfuchs 171, Hamburg 1978, S. 5

Im letzten Satz ist von *Worten* die Rede, nicht von *Wörtern*. Die Pluralform *Worte* gehört zu der Verwendung von *Wort* in der Bedeutung 'Äußerung', wie sich leicht in einem Wörterbuch überprüfen lässt: Man vergleiche zum Beispiel Duden. Deutsches Universalwörterbuch, S. 1828f.:

> "2. < Pl. Worte > etw., was jmd. als Ausdruck seiner Gedanken, Gefühle o.Ä. zusammenhängend äußert; Äußerung." Als Beispiele werden genannt: "ein W. des Dankes; Worte des Trostes; aufmunternde, [...] freundliche, [...] verletzende -e."

Max von der Grün spricht also sprachlichen Äußerungen die Fähigkeit einer Wirkung auf den Menschen zu; zum Beispiel die Fähigkeit zu verletzen (in der Bedeutung 'kränken') oder zu helfen. Sprachliche Äußerungen sind dann Elemente menschlichen Handelns.

2. Handeln durch Sprechen

Sprachliche Äußerungen können in vielfältiger Weise in das menschliche Handeln eingebettet sein oder selbst Handlung sein; man nennt sie unter diesem Aspekt **Sprechakte**. Zum einen gibt es Handlungen, die überhaupt nur durch sprachliche Äußerungen vollziehbar sind, zum Beispiel das Taufen. Die Handlung des Drohens kann man dagegen außer durch sprachliche Äußerung auch durch Gebärden vollziehen.

Mit Sprechakten des Grüßens und Verabschiedens werden soziale Kontakte hergestellt und aufrechterhalten. Mit Sprechakten des Versprechens geht man Verpflichtungen ein. Mit Sprechakten wie Bitte, Aufforderung, Befehl sucht man den Angesprochenen zu bestimmten Handlungen zu veranlassen. Schließlich handelt man auch sprachlich, indem man jemanden etwas fragt, ihm etwas erklärt, mitteilt, erzählt und so weiter.

Verben, die Sprechakte bezeichnen, nennt man **performative Verben**, also zum Beispiel *drohen, warnen, versprechen* und so weiter. Mit solchen Verben lässt sich die illokutive Funktion einer Äußerung beschreiben. Die Äußerung als solche wird **Lokution** genannt. Sie kann beispielsweise aus dem Wort *Vorsicht* bestehen. Wenn man etwa formuliert *Sie warnte ihn mit dem Ausruf: "Vorsicht!"*, wird der lokutive Akt des *Vorsicht*-Rufens zugleich in seiner **Illokution**, also als Sprechakt des Warnens charakterisiert. Der erfolgreiche Vollzug des Sprechakts, hier also das Gelingen der Warnung, wird **Perlokution** genannt.

Wenn performative Verben in bestimmten deiktischen Zusammenhängen verwendet werden, vollziehen sie selbst den durch sie bezeichneten Sprechakt: *Ich taufe dich hiermit auf den Namen Bettine.* In dieser Verwendung in der 1. Person Singular Indikativ Präsens mit den deiktischen Personalpronomen der 1. und 2. Person und dem ebenfalls deiktischen Adverb *hiermit* handelt es sich um eine explizit performative Äußerung: Die Handlung der Taufe wird durch das Äußern des Verbs *taufen* vollzogen. Demgegenüber hätte eine Äußerung in der 3. Person im Präteritum lediglich eine kommentierende Funktion: *Er taufte ihn mit den Worten [...].* Der Sprechakt der Taufe wird zwar identifiziert, aber keineswegs vollzogen.

Auch an das zitierte Vorwort Max von der Grüns als Äußerung und an ihn selbst als Sprecher lässt sich die Frage richten, welche Intention der Sprecher mit der Äußerung verfolgt, welcher Sprechakt vorliegt. Der Autor begründet, warum er die Geschichte geschrieben hat: Er hat selbst ein behindertes Kind und er möchte die jungen Leser der Geschichte zu einem bestimmten Verhalten gegenüber behinderten Kindern veranlassen. Es liegt ein sogenannter direktiver Sprechakt vor. Die sprachwissenschaftliche Frage ist nun, mit welchen sprachlichen Mitteln jemand an jemanden appelliert, sich in einem bestimmten Sinne zu verhalten.

3. Syntaktische und semantische Beziehungen im Text

Eine Analyse der Wörter des Textes führt zunächst auf eine große Gruppe, die durch ihre Beziehung auf außersprachliche Gegebenheiten die semantische Komponente enthält: *zehnjährig, Junge, Rollstuhl, fahren, Geschichte* usw. Aus der Bedeutung der einzelnen Wörter baut sich die Bedeutung der einzelnen Sätze auf.

An einer kleinen Gruppe von Wörtern wird die syntaktische Komponente fassbar: *weil, auch, bis, und, wenn, daß, oder* und andere bezeichnen keine außersprachlichen Sachverhalte, sie fungieren innerhalb der Sätze als verknüpfende Elemente. Die syntaktische Komponente wird darüber hinaus und vor allem in den grammatischen Formen erkennbar, zum Beispiel in den Kasus der Substantive, Adjektive und Artikel: *einen Jungen, freundliche Worte.* Außerdem drückt die syntaktische Komponente sich auch in der Anordnung der einzelnen Elemente aus und in ihren Abhängigkeits- und Kongruenzbeziehungen, zum Beispiel in dem Komplex

einen zehnjährigen Jungen ..., der im Rollstuhl gefahren werden muß.

Die semantische Beschreibung der Wörter und die syntaktische Analyse der Flexion und der syntaktischen Funktionswörter erschließt aber noch nicht den Sinn des Textes. Es könnte auch mit ganz anderer Intention vom Erzählen einer Geschichte von einem zehnjährigen Jungen im Rollstuhl die Rede sein.

4. Die pragmatische Komponente

Die Beziehung auf die Handlungsebene wird zunächst vor allem an Elementen des Textes erkennbar, die mit Semantik und Syntax nicht hinreichend erklärt werden können:

Ich selbst, diese, mein, ihr, eurer

Diese Wörter erscheinen zwar innerhalb von Satzgliedern und Sätzen und stehen somit selbstverständlich auch in syntaktischen Beziehungen. Anders als bei Wörtern wie *und, oder* usw. erschöpft sich ihre Funktion aber nicht in diesen syntaktischen Beziehungen.

Diese Wörter haben auch Anteil an der Verweisfunktion auf die außersprachlichen Sachverhalte. Der Unterschied dieser Wörter zu den Wörtern vom Typ *Junge* lässt sich folgendermaßen fassen: *Junge* verweist auf die außersprachliche Gegebenheit 'Kind männlichen Geschlechts', *ich* hingegen verweist nur auf den, der *ich* sagt. Erst der unter dem Text stehende Eigenname *Max von der Grün* stellt den Bezug auf eine außersprachliche Gegebenheit, eben den Autor her.

Das sprachliche Element *ich* hat die Funktion, auf den Sprecher in einer Sprechsituation zu verweisen. Das Wort *ihr* verweist auf die Angesprochenen in derselben Sprechsituation. Entsprechendes gilt für die Possessivpronomina *mein* und *eurer*. Das Demonstrativpronomen *diese* vor dem Substantiv *Geschichte* verweist aus der Sprechsituation auf die bestimmte, dem vorliegenden Vorwort folgende Geschichte. Die Beziehung sprachlicher Zeichen auf die jeweilige Sprechsituation (Sprecher, Angesprochener, Ort, Zeit) heißt **pragmatisch**. (Man vergleiche Kapitel III.7.) Typische pragmatische Elemente sind also zum Beispiel die Personalpronomen der 1. und 2. Person (*ich/ wir, du/ihr/Sie*) sowie alle situativ bestimmten Wörter, wie insbesondere *hier*, *jetzt* usw. Derartige Elemente heißen **deiktisch**, weil sie der sprachlichen **Deixis** dienen, der Zeigefunktion.

5. Syntax, Semantik und Pragmatik in ihrem Zusammenwirken als Komponenten der Grammatik

Die Verbform *denkt* im vorletzten Satz des zitierten Textes ist grammatisch zu bestimmen als 2. Person Plural Imperativ des Verbs *denken*. Als Form des Lexems *denken* hat das Wort lexikalische Bedeutung; es verweist in Verbindung mit *an* auf Sachverhalte wie 'sich erinnern', 'seine Gedanken auf etwas richten'. Durch das Flexionsmorphem *t* wird in Verbindung mit den vorhergehenden Personalpronomen *ich* und *ihr* der Bezug zur Sprechsituation hergestellt und die Aussage als Aufforderung des Sprechers (*ich*) an die Angesprochenen (*ihr*) bezeichnet. In der Verbform *denkt* sind demnach die semantische und die pragmatische Komponente erkennbar; in der Verbindung mit *(dar)an* wird die syntaktische Beziehung greifbar. Die Intention des Sprechers, die Leser zu einem bestimmten Verhalten aufzufordern, wird hier vorrangig durch die grammatische Form des Imperativs ausgedrückt.

Die Verbform *habe* in Zeile 1 ist grammatisch zu bestimmen als 1. Person Singular Indikativ Präsens des Verbs *haben*. Sie hat mit ihrer Bedeutung Teil an der Gesamtbedeutung des Satzes. Außer ihrer semantischen Funktion hat sie selbstverständlich auch syntaktische Bezüge. Sie steht in Person- und

Numeruskongruenz zur Nominativergänzung (*ich*). Die Nominativergänzung *ich* und die Akkusativergänzung *einen zehnjährigen Jungen* erfüllen die Valenzbedingungen des Verbs *haben*. Über die Kongruenz der Form *habe* zum Personalpronomen *ich* ist zugleich die pragmatische Beziehung auf den Sprecher gegeben.

Diese Beziehung zeigt sich aber auch an der Verbform selbst im Hinblick auf die übrigen grammatischen Kategorien. Der Form *habe* ist zu entnehmen, dass die Aussage des Satzes *ich selbst habe einen zehnjährigen Jungen* vom Sprecher als für den Zeitpunkt der Aussage gültig erklärt wird. Der Sprecher sagt mit der Form *ich habe*, an deren Stelle ja auch *ich hätte* und *ich hatte* stehen könnten: 'Ich sage: Es ist so' und schließt damit aus: 'Es könnte so sein'; er sagt zugleich: 'Ich sage: Es ist jetzt so' und schließt damit aus: 'Es war so'. In der temporal (Präsens) und modal (Indikativ) bestimmten Form *ich habe* sind demnach Angaben des Sprechers zur zeitlichen Einordnung und zum Geltungsgrad der Aussage enthalten, wie die Opposition zu *ich hatte* und *ich hätte* im System der grammatischen Formen zeigt.

In der Form *habe* sind also außer semantischen und syntaktischen auch pragmatische Funktionen zu erkennen: Der Sprecher drückt aus, welche zeitliche Einordnung er dem Ausgesagten gibt und mit welchem Geltungsgrad er es verstanden wissen will.

Syntax, Semantik und Pragmatik sind drei in ihrer Funktion klar unterscheidbare Komponenten der Grammatik, die aber in den grammatischen Formen nicht isoliert und unabhängig auftreten. Vielmehr haben alle Elemente des sprachlichen Systems, die grammatischen Strukturen und die Einheiten des Wortschatzes, je verschiedenen Anteil an allen drei Komponenten.

6. Die Redewiedergabe als pragmatische Situation

In der modernen Kommunikation, insbesondere im Journalismus, spielt die Wiedergabe von Äußerungen Dritter eine große Rolle. Der betreffende Sprechakt lässt sich so analysieren, dass ein zweiter Sprecher (der Redakteur) einem Leser Informationen über Äußerungen eines ersten Sprechers gibt, wobei der Vorgang der Redewiedergabe erkennbar ist. Ein typischer Text ist etwa die folgende Meldung aus der Frankfurter Allgemeinen Zeitung:

Jürgen Habermas erhält
Friedenspreis des Buchhandels

F.A.Z. FRANKFURT, 7. Juni. Der Friedenspreis des deutschen Buchhandels geht in diesem Jahr an Jürgen Habermas, wie der Stiftungsrat am Donnerstag bekanntgab. In der Begründung heißt es, man zeichne einen Philosophen aus, der „den Weg der Bundesrepublik Deutschland ebenso kritisch wie engagiert begleitete". Nicht nur in der akademischen Philosophie fand er weltweit Anerkennung, auch in der politischen Debatte der Bundesrepublik wurden seine Interventionen beachtet. Die Preisverleihung findet am 14. Oktober in der Paulskirche statt. (Siehe Feuilleton.)

Das Verstehen dieser Meldung lässt sich etwa so in Schritte zerlegen:

Die FAZ meldet:

Der Stiftungsrat gab bekannt:

Habermas erhält den Friedenspreis aus folgenden Gründen.

Inhalt der Zeitungsmeldung ist also eine öffentliche Äußerung (Bekanntgabe) einer Institution. Inhalt dieser Bekanntgabe ist die Ankündigung einer Preisverleihung und die Begründung für die Wahl des Preisträgers.

Von besonderem sprachwissenschaftlichen Interesse sind nun diejenigen Elemente der Zeitungsmeldung, die die Tatsache verdeutlichen, dass eine Äußerung wiedergegeben wird, und die den Inhalt der Äußerung selbst wiedergeben. Auf die Tatsache der Wiedergabe verweisen die expliziten Hinweise auf die wiedergegebene Äußerung: *wie der Stiftungsrat am Donnerstag bekanntgab, In der Begründung heißt es*. An derartigen Textstellen tauchen regelmäßig Bezeichnungen für sprachliche Äußerungen auf, insbesondere die Verben des Sagens (verba dicendi); man vergleiche die typische Formulierung *wie N.N. sagte*.

Die Wiedergabe der Äußerung kann wörtlich erfolgen, was durch die doppelten Anführungszeichen signalisiert wird. Der Leser darf sich hier darauf verlassen, dass die in doppelten Anführungszeichen stehenden Teile in der Äußerung, über die berichtet wird, wörtlich vorgekommen sind.

In der indirekten Wiedergabe signalisiert die Konjunktivform in Verbindung mit einem entsprechenden übergeordneten Verb den Status der Wiedergabe: *In der Begründung heißt es, man zeichne einen Philosophen aus, der* [...]. Der Leser hat das Recht, aus dieser Wiedergabe den ursprünglichen Text zu rekonstruieren. Dazu stellt er aus dem Konjunktiv die zugrunde liegende Indikativform her, und er macht die Verschiebung aus der 1. Person des Sprechers in die 3. Person des Besprochenen rückgängig:

man zeichne aus: 3. Person Konjunktiv
wir zeichnen aus: 1. Person Indikativ

Der weitere Text der Mitteilung steht im Indikativ und enthält keine Hinweise auf einen Wiedergabestatus. Er ist somit als Aussage der Zeitung über den Preisträger zu verstehen. Hier bleiben freilich Zweifel, weil diese Aussagen sich durchaus als Fortsetzung der Bekanntgabe des Stiftungsrates lesen ließen. Die Kennzeichnung des Wiedergabestatus könnte versehentlich unterblieben sein.

Das Textbeispiel und seine knappe Analyse können verdeutlichen, dass die linguistische Pragmatik eine hohe Relevanz für die Beschreibung und Analyse von sozialer Kommunikation insgesamt besitzt. Die Sprache enthält ein reiches und differenziertes Instrumentarium für den Kommunikationsvorgang der Redewiedergabe, das die Sprachwissenschaft analysiert, beschreibt und so vermittelbar macht. Die journalistische Praxis der Redewiedergabe wird durch die vergleichende sprachliche Analyse von Originaläußerung und Wiedergabe unter Aspekten der journalistischen Sorgfalt und der Kommunikationsethik beurteilbar.

Definitionen

- **Sprechakt** nennt man eine sprachliche Äußerung im Hinblick auf die damit intendierte und vollzogene Handlung.
- **Deixis** bezeichnet die sprachliche Zeigefunktion; deiktisch heißen die sprachlichen Elemente, mit denen der Sprecher auf sich selbst und seine Situation und von hier aus auf anderes zeigen kann (z.B. *ich, hier, jetzt*).
- Das **Tempus** einer Verbform zeigt, welche zeitliche Einordnung der Sprecher einem Sachverhalt geben will.
- Der **Modus** einer Verbform zeigt, welchen Geltungsgrad der Sprecher einer Aussage geben will.

Literaturhinweise

Kurzinformation:

Metzler Lexikon Sprache. Artikel: Deixis, Illokution, Lokution, Performative Äußerung, Performativer Satz, Performatives Verb, Perlokution, Sprechakt, Sprechaktklassifikation, Sprechhandlung (von K. Ehlich); Pragmatik (von W. Sauer)

Einführende Literatur:

G. *Hindelang*, Einführung in die Sprechakttheorie
A. *Linke* – M. *Nussbaumer* – P.R. *Portmann*, Studienbuch Linguistik, S. 169-202
H. *Pelz*, Linguistik, S. 241-274
H. *Vater*, Einführung in die Sprachwissenschaft, S. 188-220

Grundlegende und weiterführende Literatur:

K.-O. *Apel*, Der Denkweg von Charles Sanders Peirce
J.L. *Austin*, Zur Theorie der Sprechakte
H. *Henne*, Sprachpragmatik
Ch.S. *Peirce*, Schriften zum Pragmatismus und Pragmatizismus
J.R. *Searle*, Sprechakte

XI. Textlinguistik

1. Der Text als Einheit sprachlichen Handelns

Sprachliches Handeln ist eingebettet in soziales Handeln. Es vollzieht sich in relativ abgeschlossenen Einheiten der mündlichen oder schriftlichen Äußerung, zum Beispiel in einem Bestelldialog im Restaurant, im privaten Telefongespräch, im Geschäftsbrief, in einer Gebrauchsanweisung. Texte werden von Produzenten (Sprechern oder Schreibern) zu ganz bestimmten Zwecken für ganz bestimmte Rezipienten (Hörer oder Leser) produziert. Je nach Situation und Intention ist eine große Vielfalt an Äußerungsformen zu beobachten. Mit den intentions- und situationsabhängigen sprachlichen Gestaltungen beschäftigt sich die **Pragmatik** als eigener Zweig der Sprachwissenschaft (man vergleiche Kapitel X.). Die im Rahmen einer Sprachhandlung produzierte Äußerung ist durch einen inneren Zusammenhang als Text charakterisiert. Wie dieser Zusammenhang sprachlich hergestellt wird, untersucht die **Textlinguistik**. Sie fragt nach den textkonstituierenden Elementen.

2. Graphische Textkonstitution

Ein geschriebener Text wird bereits durch die Wirkungen des syntaktisch-semantischen und des textuell-semantischen Orthographieprinzips als zusammenhängend gekennzeichnet:

Der Text ist in seinem Anfang und Ende durch äußere Gegebenheiten bestimmt: Der abgebildete Ausschnitt steht in einem Nudel-Kochbuch von Dr. Oetker. Die fett und größer als der folgende Text gesetzte Überschrift *Spaghetti mit Walnußbutter* markiert den Beginn des Rezeptes. Die nächste Überschrift *Spaghetti mit Tomaten-Muschel-Soße* markiert den Beginn des nächsten Rezeptes.

Spaghetti mit Walnußbutter

300 g Spaghetti	in
3–4 l kochendes	
Salzwasser	geben
1 Eßl. Speiseöl	hinzufügen, zum Kochen bringen, ab und zu
	umrühren, in etwa 12 Minuten gar kochen lassen
	die Spaghetti auf ein Sieb geben, mit kaltem
	Wasser übergießen, abtropfen lassen
75 g Butter	zerlassen
75 g grob gehackte	
Walnußkerne	darin leicht bräunen lassen, die Spaghetti hinzu-
	fügen, gut durchschwenken, mit
Salz	würzen.
Tip:	Spaghetti mit Walnußbutter sind eine delikate
	Beilage zu Wildgerichten, Steaks und Roastbeef.

Spaghetti mit Tomaten-Muschel-Soße
(5–6 Portionen)

Dr. Oetker Kochbuch

Innerhalb des ersten vollständig abgebildeten Rezeptes sind verschiedene Gliederungsmarken erkennbar. Der Text ist zweispaltig gesetzt, wobei die Spalten durch kleine Spatien voneinander getrennt sind. Die Wörter der linken Spalte sind zudem kursiv gesetzt, das heißt in schräger Druckschrift, die der rechten erscheinen recte, das heißt in normaler Schrift. Dem Usus eines Kochbuchs gemäß enthält die linke Spalte die Zutaten, während in der rechten Spalte die Handlungsanweisungen stehen. Anders als bei anderen zweispaltig angelegten Texten ist hier nicht zunächst die linke Spalte von oben nach unten zu lesen und danach erst in gleicher Weise die rechte Spalte. Vielmehr ist der Text von links nach rechts ohne Beachtung der graphisch abgehobenen Spalten zu lesen. Der Text enthält als Interpunktionszeichen neben zahlreichen Kommas zwei Punkte. Bis zum ersten Punkt umfasst der Text das eigentliche Rezept, das aus einer Aneinanderreihung von Handlungs-anweisungen besteht, die zum Teil durch Kommas abgetrennt sind. Der zwei-te Punkt beschließt einen Satz, der in der linken Spalte als 'Tip' angekündigt ist.

Für die Buchsorte Kochbuch ist zudem kennzeichnend, dass die Rezepte häufig durch Bilder der entsprechenden Gerichte ergänzt werden. Der Leser gewinnt so eine Vorstellung vom Produkt, wodurch ein Anreiz zum Auspro-bieren des Rezeptes gegeben wird.

Für Kochrezepte und auch andere Textsorten wie zum Beispiel Briefe, Rechnungen, Zeugnisse, Gesetzestexte existieren jeweils besondere Normen. Sie betreffen die äußere Anlage, die Position einzelner Textteile, bestimmte Formulierungen und anderes. Durch diese Normen wird die rasche Erfassung des jeweiligen Textes erheblich erleichtert.

3. Pragmatische Textkonstitution

Texte haben eine Position zwischen dem Textproduzenten und dem Textrezipienten. Sie nehmen einen Platz in der kommunikativen Handlung ein. Der Text soll die Intentionen des Textproduzenten an den Textrezipienten weitergeben. Die Intention eines Textes kann sehr verschieden sein: Er kann appellierend, informierend, unterhaltend, belustigend sein.

Unter pragmatischem Aspekt ist es Aufgabe der Textanalyse, den Textproduzenten, den Text und den Textrezipienten in ihrem Zusammenspiel zu beobachten. Es wird untersucht, mit welchen Mitteln die Relation zwischen dem Textproduzenten und der Verwendungssituation aufgebaut wird.

Liebe Patientin, lieber Patient!

Gegenanzeigen
Wann dürfen Sie MUCOSOLVAN Tabletten nicht einnehmen?
Sie dürfen MUCOSOLVAN Tabletten nicht einnehmen bei bekannter Überempfindlichkeit gegen Ambroxolhydrochlorid, dem Wirkstoff von MUCOSOLVAN Tabletten, oder einen der sonstigen Bestandteile.

1. Vermeiden Sie Luft-Belastungen!
   Hier ist vor allem das Rauchen gemeint. Denn jede Art von Rauchen (aktiv oder passiv) schadet Ihren Atemwegen und verzögert bzw. verhindert den Heilungsprozeß. Deshalb gilt der Rat: Rauchen Sie selbst nicht. Und versuchen Sie, vor allem bei akuter Erkrankung, Räume zu meiden, wo stark geraucht wird.
2. Beugen Sie Infekten vor!
   Sie können viel tun. Etwas Sport, selbst Bewegung an frischer Luft sorgt schon für eine bessere Abhärtung der Atemwege.
   Gesunde Ernährung und ausreichend Vitamine sind ebenfalls wertvoll für eine gute Vorbeugung.
3. Folgen Sie den Anweisungen Ihres Arztes!
   Er weiß am besten, was gut für Sie ist. Und wenn Sie trotzdem weiter Schwierigkeiten haben, dann fragen Sie ihn erneut um Rat.

Ausschnitt aus der Packungsbeilage des Medikamentes Mucosolvan

Die Intention dieses Textes, der einen Ausschnitt aus der Packungsbeilage eines Medikamentes darstellt, lässt sich durch die aufklärenden, informierenden und appellativen Elemente eindeutig erschließen.

Der Text beginnt mit der persönlichen Anrede *Liebe Patientin, lieber Patient!*, die durch das vertrauliche *lieb* an einen privaten Brief erinnert. Der Text will sich offenbar ganz persönlich an den Rezipienten wenden.

Nach einigen nüchternen Informationen zu Wirkstoff und Zusammensetzung des Medikamentes, Darreichungsform sowie Stoff- beziehungsweise Indikationsgruppe, die dem Laien mehr oder weniger unverständlich sind und deshalb auch nur in kurzer Form aneinandergereiht werden, folgen unter der Überschrift *Gegenanzeigen* für den Rezipienten wichtige Informationen, die auch entsprechend verständlich vermittelt werden.

Die einzelnen Abschnitte beginnen mit einer Frage, die durch Kursivsatz von der darauf folgenden Antwort abgesetzt ist. Die Frage richtet sich sprachlich durch das Anredepronomen *Sie* unmittelbar an den Textrezipienten. Tatsächlich handelt es sich aber nicht um eine echte Frage an den Textrezipienten, sondern um eine Frage, die der Rezipient vielleicht selbst stellen könnte, deren Antwort ihn also interessiert. Auch in der folgenden Antwort wird der Rezipient direkt angesprochen. Der Text will zunächst informieren und aufklären, allerdings so, dass jeder Rezipient sich persönlich angesprochen und damit gut und individuell beraten fühlt.

Damit der Rezipient unabhängig von seinem Bildungsstand die in dem Beipackzettel gegebenen Informationen auch versteht, verwenden die Verfasser einen möglichst allgemein verständlichen Wortschatz. Medizinischer Spezialwortschatz wird vermieden. Als Warnzeichen wird beispielsweise ein *regelmäßiger Husten* genannt, nicht etwa ein *chronischer Husten*. Der Satzbau ist einfach. Es begegnen Sätze wie *Sie können viel tun.* oder *Rauchen Sie selbst nicht.* Der Text ist auch unter syntaktischem Aspekt so aufgebaut, dass er von den Rezipienten möglichst leicht verstanden wird.

Unter der Überschrift *Gesundheitsratschläge* wird der Rezipient nicht nur persönlich angesprochen, ihm werden in Form von Imperativsätzen Anweisungen gegeben: *Vermeiden Sie Luft-Belastungen! Beugen Sie Infekten vor! Folgen Sie den Anweisungen Ihres Arztes!* Damit wählen die Textproduzenten den direktesten Weg der Ansprache des Rezipienten.

Bei einem Text wie der hier vorgestellten Patienteninformation steht die Funktion der Information und des Appells im Vordergrund. Der Bezug zwischen Textproduzent und Textrezipient wird dabei vor allem durch die persönliche Ansprache erreicht. In anderen Texten werden andere sprachliche Mittel (z.B. Tempus- und Modusformen) eingesetzt, um die Relation zwischen dem Produzenten, dem Text und dem Rezipienten aufzubauen. Aufgabe der Pragmatik ist es, diese sprachlichen Mittel in ihrer Funktion und ihrem Zusammenspiel zu beschreiben.

4. Syntaktische Textkonstitution

Thema – Rhema

Unterhalb der Ebene des Textes oder Textabschnittes stoßen wir zunächst auf den Satz. Jeder Satz (von dem Sonderfall des ersten Satzes eines Textes abgesehen) knüpft an seinen Vorgängersatz an. Die Anknüpfung eines Satzes an seinen Vorgängersatz kann mit grammatischen Mitteln hergestellt werden. In jedem Fall erfolgt die Anknüpfung aber inhaltlich. Einem bekannten, bereits vorerwähnten Inhalt wird ein neuer, noch unbekannter Inhalt hinzugefügt. Ein Beispiel bietet der Artikel 'Komma' aus Duden. Richtiges und gutes Deutsch:

> Komma
> Das Komma hat im Deutschen in erster Linie die Aufgabe, den Satz grammatisch zu gliedern. Es soll Haupt- und Nebensatz trennen, es soll Einschübe und Zusätze kenntlich machen, es soll Aufzählungen von Wörtern und Wortgruppen unterteilen und dergleichen mehr.

Duden. Richtiges und gutes Deutsch. Wörterbuch der sprachlichen Zweifelsfälle, S. 421

Die Überschrift *Komma* weist das Thema des Kapitels aus. Im ersten Satz wird dem Thema *Komma*, das durch die Überschrift als solches bekannt ist, etwas Neues hinzugefügt, nämlich dass das Komma die Aufgabe hat, den Satz grammatisch zu gliedern.

Das Bekannte, das in irgendeiner Form Wiederaufgenommene, wird in der Textlinguistik als **Thema** bezeichnet. Das Neue, das unter neuem Aspekt dazu Gesagte, ist dagegen das **Rhema**. Normalerweise ist es in einem deutschen Satz so, dass Bekanntes vor Neuem gesagt wird. Das Neue wird an das Bekannte angeschlossen.

In dem Artikel 'Komma' wird dem Thema *Komma* in jedem Satz eine neue Information, ein Rhema, hinzugefügt:

- *Aufgabe, den Satz grammatisch zu gliedern*
- *Haupt- und Nebensatz trennen*
- *Einschübe und Zusätze kenntlich machen*
- *Aufzählungen von Wörtern und Wortgruppen unterteilen und dergleichen mehr.*

Das Thema *Komma* ist in allen Sätzen gleich. In jeder Äußerung tritt ein neues Rhema hinzu. Das Thema kann als durchlaufend bezeichnet werden.

Ein Text kann hinsichtlich seiner Thema-Rhema-Struktur auch anders aufgebaut sein. Das zeigt der Abschnitt 'Gleichstellung von Frauen und Männern in der Sprache', der ebenfalls aus dem Duden-Band 'Richtiges und gutes Deutsch' stammt.

> Mit der Forderung nach Gleichberechtigung von Frauen und Männern in der Gesellschaft stellt sich für viele Menschen die Frage nach der sprachlichen Gleichstellung. Als wichtigste Grundsätze zum Erreichen dieser Gleichstellung gelten das sprachliche **Sichtbarmachen** des Geschlechts ... und die **Symmetrie** ... Hauptansatzpunkt ist dabei die Ablehnung des generischen Maskulinums, also der Verwendung maskuliner Personenbezeichnungen für beide Geschlechter. (S. 335)

Thema des ersten Satzes ist die Forderung vieler Menschen nach Gleichberechtigung von Frauen und Männern in der Gesellschaft. Rhema ist die Frage nach der sprachlichen Gleichstellung. Das Rhema des ersten Satzes wird zum Thema des zweiten Satzes: *wichtigste Grundsätze zum Erreichen dieser Gleichstellung.* Das im ersten Satz Neue ist dann im zweiten Satz das Bekannte, an das angeknüpft werden kann. Rhema des zweiten Satzes ist: *das sprachliche* **Sichtbarmachen** *des Geschlechts ... und die* **Symmetrie** *...* Dieses Rhema wird wiederum zum Thema des 3. Satzes. Rhema des 3. Satzes ist: *Ablehnung des generischen Maskulinums, also der Verwendung maskuliner Personenbezeichnungen für beide Geschlechter.* Dieser Textaufbau, bei dem das Rhema des vorausgehenden Satzes zum Thema des folgenden Satzes wird, wird als linearer Aufbau bezeichnet.

Der Textaufbau kann auch variabler und komplizierter gestaltet sein, so beispielsweise, wenn aus einem übergeordneten Thema mehrere untergeordnete Themen abgeleitet werden. In jedem Fall stehen die Sätze eines Textes inhaltlich in Verbindung. Thema und Rhema sind zwei komplementäre Mitteilungsfunktionen. Thema ist einerseits das, worüber etwas mitgeteilt wird, und andererseits das, was aus dem Kontext oder der Situation ableitbar ist, also die bekannte und gegebene Information. Rhema ist die neue Information.

Anaphorik – Kataphorik

Die Verknüpfung von Sätzen durch den Inhalt wird oft durch grammatische Mittel unterstützt.

Das Märchen 'Der Eisenhans' beginnt mit folgenden Sätzen:

(1) Es war einmal ein König, (2) der[1] hatte einen großen Wald bei seinem Schloß, (3) darin lief Wild aller Art herum. (4) Zu einer Zeit schickte er[1] einen Jäger hinaus, (5) der[2] sollte ein Reh schießen, (6) aber er[2] kam nicht wieder.

Kinder- und Hausmärchen gesammelt durch die Brüder Grimm, München o.J., S. 635

Im zweiten Satz wird *ein König* aus dem ersten Satz ersetzt durch das Demonstrativpronomen *der[1]*. Im vierten Satz begegnet die Ersatzform *er[1]*. Das Substantiv *König*, das lexikalische Bedeutung trägt, wird durch Pronomen substituiert. Die Pronomen übernehmen die grammatischen Funktionen des im Vorgängersatz genannten Lexems, die inhaltlichen Merkmale von *König* werden nicht wieder aufgegriffen. Das Demonstrativpronomen *der[2]* und das Personalpronomen *er[2]* substituieren *einen Jäger*. Durch die Abfolge der Sätze ist eindeutig, welche Person jeweils durch *der* und *er* vertreten wird. Die Sätze werden durch die Pronomen miteinander verkettet. Der Satz *der[1] hatte einen großen Wald bei seinem Schloß* könnte nicht der erste Satz des Textes sein. *Der* muss sich auf ein vorerwähntes maskulines Substantiv beziehen. Die Pronomen verketten die Sätze, indem sie auf etwas Vorerwähntes zurückweisen, dieses grammatisch wieder aufnehmen. Sprachelemente, die auf zuvor gegebene Informationen zurückweisen, werden **anaphorische Elemente** genannt. Als anaphorische Mittel gelten vor allem Pronomen.

Satzverflechtende Funktion haben auch solche Sprachelemente, die auf eine folgende Information vorausweisen: *Ich möchte nur dieses sagen: Die Zimmer waren nicht geheizt und nicht gesäubert.* Das Demonstrativpronomen *dieses* verweist auf die auf den Doppelpunkt folgende Information. In dem Satz *Als er abdankte, war Ludwig I. ein verbitterter Mann* weist das Personalpronomen *er* voraus auf *Ludwig I.* Sprachelemente, die auf folgende Informationen vorausweisen, werden **kataphorische Elemente** genannt. Als kataphorische Mittel kommen ebenfalls vor allem Pronomen vor.

Satzkonnektoren

Zur Verküpfung von Sätzen dienen vorrangig Satzkonnektoren. **Konnektoren** sind Wörter, die Sätze oder Teile von Sätzen miteinander verbinden, eine Relation zwischen ihnen herstellen. Das leisten Konjunktionen, in eingeschränktem Maße auch Adverbien.

In den folgenden Sätzen 1-10 aus Franz Kafkas Erzählung 'Vor dem Gesetz' kommen mehrere Konnektoren vor, von denen nur einige betrachtet werden sollen.

(1) Vor *dem* Gesetz steht *ein* Türhüter. (2) Zu *diesem* Türhüter kommt *ein* Mann vom Lande und bittet um Eintritt in *das* Gesetz. (3) Aber *der* Türhüter sagt, daß er *ihm* jetzt *den* Eintritt nicht gewähren könne. (4) *Der* Mann überlegt und fragt dann, ob *er* also später werde eintreten dürfen. (5) "*Es* ist möglich", sagt der Türhüter, "jetzt aber nicht." (6) Da *das* Tor zum Gesetz offensteht wie immer und *der* Türhüter beiseitetritt, bückt sich *der* Mann, um durch *das* Tor in *das* Innere zu sehn. (7) Als *der* Türhüter *das* merkt, lacht *er* und sagt: "Wenn *es dich* so lockt, versuche *es* doch, trotz *meines* Verbotes hineinzugehn. Merke aber: *Ich* bin mächtig. Und *ich* bin nur *der* unterste Türhüter. Von Saal zu Saal stehn aber Türhüter, einer mächtiger als der andere. Schon *den* Anblick *des* dritten kann nicht einmal *ich* mehr ertragen." (8) *Solche* Schwierigkeiten hat *der* Mann vom Lande nicht erwartet; *das* Gesetz soll doch jedem und immer zugänglich sein, denkt *er*, aber als *er* jetzt *den* Türhüter in *seinem* Pelzmantel genauer ansieht, *seine* große Spitznase, *den* langen, dünnen, schwarzen tatarischen Bart, entschließt *er* sich, doch lieber zu warten, bis *er die* Erlaubnis zum Eintritt bekommt. (9) *Der* Türhüter gibt *ihm einen* Schemel und läßt *ihn* seitwärts von *der* Tür sich niedersetzen. (10) Dort sitzt *er* Tage und Jahre.

Franz Kafka, Vor dem Gesetz, in: Franz Kafka, Das Urteil und andere Erzählungen, Fischer Taschenbuch, Frankfurt a.M./Hamburg 1957, S. 117-119

(3)   <u>Aber</u> *der Türhüter sagt, daß er ihm jetzt den Eintritt nicht gewähren könne.*

Die Konjunktion *aber* drückt einen Gegensatz aus (adversativ). Entsprechend setzt die Verwendung von *aber* einen Tatbestand voraus, der negiert werden kann. Diesem Beispielsatz geht ein Satz voraus, in dem der Mann um Eintritt in das Gesetz bittet.

(6)   <u>Da</u> *das Tor zum Gesetz offensteht wie immer und der Türhüter beiseitetritt, bückt sich der Mann,* <u>um</u> *durch das Tor in das Innere* <u>zu</u> *sehn.*

Die in Satz 6 vorkommenden Konjunktionen leiten einen Nebensatz und eine satzwertige Infinitivkonstruktion ein. Sie werden aufgrund dieser Funktion als unterordnende Konjunktionen bezeichnet. Die Konjunktion *da* gibt eine Begründung an. Es handelt sich um eine kausale Konjunktion. Die Konjunktion *um ... zu* gibt einen Zweck, eine Absicht an. Es handelt sich um eine finale Konjunktion.

(7)   <u>Als</u> *der Türhüter das merkt, lacht er und sagt: "*<u>Wenn</u> *es dich so lockt, versuche es doch, trotz meines Verbotes hineinzugehn. Merke* <u>aber</u>*: Ich bin mächtig.* <u>Und</u> *ich bin nur der unterste Türhüter. Von Saal zu Saal stehn aber Türhüter, einer mächtiger als der andere."*

Auch Satz 7 beginnt mit einer unterordnenden Konjunktion. Mit *als* wird ein Zeitpunkt bezeichnet. Es handelt sich um eine temporale Konjunktion. Die Konjunktion *wenn* kennzeichnet eine Bedingung. Es handelt sich um eine konditionale Konjunktion.

Die Konjunktion *und* hat nur eine verbindende Funktion. Es handelt sich wie bei der Konjunktion *aber* in Satz 3 um eine nebenordnende Konjunktion. Das in dem vorausgehenden Satz stehende *aber* hat hier einschränkende (restriktive) Funktion.

Gemein ist den genannten Elementen, dass sie Relationen herstellen, zwischen selbständigen Sätzen (Hauptsatz und Hauptsatz) oder zwischen zusammengesetzten Sätzen (Hauptsatz und Nebensatz). Die inhaltlich bestehende Relation wird zusätzlich mit grammatischen Mitteln ausgedrückt.

5. Semantische Textkonstitution

In dem in Abschnitt 2 abgebildeten Kochrezept wird der thematische Zusammenhang ganz überwiegend durch Substantive und Verben konstituiert, Pronomen und Artikel spielen hier fast keine Rolle.

Die einfachste Form, thematischen Zusammenhang zu stiften, besteht in der identischen Bezeichnung, der Bezeichnung desselben Gegenstandes oder Sachverhalts mit demselben Wort. So wird das in der Überschrift das Thema bezeichnende Wort *Spaghetti* dreimal im Text wiederholt.

In dem Kochrezept wird der thematische Zusammenhang vor allem semantisch hergestellt. Substantive wie *Spaghetti, Walnußbutter, Speiseöl, Butter, Walnußkerne, Salz, Wildgerichten, Steaks, Roastbeef* bezeichnen Speisen und Speisezutaten. Verben wie *hinzufügen, zum Kochen bringen, umrühren, gar kochen lassen, übergießen, abtropfen lassen, bräunen lassen, durchschwenken, würzen* gehören in das Wortfeld der Speisezubereitung. Dazu stimmig sind auch die attributiv verwendeten Adjektive *kochendes, gehackte, delikate*. Unter Heranziehung von Wörterbüchern ist im Einzelnen zu klären, inwieweit die genannten Wörter auf diesen thematischen Komplex festgelegt sind (z.B. *gar kochen*) oder auch in anderen Zusammenhängen verwendet werden können (z.B. *hinzufügen*).

Weitere Möglichkeiten, einen Textzusammenhang semantisch zu konstituieren, zeigen sich in dem folgenden Textausschnitt:

Die Bündelung der technischen Erfindungen
Gutenbergs Erfindung ist ebenso einfach wie genial: Die Texte werden in ihre
kleinsten Bestandteile aufgelöst, d.h. in die 26 Buchstaben des lateinischen
Alphabets, und durch die Neuordnung der Einzellettern entsteht ein jeweils
neuer, sinnvoller Text. Waren jahrhundertelang Texte vervielfältigt worden,
indem sie vollständig und fortlaufend abgeschrieben oder ebenso vollständig
in Holz geschnitten wurden ..., so mußten jetzt nur die Buchstaben des Alphabets geschnitten und gegossen werden und standen dann für beliebige Texte
immer wieder zur Verfügung. Im Kern war auch der zweite Gedanke ebenso
einfach wie technisch revolutionär: Statt wie in Ostasien seit 700 Jahren die
Farbe durch Abreiben der Papiere aufzutragen, nutzte Gutenberg die physika-
lischen Gesetze der Papier- oder Weinpresse, um mit einem hohen und gleich-
mäßigen Druck die Farbe vom eingefärbten Typenmaterial auf die angefeuch-
teten Papiere zu übertragen. ...
Sehr viele Entwicklungsschritte waren natürlich notwendig, um das scheinbar
so einfache und einleuchtende Verfahren zu entwickeln. Einzelstempel von
Buchstaben, von einem Goldschmied kunstvoll graviert, hatte es schon länger
gegeben, und die Gravur z.B. von sakralen Gegenständen, wie Kelche oder
Monstranzen, waren eine verbreitete Technik. Gußverfahren kannte man
sowohl aus dem Glockenguß wie aus der Münzherstellung. Es galt nun, die
Idee mit den Einzelbuchstaben, die Gußtechnik und die Exaktheit des Typen-
materials zu erproben. Im Mittelpunkt der Gutenbergischen Entdeckungen
steht die Entwicklung eines Gießinstruments, das es ermöglicht, die Gußform
genau zu justieren und jeder Type eine exakt gleiche Form zu geben. Das
Originalinstrument des 15. Jahrhunderts hat sich nicht erhalten, das heute in
den Lehrbüchern gezeigte sogenannte Handgießinstrument ist erst Jahrhunderte
später in genau dieser Form überliefert, doch bieten die erhaltenen Typen und
die Qualität der Abdrucke eindeutige Hinweise, daß ein vergleichbares Gießinstrument zu den Grunderfindungen gehört haben muß.

Stephan Füssel, Gutenberg und seine Wirkung, Darmstadt 1999, S. 9f.

Zur Bezeichnung derselben Gegebenheiten dienen in diesem Text identisch
wiederholte Wörter (*Buchstabe* Z. 3 und 7). Weiter werden Wörter mit
gleicher oder ähnlicher Bedeutung – Synonyme – verwendet (*Buchstabe* Z.
3, *Einzelletter* Z. 4) sowie Wörter mit über- beziehungsweise untergeordneter
Bedeutung – Hyperonyme beziehungsweise Hyponyme – (*Verfahren* Z. 16,
Gußverfahren Z. 17). (Zu diesen lexikologischen Begriffen vergleiche man
Kapitel IX.). Entsprechend den verwendeten Typen spricht man von identi-
scher, synonymischer, hyper- beziehungsweise hyponymischer Substitution.
Für den Textzusammenhang entscheidend ist dabei die referentielle Identität
der substituierenden Elemente, das heißt, die Beziehung auf den identischen
außersprachlichen Sachverhalt. Die Abfolge der verschiedenen Elemente mit
gleicher Referenz nennt man eine **semantische Isotopiekette.**

Auch morphologische Zusammenhänge zwischen einzelnen Wörtern tragen zum Aufbau des Textes bei. So wird *Papier* als Bestimmungswort in *Papierpresse* wiederaufgenommen. Das Grundwort *-presse* findet sich auch in *Weinpresse*. In dem zweiten Abschnitt des Textes bilden die Komposita zu dem Verb *gießen* einen morphologisch-semantischen Zusammenhang: *Gußverfahren, Glockenguß, Gußtechnik, Gießinstruments, Gußform, Handgießinstrument, Gießinstrument*.

Schließlich sind auch die Wörter zu erwähnen, die unmittelbar der Satzverbindung dienen (man vergleiche dazu Abschnitt 4).

Die Textlinguistik hat die Aufgabe, die Leistungen der satzverbindenden Wörter und der verweisenden Elemente sowie die Formen der semantischen und morphologischen Verknüpfungen im Einzelnen zu beschreiben.

6. Textanfänge und Textschlüsse

Sätze stehen in Texten in linearer Abfolge. Sie sind eingebettet zwischen vorausgehenden und folgenden Sätzen. Einen Sonderfall stellen jeweils der Satz am Anfang eines Textes und der Satz am Ende eines Textes dar. Der Satz am Textanfang hat einleitende Funktion. Der letzte Satz eines Textes hat abschließende Funktion. Gegebenenfalls wird ein Ausblick gegeben.

Der Textanfang von Thomas Manns Erzählung 'Die Betrogene' lautet:

> In den zwanziger Jahren unseres Jahrhunderts lebte in Düsseldorf am Rhein, verwitwet seit mehr als einem Jahrzehnt, Frau Rosalie von Tümmler mit ihrer Tochter Anna und ihrem Sohne Eduard in bequemen, wenn auch nicht üppigen Verhältnissen. Ihr Gatte, Oberstleutnant von Tümmler, war ganz zu Anfang des Krieges, nicht im Gefecht, sondern auf recht sinnlose Weise durch einen Automobilunfall, doch konnte man trotzdem sagen: auf dem Felde der Ehre, ums Leben gekommen, – ein harter Schlag, in patriotischer Ergebung hingenommen von der damals erst vierzigjährigen Frau, die nun für ihre Kinder des Vaters, für sich selbst aber eines heiteren Gemahls entbehren mußte, dessen öftere Abweichungen von der Richtschnur ehelicher Treue nur das Merkmal überschüssiger Rüstigkeit gewesen waren.

> Th. Mann, Die Betrogene, in: Th. Mann, Sämtliche Erzählungen, Frankfurt a.M. 1963, S. 695

Der Textanfang ist dadurch charakterisiert, dass ihm außer dem Titel nichts vorausgeht. Wenn der Autor thematisch an etwas Bekanntem ansetzen will, muss es dem Leser schon ohne den Text bekannt sein. In diesem Sinne spricht Thomas Mann von *unserem Jahrhundert* und von *Düsseldorf*. Neu und daher Rhema des ersten Satzes ist die mit ihrem Namen bezeichnete Hauptfigur *Rosalie von Tümmler*. Nach ihrer Einführung können dann ihre Lebensumstände kurz beschrieben werden (*verwitwet seit mehr als einem Jahrzehnt; bequeme, wenn auch nicht üppige Verhältnisse; Tochter Anna und Sohn*). Es werden also einführende Informationen vermittelt, die Grundlage für das Verständnis der Erzählung sind. Der Leser wird ins Bild gesetzt.

Den Roman 'Die Kinder der Finsternis' lässt Wolf von Niebelschütz ähnlich wie ein Märchen (*es war einmal eine Königin ...*) mit dem einen allgemeinen Horizont eröffnenden Pronomen *es* beginnen. Der Bischof, um den es im Folgenden geht, wird mit unbestimmtem Artikel neu eingeführt; im zweiten Satz kann er dann durch Pronomen ersetzt werden: *ihm, seinem, seinen, seiner, ihm, ihn, ihn*. Die im ersten Satz mit unbestimmtem Artikel eingeführte Mur hat im zweiten Satz den bestimmten Artikel.

> Es lag ein Bischof tot in einer Mur am Zederngebirge fünf Stunden schon unter strömenden Wolkenbrüchen. Die Mur war hinabgemalmt mit ihm und seinem Karren und seinen Maultieren und seiner Geliebten, unter ihm fort, über ihn hin, als schmettere das Erdreich ihn in den Schlund der Hölle, kurz vor Anbruch der Nacht.

So wie es spezifische Merkmale für den ersten Satz eines Textes gibt, so wird auch der letzte Satz, der Textschluss, durch bestimmte Merkmale charakterisiert. In Märchen lautet der letzte Satz zuweilen: *Und wenn sie nicht gestorben sind, dann leben sie noch heute.* Mit dem Textschluss wird eine Erzählung, ein Roman, ein Thema abgeschlossen. Ein solcher Abschluss kann auch durch einen Ausblick oder einen Rückblick geschehen. Ein solches Textende wählt Wolf von Niebelschütz:

> ... und noch dreihundert Jahre später, mit abergläubischer Scheu vor dem bemoosten Brautfelsen stehend, glaubte das Volk ihn nicht gestorben, sondern es glaubte ihn zurückgekehrt in seinem Nachfahren aus dem Stamme Roana, dem guten König, der an den Ufern des Tec die Reben schnitt, Gärten bestellte und in einer Welt voll Kriegslärm den Frieden wahrte.

Wolf von Niebelschütz, Die Kinder der Finsternis, dtv 12030, 5.A. München 1996, S. 7, S. 588f.

Die Zeitangabe *noch dreihundert Jahre später* setzt das Geschehene in Distanz. Die Ereignisse liegen lange zurück, sie sind abgeschlossen, haben aber noch mehrere hundert Jahre nachgewirkt.

Definitionen

- **Pragmalinguistik** oder **Pragmatik** bezeichnet einen Zweig der Sprachwissenschaft, der sich mit den intentions- und situationsabhängigen sprachlichen Gestaltungen befasst.
- **Textlinguistik** bezeichnet einen Zweig der Sprachwissenschaft, der sich mit den sprachlichen Mitteln befasst, durch die ein Text erst zum Text wird. Die Textlinguistik fragt nach den textkonstituierenden Elementen.
- **Thema** kennzeichnet das Bekannte, das in irgendeiner Form Wiederaufgenommene.
- **Rhema** kennzeichnet das Neue, das unter neuem Aspekt zum Thema Gesagte.
- **Anaphorische Sprachelemente** sind solche Elemente, die auf zuvor gegebene Informationen zurückweisen.
- **Kataphorische Sprachelemente** sind solche Elemente, die auf folgende Informationen vorausweisen.
- **Konnektoren** sind Wörter, die Sätze oder Teile von Sätzen miteinander verbinden, eine Relation zwischen ihnen herstellen.

Literaturhinweise

Kurzinformation:

Metzler Lexikon Sprache. Artikel: Anaphorik, anaphorisch, kataphorisch, Textlinguistik (von J. *Pätzold*); Konnektor/Formator (von H. *Rehbock*); Pragmatik/Pragmalinguistik (von K. *Ehlich*); Rhema (von P. *Ewald*); Thema (von K. *Welke*)

Einführende Literatur:

K. *Brinker*, Linguistische Textanalyse. Eine Einführung in Grundbegriffe und Methoden
A. *Linke* – M. *Nussbaumer* – P.R. *Portmann*, Studienbuch Linguistik, S. 211-256

Grundlegende und weiterführende Literatur:

R.-A. *de Beaugrande* – W.U. *Dressler*, Einführung in die Textlinguistik
E. *Coseriu*, Textlinguistik. Eine Einführung
H.-W. *Eroms*, Funktionale Satzperspektive
E. und W. *Gülich*, Linguistische Textmodelle. Grundlagen und Möglichkeiten
R. *Harweg*, Pronomina und Textkonstitution
H. *Weinrich*, Sprache in Texten
H. *Weinrich*, Textgrammatik der deutschen Sprache

XII. Die sprachsoziologische Gliederung des Deutschen

1. Sprachliches Verhalten und soziales Verhalten

Der folgende Textausschnitt entstammt dem Roman 'Das Boot' von Lothar-Günther Buchheim. Der Ausschnitt steht in der Wiedergabe eines Gesprächs zwischen Angehörigen einer U-Bootbesatzung:

> Das Schott geht wieder auf.
> "Kruzitürken, wie schauts denn wieder aus in der Stubn!" entrüstet sich der Brückenwilli und schüttelt sich Nässe von Gesicht und Händen.
> Brüllendes Gelächter antwortet ihm.
> "Sags noch mal!" höhnt Fackler.
> "In der Stubn! Wie schauts aus in der Stubn!" imitiert der Eintänzer den Brückenwilli und fragt ihn: "Du bist wohl nich ganz hoppla?" Der Eintänzer kann sich gar nicht beruhigen: "Manometer, das is ne Ausdrucksweise – 'in der Stubn'. Fast so schön wie 'Kugeln aus dem Keller holen'."
> "Was willste denn mit Kugeln aus dem Keller?" erkundigt sich Fackler. "Das hat die Schnapstüte doch beim letzten Artilleriegefecht zum besten gegeben. Weißte das noch nich? 'Kugeln aus dem Keller holen' hat er gesagt anstatt 'Granaten aus der Last mannen'!"

Lothar-Günther Buchheim, Das Boot, dtv 1206, München 1976, S. 272

Die im Text beschriebene Situation ist durch das Eintreten einer weiteren Person und ihre Äußerung *Kruzitürken, wie schauts denn wieder aus in der Stubn* bestimmt. Das folgende Gespräch besteht aus der Reaktion der anderen Personen auf die sprachliche Gestalt dieser Äußerung: Gelächter, Aufforderung zur Wiederholung, Imitation von Teilen der Äußerung, Bewertung des Sprechers und seiner Ausdrucksweise, Wiederholung einer entsprechenden Äußerung derselben Person sowie Kontrastierung dieser Äußerung mit der von den anderen erwarteten Ausdrucksweise.

Der Text verdeutlicht, dass in einer Gruppe in einer bestimmten Situation von jedem Sprecher die Realisierung einer für die Gruppe als verbindlich angesehenen Sprachnorm erwartet wird. Verstöße gegen diese Erwartung werden von der Gruppe mit Sanktionen belegt. Die Sprache wird somit als Bestandteil der sozialen Norm erkennbar.

Die sprachsoziologische Betrachtung befasst sich mit solchen Zusammenhängen. Sie untersucht die sozial bestimmten oder wirksamen Eigenschaften sprachlicher Systeme und Strukturen. Solche Eigenschaften hängen mit bestimmten Merkmalen von Sprechern zusammen, die durch Alter, Beruf, Bildung, Einkommen oder Geschlecht gegeben sind. Andere soziale Determinanten ergeben sich aus institutionell oder funktionell begrenzten Sprachgebrauchssphären, wie sie etwa im kirchlichen, rechtlichen oder geschäftlichen Bereich bestehen. Davon zu unterscheiden sind sozial gebundene Kommunikationsfunktionen wie die Reichweite einzelner Systeme oder Subsysteme, öffentlicher oder privater Gebrauch, Abgrenzungswirkungen oder Terminologisierungen. Ein wesentlicher Gesichtspunkt sprachsoziologischer Zugriffe ergibt sich aus der Frage nach der Verbindlichkeit bestimmter sprachlicher Formen in Sprechergemeinschaften.

2. Gemeinsprache

Die Gegenüberstellung der realisierten Äußerung *Kugeln aus dem Keller holen* mit der erwarteten Äußerung *Granaten aus der Last mannen* durch eine der beteiligten Personen zeigt, dass unter den hier gegebenen sozialen Voraussetzungen die Verwendung einer fachmännischen Ausdrucksweise erwartet wird.

Mannen gehört zur Fachsprache der Marine und bedeutet 'von Mann zu Mann reichen'. *Last* bezeichnet in dieser Fachsprache einen 'tiefer liegenden Laderaum'. Umgekehrt gehört das die Reaktion auslösende Wort *Stube* nicht zu dieser Fachsprache.

An diesem Beispiel wird bereits deutlich, dass es zum einen eine Erscheinungsform von Sprache gibt, die allen Mitgliedern einer Sprachgemeinschaft gemeinsam und verständlich ist. Zum anderen lassen sich Teilbereiche der Sprache abgrenzen, die nur bestimmten Sprechergruppen gemeinsam und verständlich sind. Die Sprachform, die im gesamten Sprachgebiet als verbindliches Vorbild für alle Sprachteilnehmer gilt, wird als **Gemeinsprache** bezeichnet. Für den Terminus Gemeinsprache finden sich auch zuweilen in gleicher oder ähnlicher Bedeutung die Termini Hochsprache, Schriftsprache, Einheitssprache, Literatursprache und Standardsprache.

Bei den nur bestimmten Sprechergruppen gemeinsamen und verständlichen Bereichen einer Sprache sind die Fachsprachen, Sondersprachen und Mundarten zu unterscheiden.

3. Fachsprache

Sprechergruppen können sich durch den Bezug auf einen gemeinsamen Sachbereich konstituieren. Die auf einen solchen Sachbereich begründeten sprachlichen Subsysteme werden in der Regel **Fachsprachen** genannt. Dabei kann der Terminus Fachsprache sowohl die sprachlichen Einzelerscheinungen bezeichnen wie auch die Gesamtheit der sprachlichen Mittel, die in einem Fachgebiet verwendet werden. Es gibt so viele Fachsprachen wie es Handwerke, Techniken, Wissenschaften gibt, so zum Beispiel die Bergmannssprache, die Druckersprache, die Sprache der elektronischen Datenverarbeitung, die Sprache der Physik, der Rechtswissenschaft, der Medizin, der Sprachwissenschaft.

Fachsprachen unterscheiden sich von der Gemeinsprache im Wesentlichen durch ihren besonderen Wortschatz und weniger durch Besonderheiten der Flexion, Morphologie oder Syntax. Die folgende Textprobe kann das veranschaulichen:

Intraarticuläre Frakturen des distalen Unterschenkels (Pilon tibial)

Indikation

Die operative Behandlung der distalen intraarticulären Stauchungsfrakturen mit Verschiebung am distalen Ende des Unterschenkels hat sich allgemein durchgesetzt, weil es konservativ außerordentlich schwierig ist, eine exakte und stufenlose Reposition zu erreichen. Trotzdem gibt es noch Indikationen für die konservative Behandlung. Absolute Indikationen für die konservative Behandlung sind die unverschobenen Frakturen sowie Frakturen mit einer Kontraindikation zur operativen Behandlung. Diese kann einmal aus lokalen Gründen gegeben sein, wie infizierte Weichteilverletzungen, vorbestehende Ulcera cruris oder sonst schwergeschädigter Haut-Weichteilmantel. Eine Kontraindikation besteht aber auch, wenn der Verletzte aufgrund seines Allgemeinzustandes nicht operationsfähig ist. Eine relative Indikation zur konservativen Behandlung sind mangelnde Kooperationsbereitschaft, wie z.B. bei chronischen Alkoholikern oder alten, nichtkooperativen Patienten, von denen nicht erwartet werden kann, daß sie frühfunktionell unter Entlastung des Beines behandelt werden können.

Die Indikation zur konservativen oder operativen Behandlung ist aber auch wesentlich von der Frakturform abhängig, und hier hat sich vom Standpunkt der Behandlungsmöglichkeit die Einteilung in vier verschiedene Frakturformen bewährt, nämlich
1. Spaltbrüche,
2. distale intraarticuläre Stauchungstrümmerbrüche,
3. supramalleoläre Stauchungsbrüche mit Beteiligung des Gelenkes,
4. supramalleoläre Dreh-Biegungsbrüche mit Beteiligung des Gelenkes.

E. Beck, Konservative Frakturbehandlung des Pilon tibial und des Sprunggelenkes, Der Chirurg 61 (1990) S. 777

Es handelt sich um einen Fachtext der Medizin. Der Wortschatz der Medizin, der auf etwa 500.000 Termini geschätzt wird, enthält vor allem Bezeichnungen lateinischer und griechischer Herkunft, daneben aber auch synonyme deutschsprachige Fachwörter.

In dem abgedruckten Text kommen beispielsweise folgende Fachtermini lateinisch-griechischer Herkunft vor: *chronisch* ['sich langsam entwickelnd, langsam verlaufend (von Krankheiten) (Med.)'], *distal* ['weiter von der Körpermitte bzw. charakteristischen Bezugspunkten entfernt liegend als andere Körper- od. Organteile (Med.)'], *Fraktur* ['Knochenbruch (Med.)'], *Indikation* ['(aus der ärztlichen Diagnose sich ergebende) Veranlassung, ein bestimmtes Heilverfahren anzuwenden, ein Medikament zu verabreichen (Med.)'], *Kontraindikation* ['Gegenanzeige, Umstand, der die [fortgesetzte] Anwendung einer an sich zweckmäßigen od. notwendigen ärztlichen Maßnahme verbietet (Med.)'], *infizieren* ['eine Krankheit, Kranheitserreger übertragen'], *intraarticulär* ['im Innern des Gelenks liegend (Med.)'], *lokal* ['örtlich'], *konservativ* ['erhaltend, bewahrend (... im Gegensatz zu operativer Behandlung)'], *Operation* ['chirurgischer Eingriff'], *operativ* ['die Operation betreffend, chirurgisch eingreifend'], *Pilon tibial* [*Pilon* 'Wurzel'; *tibial* 'zur Tibia ('Schienbein') gehörend'], *Reposition* ['Wiedereinrichtung von gebrochenen Knochen od. verrenkten Gliedern (Med.)'], *supramalleolär* [*supra* 'über'; *malleolar* 'zum Knöchel gehörend (Med.)'], *Ulcera Cruris* [*ulkus* 'Geschwür'; *crus* 'Unterschenkel'].

Von diesen Termini sind einige Fachbezeichnungen nur für Mediziner verständlich, so *Pilon tibial, distal, supramalleolär* oder *Ulcera Cruris*. Andere Wörter begegnen auch in der Gemeinsprache, so *chronisch, infizieren* oder *Operation*. Allerdings ist die umgangssprachliche Verwendung eines Wortes nicht immer identisch mit der fachsprachlichen Bedeutung. So wird *chronisch* landläufig als 'dauernd, anhaltend' verstanden (*chronischer Husten* – 'anhaltender Husten'), in der medizinischen Fachterminologie dagegen als 'langsam verlaufend'. Neben manchen lateinischen Fachwörtern existieren synonyme deutsche Wörter, die dem Laien geläufiger sind, so *örtlich* für *lokal* (*örtliche Betäubung* für *Lokalanästhesie*), *anstecken* für *infizieren*, (*Knochen-*)*Bruch* für *Fraktur*.

Die starke Präsenz des Lateinischen und Griechischen in der Fachsprache der Medizin erklärt sich historisch dadurch, dass diese Sprachen bis in das 18. Jahrhundert hinein alleiniges Verständigungsmittel der Mediziner waren. Die Fachsprache hat aber für Fachleute auch heute entscheidende Vorzüge gegenüber heimischen Wörtern. Die Bezeichnungen sind weitgehend international, wodurch ein internationaler fachlicher Austausch erleichtert wird. Zudem haben die Bezeichnungen eine konstante Bedeutung. Die Bedeutung der Wörter ist durch eine Definition festgelegt. Im Unterschied zu Wörtern lebender Sprachen unterliegen sie auch kaum Bedeutungsveränderungen, die für Fachsprachen und ihre Kommunikation hinderlich wären. Schließlich bietet sich mit dem Lateinischen und Griechischen ein Sprachfundus, aus dem nahezu beliebig viele neue Fachtermini gebildet werden können. Freilich bedürfen auch die medizinischen Nomenklaturen der Ergänzung durch die Gemeinsprachen. Das zeigt sich an deutschen Bezeichnungen für Organe wie *Herz*, *Lunge* oder *Leber*. Fachsprache und Gemeinsprache sind stets mehr oder weniger stark miteinander verflochten, weshalb auch der Nichtmediziner bis zu einem gewissen Grad in diesem Subsystem angemessen kommunizieren kann. Ist ein Sprecher oder eine Sprechergruppe nicht in der Lage, geforderte oder erwartete Standards einzuhalten, spricht man von sprachsoziologischen Barrieren oder Defiziten. Ein solcher Fall ist beispielsweise dann gegeben, wenn sich ein Arzt im Gespräch mit einem Patienten so stark seiner Fachsprache bedient, dass er von dem Patienten nicht oder nicht ausreichend verstanden wird.

Die hier anhand der medizinischen Fachsprache vorgestellten Merkmale gelten in ähnlicher Weise für andere wissenschaftliche Fachsprachen. Die Sprachsoziologie hat die Aufgabe, diese Subsysteme der Sprache und ihre Verflechtung mit der Gemeinsprache zu beschreiben, wodurch auch Kommunikationsstörungen und Sprachbarrieren entgegengewirkt werden kann.

4. Sondersprache

Sprachliche Subsysteme, die stärker durch die soziale Sonderung der Sprecher begründet sind, heißen in der Regel **Sondersprachen**. Daneben existieren die Termini **Soziolekt** oder Gruppensprache, womit die Gesamtheit der sprachlichen Besonderheiten einer sozialen Gruppe bezeichnet wird. Sondersprachen lassen sich nicht in derselben Weise wie die Fachsprachen auf bestimmte Sachgebiete beziehen. Die Sondersprachen sind vielmehr dadurch charakterisiert, dass durch den Wortschatz eine Abgrenzung der Sprecher gegenüber der Allgemeinheit angestrebt wird. Die Sprecher einer Sondersprache sind durch gemeinsame Sonderinteressen oder durch eine gemeinsame soziale Sonderstellung verbunden. Sondersprachen sind zum Beispiel die Schülersprache oder die Studentensprache. Die Gaunersprache, das Rotwelsche, verdeutlicht die Tendenz der Sondersprache zur Geheimsprache und lässt so die abgrenzende Funktion der Sondersprache hervortreten. Die Abgrenzung zwischen Fach- und Sondersprachen ist nicht immer eindeutig, da sich der abweichende Sprachgebrauch auch bei Sondersprachen besonders beim Wortschatz zeigt.

Die folgende Sprachprobe gehört dem sogenannten Schillingsfürster Jenisch an, einer Gaunersprache, die in Schillingsfürst, einem Ort in Franken nahe bei Rothenburg ob der Tauber, gesprochen wurde. Die Wörter des Textes sind noch 1950 in Schillingsfürst verwendet worden.

"FISEL, MER DIWERE JENISCH"
Der lafer Ruch schurlt an jeden Boscher zsamm. Die Leit sin obaut, no konni lachete. Du bumst, ob wos zum Schurle is.

Herles kelof konni nowes aufduse.
Fisel, bau o, der Ruch hotn Funk pflanzt!

Der Pink hotn Ruch mitm Hirtling g'stupft, no is der Rötling g'scheft, no hot ern derdeist, no sein Gori zupft, no hebbens zottelt. Den Pink hennes in Doufes g'schabert. Den sein Zinke verdiwere ich nowes.
Die por Schei die zind i af am Schmelzer ro.

"KERL, WIR SPRECHEN JENISCH"
Der geizige Bauer kratzt jeden Pfennig zusammen. Die Leute sind fortgegangen, jetzt kann ich stehlen. Du paßt auf, ob was zu stehlen ist.

Dieses Schloß kann ich nicht aufschließen.
Bursche, lauf davon, der Bauer hat Licht gemacht.

Der Mann hat den Bauern mit dem Messer gestochen, dann ist Blut gelaufen, dann hat er ihn erschlagen, ihm sein Geld gestohlen, dann haben sie ihn verhaftet.
Der Mann ist ins Gefängnis gekommen.
Seinen Namen gebe ich nicht an.
Die paar Tage sitze ich auf einer Hinterbacke ab.

E. Nierhaus-Knaus, Geheimsprache in Franken – Das Schillingsfürster Jenisch, S. 19

5. Hochsprache und Standardsprache

In dem Textausschnitt von Lothar-Günther Buchheim sind über die Unterschiede von Fach- und Gemeinsprache hinaus weitere sprachsoziologische Schichten der deutschen Sprache zu erkennen. Die Aussagen des Erzählers und die vom Erzähler in wörtlicher Rede mitgeteilten Äußerungen der Personen sind in vielen Einzelheiten unterschieden. Während Wörter wie *Nässe, Gesicht, Hände, antworten, imitieren, fragen, sich erkundigen* unauffällig sind und auch in der Hochsprache begegnen, gehören Wörter wie *kruzitürken, ganz hoppla, Manometer, Schnapstüte* in diesen Verwendungen zur Sprachschicht der Umgangssprache.

Als **Hochsprache** wird die Sprachschicht bezeichnet, die eine höhere Entwicklungsstufe als Dialekt und Umgangssprache aufweist. Hochsprache wird häufig synonym gebraucht zu Literatursprache, Schriftsprache, Einheitssprache, Gemeinsprache oder Standardsprache. In der geschriebenen Sprache ist die Hochsprache die Regel. Sie ist die Sprachform der verbindlichen, öffentlichen Mitteilung. Sie ist in Bezug auf Geltungsbereich und Verwendungsmöglichkeit die am wenigsten eingeschränkte Sprachschicht. Sie enthält keine besonders drastischen oder saloppen Wörter und kann insofern als **Standardsprache** bezeichnet werden.

Die Standardsprache dient überregional als öffentliches Verständigungsmittel. Damit sie diese Funktion erfüllen kann, unterliegt sie Regeln, die besonders die Grammatik, Aussprache und Rechtschreibung betreffen. Die Beherrschung der Standardsprache ist Ziel sprachdidaktischer Bemühungen. Vermittelt wird sie beispielsweise in der Schule und anderen Bildungsinstitutionen sowie in Grammatiken. So schreibt der Wissenschaftliche Rat der Dudenredaktion im Vorwort der Grammatik:

"Gegenstand der Duden-Grammatik ist die gesprochene und vor allem die geschriebene deutsche *Standardsprache* (Hochsprache) *der Gegenwart*. Die Standardsprache ist ein System, das in sich nicht einheitlich aufgebaut ist, sondern das geschichtliche, landschaftliche und gesellschaftliche Varianten umfasst."

Weiter unten in der Grammatik wird die Standardsprache als "überregionale Sprachform (Varietät) des Deutschen" bezeichnet. Im Folgenden heißt es:

"Diese Varietät […] ist mit ihrem Wortschatz in den großen Wörterbüchern aufgehoben. Die Standardsprache als Schriftsprache trägt Literatur, Kultur, Wissenschaft und Technik. Erst im Medium schriftlicher Sprache kann Wissen systematisch dargestellt und gespeichert werden; ist Wissen jederzeit über Zeit- und Raumschranken hinaus verfügbar; kann Wissen auf der Grundlage des Vorhandenen weiterentwickelt und modifiziert werden. Andererseits erhält die Standardsprache als mündliche Sprache eine neue Qualität durch die neue Medienwelt, die sich seit dem 19. Jh. entwickelt und sich an der Schriftsprache orientiert. Diese neue Qualität mündlicher Standardsprache wird u.a. durch Telefon (1879 ff.), Rundfunk (1923 ff.), Tonfilm (1929 ff.) und Fernsehen (1950 ff.) erzwungen."

Duden. Grammatik der deutschen Gegenwartssprache, S. 602, § 1059

Die Standardsprache wird in allen öffentlichen Bereichen verwendet, in Schule und Universität, in der Kirche, in den Medien, in der Politik, in Literatur und Kultur.

In ihrer geschriebenen Form ist die Standardsprache an einer einheitlichen Rechtschreibnorm, in ihrer gesprochenen Form an einer einheitlichen Aussprachenorm orientiert. Die Aussprachenorm wird allerdings nur von wenigen Sprechern voll realisiert, so zum Beispiel bei Nachrichten in Rundfunk und Fernsehen.

6. Umgangssprache

Umgangssprachliche Wörter wie *kruzitürken*, *ganz hoppla*, *Manometer*, *Schnapstüte* gehören primär zur mündlich, nicht schriftlich fixierten Sprachform. Die Umgangssprache befindet sich in einem Spannungsfeld zwischen Dialekten und Gemeinsprache beziehungsweise Hochsprache. Da sie primär gesprochene Sprache ist, ist sie eine Sprachform des unmittelbaren Kontakts.

Der Begriff der Umgangssprache ist außerordentlich umstritten. Zur Beschreibung der Umgangssprache werden die verschiedensten Merkmale herangezogen. Innerhalb des Wortschatzes zeigt die Umgangssprache im Ganzen einen besonderen Reichtum an drastischen Bezeichnungen zum Ausdruck von Gefühlen und Wertungen. So werden zum Beispiel zahlreiche Tierbezeichnungen als Schimpfwörter verwendet. Die lautlichen und lexikalischen Merkmale der Umgangssprache entsprechen ihrem Verwendungsbereich: Sie wird vorwiegend im privaten, vertraulichen Umgang gebraucht. Dieser mehr inoffizielle Charakter der Umgangssprache begründet ihr Vorherrschen im mündlichen Sprachgebrauch. Innerhalb der geschriebenen Sprache wird sie aus demselben Grund nur in Sonderfällen verwendet, zum Beispiel in privaten Briefen oder wie hier in der Wiedergabe fiktiver Gespräche.

Der Text von Lothar-Günther Buchheim zeigt, dass auch im Bereich der Umgangssprache Normerwartung und Realisierung auseinanderklaffen können. Dies wird an der Reaktion der Zuhörer auf die Formulierung *wie schauts denn wieder aus in der Stubn* deutlich, die nicht nur der fachsprachlichen Norm in dem Lexem *Stube* für einen Mannschaftsraum an Bord eines Schiffes widerspricht. Die Flexionsform *in der Stubn* und das Lexem *ausschauen* in der vorliegenden Verwendung widersprechen der Erwartung einer vorwiegend norddeutsch geprägten Umgangssprache. Daran wird die regionale Gebundenheit der Umgangssprache erkennbar, die sie in die Nähe der Mundart rückt. Die Sprachschichten unterscheiden sich nicht nur in Bezug auf die gesprochene oder geschriebene Verwendung, sie besitzen auch eine unterschiedliche räumliche Reichweite.

7. Mundart/Dialekt

Als Mundart oder Dialekt wird eine Sprachschicht bezeichnet, die wie die Umgangssprache primär mündlich realisiert wird. Die Mundart ist auf einen räumlichen Geltungsbereich eingeschränkt. Ihre Besonderheiten erstrecken sich auf alle Sprachebenen (Lautebene/Phonologie, Morphologie, Lexik, Syntax, Idiomatik). Vor allem in der Lautung und im Wortschatz hat die

Mundart eine deutliche Ausprägung, die von anderen Sprachteilhabern der Standardsprache als abweichend wahrgenommen wird.

Die Mundart hat im Unterschied zur Hoch- und Standardsprache nur einen geringen Öffentlichkeitsgrad. Ihre Geltung ist auf den informellen, privaten Bereich eingeschränkt. Dort wird sie erworben und verwendet. Sie unterliegt keinen offiziell normierten orthographischen und grammatischen Regeln. Entsprechend ist sie auch nicht Gegenstand sprachdidaktischen Unterrichts.

Neuere Untersuchungen zur Mundart befassen sich zunehmend mit sprachsoziologischen Fragestellungen. Dazu gehören die unterschiedlichen Verwendungsebenen von Mundart und Hochsprache, der geringere Öffentlichkeitsgrad der Mundart gegenüber der Hochsprache sowie vor allem mögliche Korrelationen von Mundart und sozialer Schicht. Der Gebrauch der Mundart kann je nach Alter, Geschlecht, Thema und Situation variieren, so dass neben die Raumbindung auch schichtenspezifische Aspekte treten. Allerdings sind globale Vorstellungen wie die eines generell abnehmenden Mundartgebrauchs und einer Beschränkung der Mundart auf niedrigere Sozialschichten nicht aufrecht zu erhalten.

8. Verflechtung der Sprachvarietäten

Die Gliederung der deutschen Sprache nach Gemeinsprache und Fach- und Sondersprachen und die Schichtung in Hochsprache, Umgangssprache, Mundart sind vielfältig miteinander verflochten. In einer Fachsprache können neben der hochsprachlichen Schicht, wie sie der medizinische Text von E. Beck zeigt, umgangssprachliche Elemente existieren. Eine solche Verflechtung von Fachsprache und Umgangssprache liegt beispielsweise vor, wenn ein Arzt zu seiner Helferin sagt: *"Jetzt erst das Abdomen von Zimmer 2 und dann das Knie von Zimmer 1."*

In einer Mundart können neben dem gemeinsprachlichen Wortschatz Fachsprachen einzelner Berufe existieren. Das beginnt bereits bei den Bezeichnungen für Berufe, die in den Mundarten divergieren können. Für gemeinsprachlich *Klempner* existieren in den Mundarten Bezeichnungen wie *Blechschläger*, *Spengler*, *Flaschner*, *Blechner*, *Klempner*. Auch der weitere Fachwortschatz dieser Berufe unterscheidet sich in den einzelnen Mundarten.

Ein Beispiel für eine mundartlich bestimmte Sondersprache bietet die Textprobe zum Schillingsfürster Jenisch aus dem Buch von E. Nierhaus-Knaus.

Entsprechend vielfältig sind auch soziologische Schichtungen in der Kompetenz der Sprecher und in den Sprechakten. Die Mehrzahl der Sprecher ist in der Lage, das jeweils angemessene **Register** zu wählen, das heißt, in einem breiten Spektrum sprachsoziologischer Subsysteme angemessen zu kommunizieren und schriftsprachliche, umgangs- und fachsprachliche Normen situationsangemessen einzuhalten. Verfügt ein Sprecher nicht über eine aktive Sprachkompetenz, ist er also nicht in der Lage, in einem speziellen Subsystem zu kommunizieren, so besitzt er oft zumindest eine passive Sprachkompetenz und ist somit in der Lage, eine Kommunikation zu verfolgen und zu verstehen.

9. Hilfsmittel

Die vorwiegend im Bereich der Lexik bestehende Selbständigkeit sprachsoziologischer Subsysteme kann mit einer Reihe von Wörterbüchern erschlossen und betrachtet werden.

Das 'Duden-Universalwörterbuch' berücksichtigt unter anderem umgangssprachliche Elemente. Das im eingangs wiedergegebenen Text enthaltene Wort *Kruzitürken* wird in einem entsprechenden Artikel behandelt:

> **Kru|zi|tür|ken** [wohl zusgez. aus Kruzifix u. Türken, viell. gepr. zu Zeit der Türkeneinfälle (16./17. Jh.)] (salopp): a) Ausruf der Verwünschung, des Zorns; b) Ausruf des Erstaunens.

Duden. Deutsches Universalwörterbuch, S. 968

Das ebenfalls in dem Textausschnitt von L.-G. Buchheim enthaltene Wort *Schnapstüte* fehlt in standardsprachlichen Wörterbüchern und wird auch im 'Wörterbuch der deutschen Umgangssprache' von H. Küpper nicht gebucht. Unter dem Stichwort *Tüte* finden sich dort jedoch Bedeutungsangaben, die auf das Grundwort des Kompositums *Schnapstüte* beziehbar sind:

> **Tüte (Tute)** *f* 1) dummer, langweiliger unselbständiger Mensch; unmilitärischer Mensch; Sonderling. Vielleicht gekürzt aus ›Fliegentüte‹ im Sinne von ›einer, der nur noch zum Fliegenfangen taugt‹ oder von ›einer, der auf den Leim kriecht wie die Fliege bei der Fliegentüte‹. Mir als gemeindeutsch gemeldet; etwa seit den Tagen des ersten Weltkriegs. *Sold* 1914/18 (Haupt-Heydemarck 1, 184). Lit: 1956 Sommer 16, 128.
> 2) alte Tüte: Anredeform unter Halbwüchsigen. Lit: 1960 Haller 1, 21.
> 3) lange Tüte = Objektiv mit langen Brennweiten. *Photographenspr.* Lit: 1958 A 120/35.
> 4) traurige Tüte = erbärmlicher Mensch; Versager. Lit: 1959 A 9/37.

H. Küpper, Wörterbuch der deutschen Umgangssprache, II, S. 290

Der seemännisch-fachsprachliche Gebrauch des Verbs *mannen* ist dem wort-geschichtlichen Handbuch zur Seemannsprache von F. Kluge zu entnehmen:

1. **mannen** 'von Mann zu Mann weiter geben' Goebel 1902: nur modern bezeugt. Vgl. Segebarth 1886 Seemannsreis' S. 70 Denn mann't dat Lot, smit gaud vürut, Will'n seihn, ob richtig uns' Bestick. — Parlow 1902 Kaptaube S. 122 Es kam zu statten, daß die Ladung aus japanischen Lackwaren bestand; sie war an sich leicht und noch dazu in Kisten verpackt, die leicht an Deck gemannt werden konnten. — Sperling 1900 Loggbuch S. 83 Auf dem Oberdeck stehen die Takler in einer langen Reihe nebeneinander, um von Hand zu Hand Eimer mit Wasser an den Ort des Feuers zu bringen; man nennt diese Art des Transportes an Bord: mannen.
2. **mannen** (ein Schiff) 'mit Mannschaft besetzen'; z. B. 1406 Danziger Urk. (Hans. Urkundenb. IX 259) Do mannede des vorgenante schipper sien esping. — Weiteres oben S. 85 unter bemannen.

F. Kluge, Seemannssprache, S. 567

Definitionen

- **Gemeinsprache** bezeichnet die allen Sprechern gemeinsamen Bereiche einer Sprache, im Unterschied zu Fach- und Sondersprachen, die nur bestimmten Sprechergruppen gemeinsam sind. Mit dem Terminus Gemeinsprache decken oder überschneiden sich folgende Termini: Hochsprache, Schriftsprache, Einheitssprache, Literatursprache, Standardsprache und Koine.
- **Fachsprache** bezeichnet einen Teilbereich der Sprache, der wie die Sondersprache nur bestimmten Sprechergruppen gemeinsam und verständlich ist. Die Sprechergruppe wird durch den Bezug zu einem gemeinsamen Sachbereich (z.B. Handwerke, Techniken) konstituiert. Fachsprache kann die Spezifika oder die Gesamtheit der sprachlichen Mittel eines Fachgebiets bezeichnen.
- **Sondersprache** bezeichnet sprachliche Subsysteme, die vor allem durch die sprachliche Sonderung der Sprecher begründet sind.
- **Soziolekt** (auch Gruppensprache) bezeichnet die Gesamtheit der sprachlichen Besonderheiten einer sozialen Gruppe.
- **Hochsprache** und **Standardsprache** (oft synonym zu Literatursprache, Schriftsprache, Einheitssprache) bezeichnet eine Sprachschicht, die eine höhere Entwicklungsstufe als die Umgangssprache und der Dialekt aufweist. Die Hochsprache ist die Sprachform der verbindlichen, öffentlichen Mitteilung. In der geschriebenen Sprache ist die Hochsprache die Regel. In ihrer gesprochenen Form ist sie an einer einheitlichen Aussprachenorm orientiert (so bei Nachrichtensprechern).
- **Umgangssprache** bezeichnet eine Sprachschicht, die zwischen Dialekt und Gemeinsprache beziehungsweise Hochsprache anzusiedeln ist. Die Umgangssprache ist eine primär mündlich, nicht schriftlich fixierte Sprachform. Insofern ist sie eine Sprachform des unmittelbaren Kontakts. Durch die regionale Gebundenheit der Umgangssprache rückt sie in die Nähe der Mundart.

● **Mundart** oder **Dialekt** bezeichnet eine Sprachschicht, die einen räumlich begrenzten Geltungsbereich besitzt. Die Besonderheit erstreckt sich auf alle Sprachebenen (Lautebene/Phonologie, Morphologie, Lexik, Syntax, Idiomatik), hat aber v.a. in Lautung und Wortschatz eine deutliche Ausprägung, die von anderen Sprachteilhabern der Standardsprache als abweichend wahrgenommen wird.

Literaturhinweise

Kurzinformation:

Metzler Lexikon Sprache. Artikel: Dialekt/Mundart (von U. Knoop); Einheitssprache, Fachsprache, Gruppensprache/Soziolekt, Hochsprache, Literatursprache, Standardsprache (von U. Ammon); Gemeinsprache, Sondersprache, Umgangssprache (von J. Raith); Register (von B. Pompino-Marschall); Schriftsprache (von H. Glück)

Einführende Literatur:

A. *Linke* – M. *Nussbaumer* – P.R. *Portmann*, Studienbuch Linguistik, S. 293-323

Grundlegende und weiterführende Literatur:
Sprachsoziologie:

N. *Dittmar*, Grundlagen der Soziolinguistik – Ein Arbeitsbuch mit Aufgaben
H. *Henne*, Jugend und ihre Sprache
H. *Löffler*, Germanistische Soziolinguistik
Soziolinguistik. Ein internationales Handbuch zur Wissenschaft von Sprache und Gesellschaft
Stilistik und Soziolinguistik. Beiträge der Prager Schule
P. *Trudgill*, Sociolinguistics

Fachsprache:

H.-R. *Fluck*, Fachsprachen. Einführung und Bibliographie
W. von *Hahn* (Hg.), Fachsprachen
L. *Hoffmann*, Kommunikationsmittel Fachsprache. Eine Einführung
L. *Hoffmann* (Hg.), Fachsprachen. Ein internationales Handbuch zur Fachsprachenforschung und Terminologiewissenschaft, I-II
D. *Möhn* – R. *Pelka*, Fachsprachen. Eine Einführung
Th. *Roelcke*, Fachsprachen

Sondersprache:

E. *Bischoff*, Wörterbuch der wichtigsten Geheim- und Berufssprachen
S.A. *Wolf*, Wörterbuch des Rotwelschen

Umgangssprache:

J. *Eichhoff*, Wortatlas der deutschen Umgangssprachen, I-II
P. *Kretschmer*, Wortgeographie der hochdeutschen Umgangssprache
H. *Küpper*, Wörterbuch der deutschen Umgangssprache, I-VI

Literatur zur Dialektologie sieh Kapitel XIII.

XIII. Die sprachgeographische Gliederung des Deutschen

1. Sprachgeographische Unterschiede auf verschiedenen sprachlichen Ebenen

Das Deutsche zeigt besonders im Alltagswortschatz eine große sprachgeographische Vielfalt. *Knust, Knörzla* oder *Scherzl* für Anfang beziehungsweise Ende des Brotes, *Griebsch, Krotzen* oder *Butzen* für das Kerngehäuse des Apfels sind jeweils nur eine kleine Auswahl der in den verschiedenen Dialekten dafür verwendeten Wörter.

Die Dialekte unterscheiden sich untereinander und von der Standardsprache aber nicht nur im Wortschatz, sondern auch im Lautsystem und in der Grammatik. Dies kann durch die folgende Gegenüberstellung der Präsensflexion eines schwachen Verbs in der Standardsprache, einem pfälzischen und einem bairischen Dialekt veranschaulicht werden:

ich	*höre*	*isch*	*ruuf*	*i*	*reed*
du	*hörst*	*du*	*ruufschd*	*du*	*redsd*
er	*hört*	*er*	*ruufd*	*ea*	*redd*
wir	*hören*	*mer*	*ruufe*	*mia*	*reen*
ihr	*hört*	*ehr*	*ruufe*	*es*	*redds*
sie	*hören*	*se*	*ruufe*	*si*	*reen*

Nach: L. Zehetner, Das bairische Dialektbuch, S. 95; R. Post, Pfälzisch, S. 123-126

Die unterschiedlichen Endungen beruhen zum Teil auf regulären lautlichen Entwicklungen (Abfall des unbetonten auslautenden -e im Bairischen und Pfälzischen, pfälzisch *schd* für standardsprachlich *st*). Die bairische Endung -ds in der 2. Person Plural ist aus Formen entstanden, in denen das folgende Personalpronomen *es* direkt mit dem Verb verbunden (enklitisch) auftrat. Das Pfälzische zeigt im Plural eine übereinstimmende Flexionsform für alle drei Personen. Ein solcher Einheitsplural ist in den Dialekten im Südwesten des deutschen Sprachraums und im Westniederdeutschen üblich.

Der folgende Satz aus einer ostfränkisch-thüringischen Mundart und seine Entsprechungen im Standarddeutschen und im Bairischen zeigen auch Unterschiede in der Wortstellung:

Was da sich ölles aahotmüßhör!
Was der sich alles hat anhören müssen!
Wos se der alles oohörn mein hot!

Man vergleiche O. Werner, in: Texttyp, Sprechergruppe, Kommunikationsbereich, S. 343-361

Als gesprochene, informelle Sprachvarietät verfügen die Dialekte nicht über schriftlich fixierte, normative Grammatiken. Dennoch hat jeder Dialekt sein eigenes Sprachsystem, das nicht als vereinfachtes Hochdeutsch angesehen werden kann. Vielmehr hat sich die deutsche Standardsprache in relativ komplizierten Ausgleichsvorgängen aus verschiedenen regionalen Sprachformen entwickelt. Die sprachgeographischen Unterschiede beschränken sich im Deutschen deshalb auch nicht auf die Dialekte, sondern reichen bis in die Standardsprache. Der Tag vor dem Sonntag wird im Westen und Süden des deutschen Sprachgebiets als *Samstag*, im Nordosten als *Sonnabend* bezeichnet, die Perfektform von *sitzen* lautet in der süddeutschen Variante der Standardsprache *ich bin gesessen*, im Norden dagegen *ich habe gesessen*.

2. Erhebungsverfahren

Die Ermittlung der sprachgeographischen Gegebenheiten aus bereits vorliegenden (schriftlichen oder mündlichen) Texten ist nur bei relativ häufig auftretenden Phänomenen möglich. Um einheitliches, vergleichbares Material von verschiedenen Ortspunkten zu erhalten, unternimmt man deshalb im Allgemeinen gezielte Befragungen.

Bei der **indirekten** Befragung werden Fragebögen verschickt, die von sprachwissenschaftlichen Laien in normaler Schreibung ausgefüllt werden. Mit dieser Methode kann man mit relativ geringem Aufwand eine sehr hohe Belegdichte erreichen. Sie wird heute vor allem für Wortschatzuntersuchungen verwendet. Bei der **direkten** Befragung befragt ein sprachwissenschaftlich geschulter Explorator eine (oder mehrere) nach bestimmten Gesichtspunkten ausgewählte Gewährsperson(en). Die Antworten werden in phonetischer Umschrift notiert und meist zusätzlich auch auf Tonträger aufgenommen. Mit dieser Methode lassen sich wesentlich genauere und zuverlässigere Ergebnisse erzielen, der Aufwand ist allerdings erheblich größer. Der folgende Ausschnitt stammt aus dem Fragebuch zum Bayerisch-Schwäbischen Sprachatlas (SBS), einem Teilprojekt des Bayerischen Sprachatlas (BSA).

HEUERNTE		*ᶦmᵖȯrds = mᵉ̇rdᶴ (härz)*	*ᶦho̦vȩmpᵖrȯ̦*
1. "Gras" (-e-)	Ph	*grāᶴ*	
2. Wenn im Frühling das Heu ausgeht, holt man dem Vieh Gras, man tut ... *im Herbst* /grünfüttern/(rein)grasen/-grünen/ *das Letzte* /(r)einmähen/Futter holen/Gras holen/ /ins Futter fahren/	Wo	*dᶴgrāᶴholᵊ grᵉ̃ᵊvᶜᵊ̃dᵊrᵊ*	
3. "Heu" (der erste Schnitt)	Ph	*hâᵉ*	
4. "heuen"	*hâᵉᵊ*	5. "geheut" *khaᵉᵊd*	
6. "Heuet" (Zeit, Ertrag des Heuens) (-au-) (Genus!)	Ph	*hâᵉᵊd (m)*	
7. Der zweite Schnitt /Emd/Aumat/Grummet/	Ph	*dᶴõumᵊd*	
8. Tätigkeit von 7 (Verb) /-den/	Wo,Ph	*õumᵊdᵊ*	
9. Zeit, Ertrag von 7 /-dat/	Ph	*õumᵊd hâᵉᵊd*	

ᶴenõïmᵴādᶴ 'ohne Unterbrechung' (in einem Satz)

Sprachatlas von Bayerisch-Schwaben, S. 34

Im Bayerischen Sprachatlas werden lexikalische, lautliche, morphologische, zum Teil auch syntaktische Erscheinungen dargestellt. Viele Untersuchungen kombinieren die verschiedenen Erhebungsmethoden.

3. Der Deutsche Sprachatlas und die Einteilung der deutschen Dialekte

Die heute übliche Einteilung der deutschen Dialekte, wie sie in Karte 1 dargestellt ist, geht auf das inzwischen historische Material des Deutschen Sprachatlas zurück. Zwischen 1876 und 1939 wurden Fragebögen mit einer Liste von 40 Sätzen, die in die jeweilige Ortsmundart umgesetzt werden sollten, in mehr als 50 000 Orte verschickt. Die folgende Wiedergabe einiger Sätze aus den Fragebögen von Orten aus unterschiedlichen Dialektlandschaften soll einen Eindruck von den konstruierten Sätzen und ihrer Umsetzung durch sprachwissenschaftliche Laien vermitteln. Gleichzeitig zeigen die Sätze eine Reihe lautlicher Erscheinungen, die zur Einteilung der Dialekte herangezogen werden.

Satz 4: Der gute alte Mann ist mit dem Pferde durchs Eis gebrochen und in das kalte Wasser gefallen.
Da guat alt Mo is mit'n Roß durch's Eis brocha ind is kalt Wassa g'fall'n. (Kallmünz, Kreis Regensburg, nordbairisch)
Dä goude alde Mann eß mätt dem Pärd durg et Ais g'brog ann enn datt kalt Waßer g'fall. (Hermeskeil, Kreis Trier, moselfränkisch)

Satz 6: Das Feuer war zu heiß, die Kuchen sind ja unten ganz schwarz gebrannt.
Dös Feuer war ze häß, die Kuchen senn unten ganz schwarz gebrennt. (Coburg, ostfränkisch)
Dat Füür weur to heid, de Kauken sünd jo ünner ganz sward brennt. (Schönberg, Kreis Herzogtum Lauenburg, nordniederdeutsch)

Satz 8: Die Füße tun mir sehr weh, ich glaube, ich habe sie durchgelaufen.
D'Füß thun ma recht we-i, i glaub, i hos durchglaufa. (Kallmünz, Kreis Regensburg, nordbairisch)
De Föte dohn mick sehr wehe, ick jloobe, ick hebbe se dorcheloopen. (Wolmirstedt, ostfälisch)

Satz 26: Hinter unserem Hause stehen drei schöne Apfelbäumchen mit roten Äpfelchen.
Hinte unnern Haus stenn drei schöna Öpflboamla mit ruet'n Öpfln. (Neuses bei Coburg, ostfränkisch)
Hönge osem Hus stohn drei schöne Appelböhmche met rude Äppalche. (Breidt, Rhein-Sieg-Kreis, ripuarisch)

Abdruck der zitierten Wenkersätze bei G. Koß, in: Jahrbuch der Coburger Landesstiftung 1972, S. 55, 63; D. Stellmacher, Niederdeutsche Sprache, S. 142, 159; Das Forschungsinstitut für Deutsche Sprache 'Deutscher Sprachatlas' 1988-1992, S. 18, 67

Die nach dem ersten Bearbeiter des Deutschen Sprachatlas, Georg Wenker, benannten Wenkerbögen (mit den 40 **Wenkersätzen**) werden heute im Archiv des Forschungsinstituts für deutsche Sprache / Deutscher Sprachatlas in Marburg / Lahn aufbewahrt. Auf diesem Material basieren die 128 sehr großformatigen Karten des Deutschen Sprachatlas, die in den Jahren 1927 - 1956 veröffentlicht wurden. Sie behandeln aber nur einen kleinen Teil der abgefragten Phänomene. Das historische Sprachatlas-Material wurde auch für den computativ erstellten Kleinen Deutschen Sprachatlas zugrunde gelegt. Derzeit wird in Marburg ein Projekt vorbereitet, bei dem das gesamte Material der Wenkerbögen, vor allem aber die 1647 bisher unveröffentlichten, handgezeichneten, farbigen Karten von Georg Wenker entsprechend aufbereitet und erschlossen im Internet publiziert werden sollen.

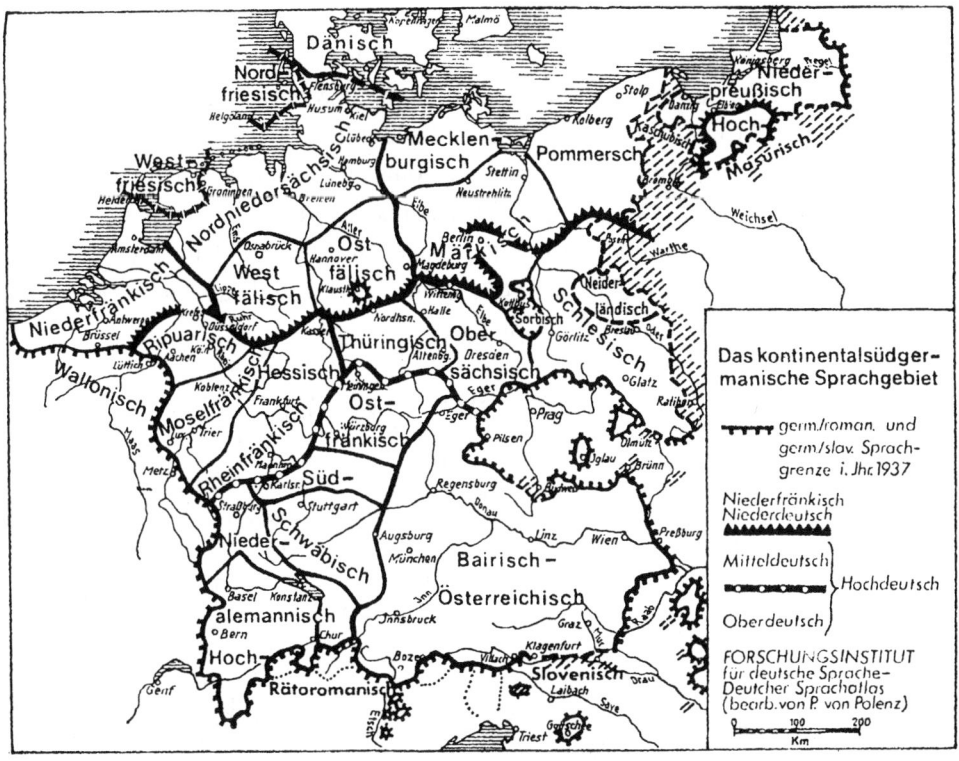

Karte 1: Die Gliederung der Dialekte im deutschen und niederländischen Sprachraum um 1900, in: H. Niebaum – J. Macha, Einführung in die Dialektologie des Deutschen, S. 193

Die **Einteilung** der deutschen Dialekte beruht im Wesentlichen auf lautlichen Kriterien. Die grundlegende Unterscheidung ist diejenige zwischen den **niederdeutschen** Mundarten im Norden und den **hochdeutschen** im Süden des deutschen Sprachgebiets. Niederdeutschen Wörtern mit *t*, *k* und *p* stehen hochdeutsche mit *ss*, *ch* und *ff* gegenüber (man vergleiche *Föte/Füß*, *Kauken/Kuchen* und *loopen/laufa* in den Wenkersätzen 6 und 8). Innerhalb des Hochdeutschen lassen sich nach der Entwicklung von *pp* die südlichen **oberdeutschen** Dialekte mit *pf* (wie in *Apfel*) von den (nördlichen) **mitteldeutschen** mit *pp* (*Appel*) unterscheiden. Die Formen mit *t*, *k* und *p*, wie sie sich auch in den englischen Entsprechungen *foot*, *cake* und *apple* zeigen, sind die sprachgeschichtlich älteren. Die hochdeutschen Formen sind im Zusammenhang mit der zweiten Lautverschiebung entstanden (man vergleiche dazu Kapitel XIV.7.). Für die weitere Einteilung der deutschen Dialekte werden unterschiedliche lautliche und morphologische Erscheinungen herangezogen. Bezugsgröße ist jeweils nicht die heutige standardsprachliche, sondern die sprachgeschichtliche Form: Der standardsprachliche Diphthong *ei* beispielsweise geht in *heiß* auf germanisch *ai* (mhd. *ei*) zurück (man vergleiche Wenkersatz 6), in *Eis* dagegen auf germanisch *ī* (mhd. *î*) (man vergleiche Wenkersatz 8). Die Mundarten zeigen dagegen eine völlig unterschiedliche Entwicklung. Karte 2 zeigt mit *hāß*, *hoiß*, *hoeß* und *hoaß* mehrere unterschiedliche Entsprechungen von mhd. *ei*.

Karte 2: Ausschnitt aus Karte 16 (*heiß*) des Deutschen Sprachatlas

Für *î* gilt dagegen, wie Karte 3 zeigt, in diesem Gebiet eine einheitliche Entwicklung zu *ai*.

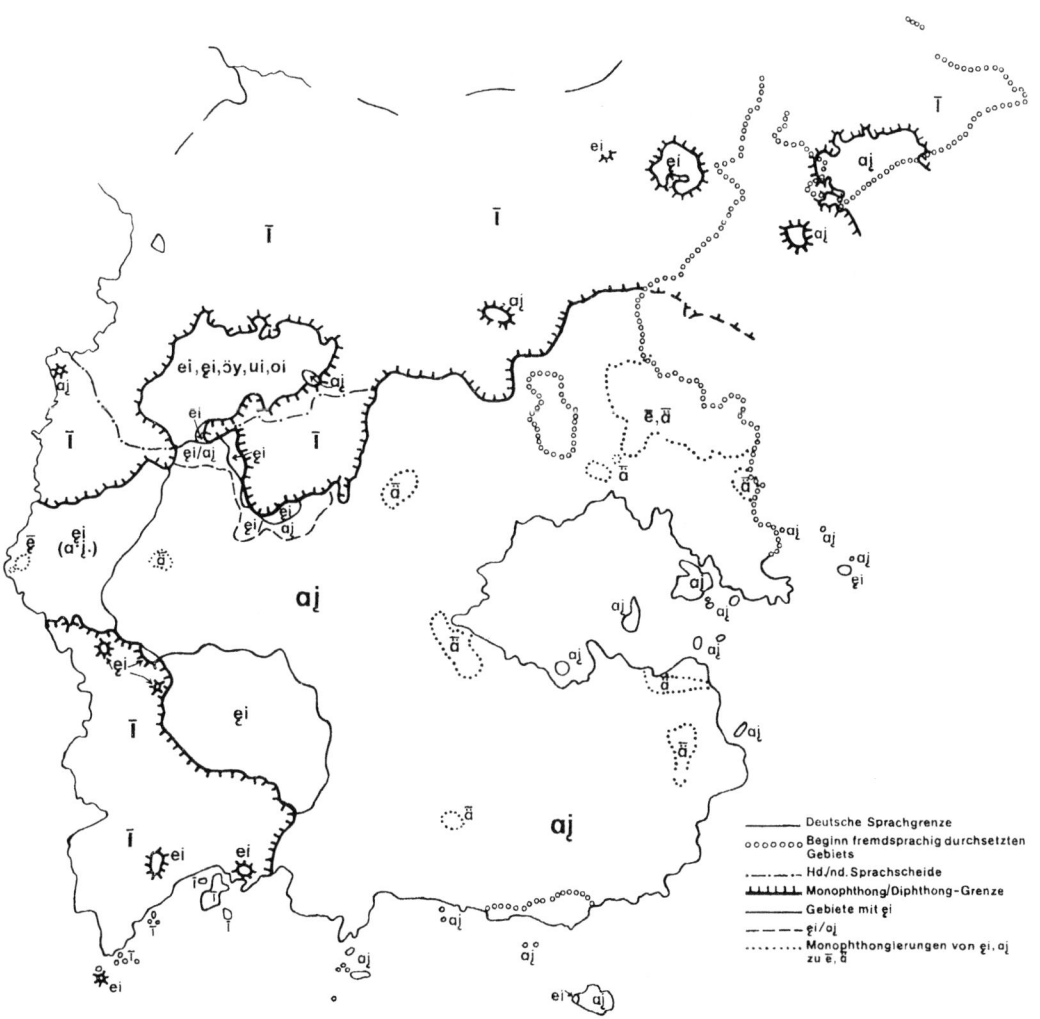

Karte 3: Die Entwicklung von mhd./mnd. *î* im deutschen Sprachraum, in: Dialektologie, S. 1077 (P. Wiesinger)

Die sprachgeographischen Verhältnisse sind keine statische Größe, sondern ständigen Veränderungen unterworfen. Die Grenzen zwischen bestimmten Erscheinungen verschieben sich im Lauf der Zeit, etwa wenn sich Formen aus Dialekten mit höherem Prestige ausbreiten oder wenn durch politische oder wirtschaftliche Veränderungen neue Kommunikationsräume entstehen. Im Wortschatz gehen viele Wörter zusammen mit den bezeichneten Gegenständen unter, auch im lautlichen und grammatischen Bereich werden häufig kleinräumige Varianten zugunsten weiter verbreiteter aufgegeben. Teilweise werden hier mundartliche Formen durch standardsprachliche ersetzt, dennoch kann nicht von einem geradlinigen Mundartabbau in Richtung auf die Standardsprache gesprochen werden. Vielfach setzen sich nämlich Varianten eines großräumigeren Verkehrsdialektes oder der regionalen Umgangssprache durch, die keineswegs immer durch größere Nähe zur Hochsprache gekennzeichnet sind.

4. Die Darstellung der sprachgeographischen Unterschiede

Jede Arbeit, die sich mit den sprachlichen Verhältnissen an einem bestimmten Ort oder in einer bestimmten Region auseinandersetzt, trägt zur Darstellung der sprachgeographischen Unterschiede des Deutschen bei: die Untersuchung der Phonologie eines Ortsdialektes ebenso wie die Erfassung des dialektalen, umgangssprachlichen oder standardsprachlichen regionalen Wortschatzes in den einschlägigen Wörterbüchern. Besonders augenfällig werden die sprachgeographischen Unterschiede aber in kartographischen Darstellungen, wie sie verschiedene klein- und großräumige Sprachatlanten enthalten. Je nach Ansatz und sprachlichen Gegebenheiten werden dabei unterschiedliche Formen der Kartierung gewählt.

Auf einer **Flächenkarte** (Karte 4) werden die Flächen, in denen eine bestimmte Form oder Variante gilt, durch eine Linie abgegrenzt, die verschiedenen Ausprägungen werden häufig direkt in das Kartenbild eingetragen. Diese Darstellungsform ist besonders dazu geeignet, einen Überblick über die geographische Verteilung der verschiedenen Varianten zu geben.

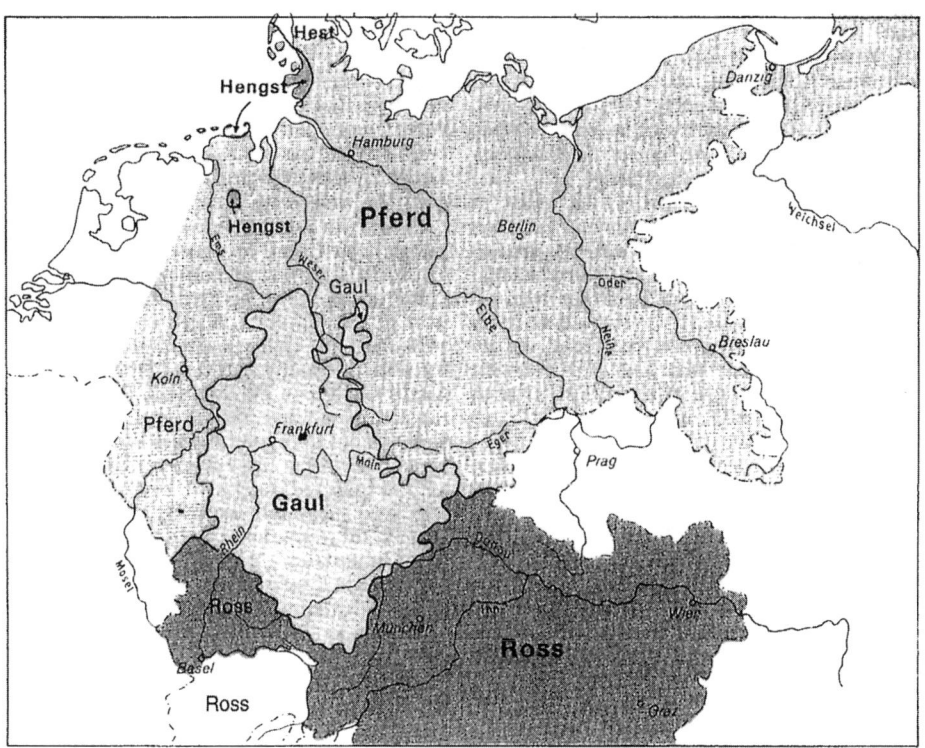

Karte 4: Die Bezeichnungen für *Pferd* in den Mundarten, in: dtv-Atlas zur deutschen Sprache, S. 210

Eine **Symbolkarte** (Karte 5) gibt dagegen für jeden Belegort die realisierte Form als Symbol wieder; die Geltung der Symbole wird in einer Legende aufgelöst. Häufig sind, wie in der oben wiedergegebenen Karte 2 aus dem Deutschen Sprachatlas, Symbol- und Flächendarstellung kombiniert, indem die häufigsten Formen als Fläche dargestellt sind, während Einzelformen als Symbole eingetragen werden.

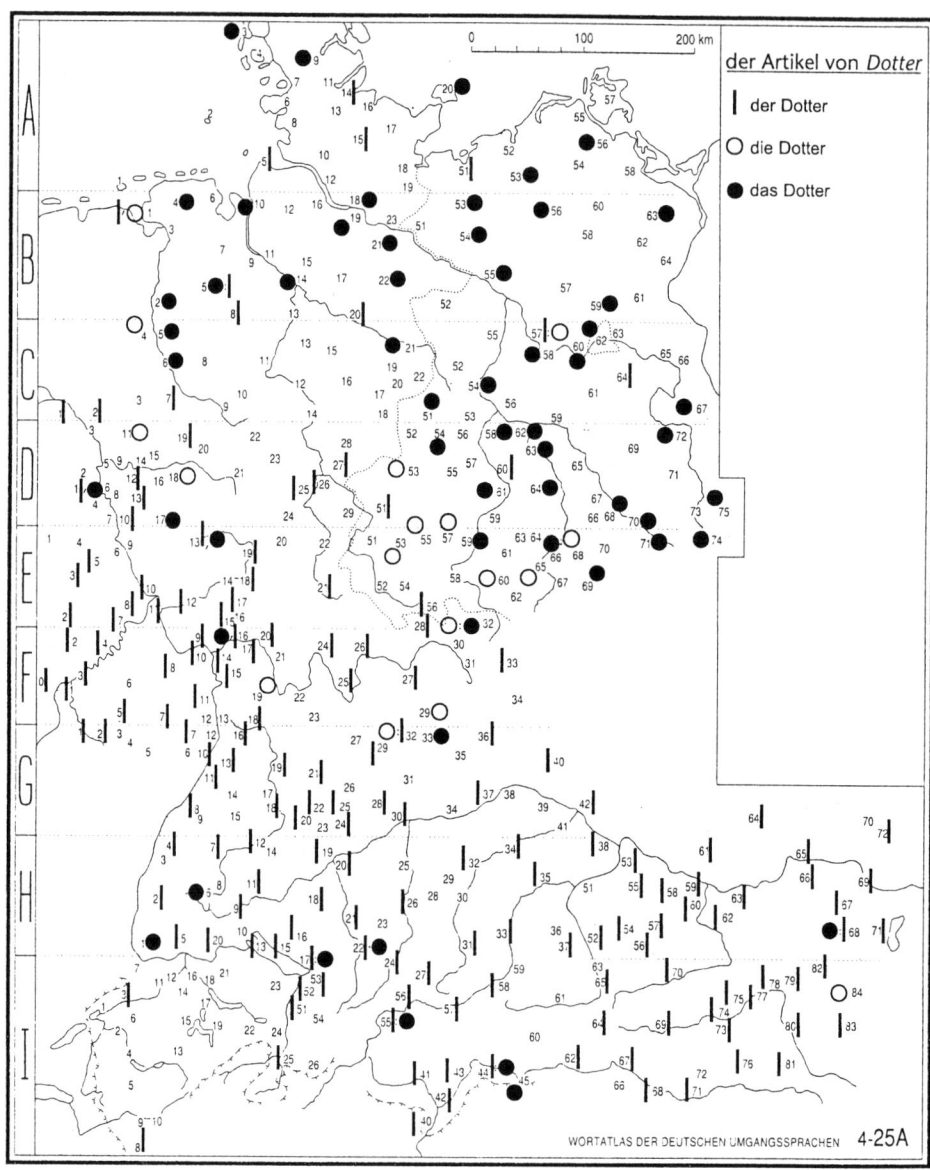

Karte 5: Der Artikel von Dotter, in: J. Eichhoff, Wortatlas der deutschen Umgangssprachen, IV, Karte 4-25A

Lautliche oder morphologische Erscheinungen zeigen oft für unterschiedliche Belegwörter keine völlig übereinstimmende geographische Verteilung. Insofern enthalten Sprachatlanten meist mehrere Karten zu einer Erscheinung (etwa zur Entwicklung von mhd. *ei*). Durch besondere Darstellungsverfahren lassen sich auch mehrere etwas voneinander abweichende Entsprechungen in

einer Karte zusammenfassen. In Karte 6 wird durch ein einfaches Strichver-
fahren der Anteil der Belege mit [ɪç] für < -ig > in der Hochsprache des
jeweiligen Belegorts verdeutlicht.

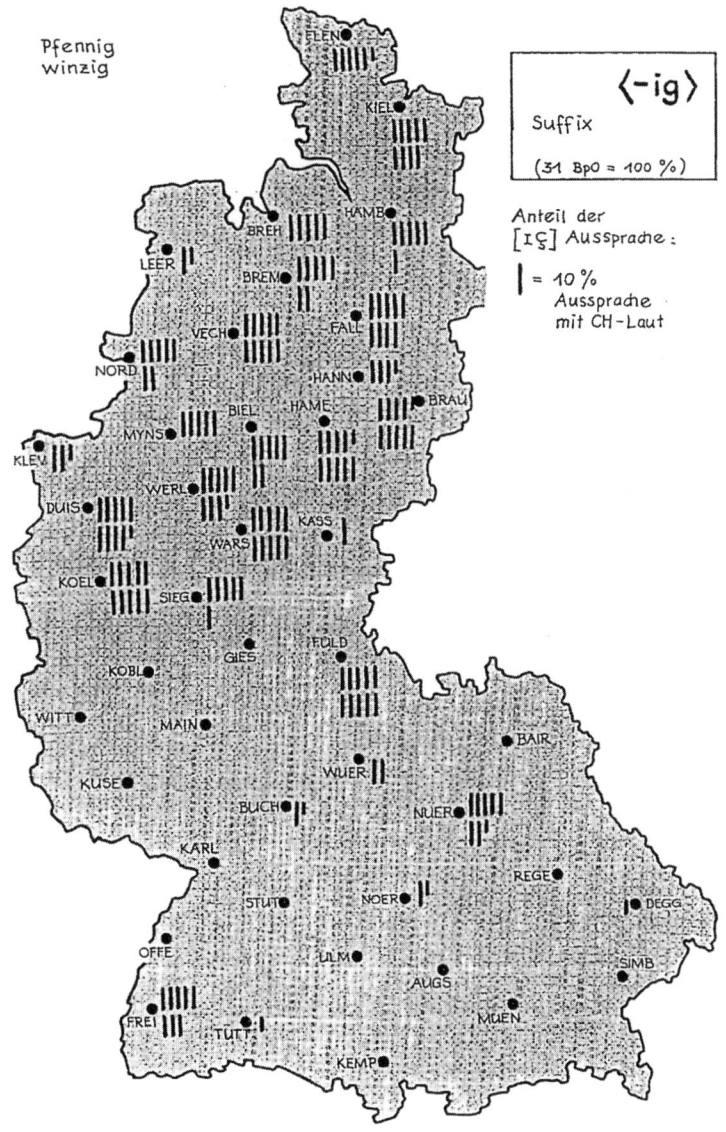

Karte 6: Zur Aussprache des Suffixes < -ig > in der deutschen Standardsprache, in: W.
König, Atlas zur Aussprache des Schriftdeutschen in der Bundesrepublik Deutschland, II, S.
319

Jede Sprachkarte stellt letztlich einen Kompromiss zwischen der möglichst genauen Wiedergabe der Ausprägungen an jedem Belegort und der Präsentation eines klaren, anschaulichen Kartenbildes dar. Dabei ist die Darstellung um so schwieriger, je kleinräumiger differenziert eine Erscheinung ist.

Literaturhinweise

Kurzinformation:

Metzler Lexikon Sprache. Artikel: Dialekt, Dialektdatenerhebung, Sprachatlas (von U. Knoop) sowie Artikel zu fast allen in Karte 1 genannten Dialektgebieten, z.B. Mitteldeutsch, Oberdeutsch, Rheinfränkisch, Ostfränkisch, Ostfälisch (von H. Dingeldein)

Einführende Literatur:

W. *König*, dtv-Atlas zur deutschen Sprache
http://www.uni-marburg.de/dsa/ (u.a. Tonbeispiele deutscher Dialekte, Digitaler Wenkeratlas)
http://germa83.uni-trier.de/CLL/ (u.a. Erläuterung zur Einteilung der deutschen Dialekte in
    mehreren Kartensequenzen)
H. *Löffler*, Probleme der Dialektologie
H. *Niebaum* – J. *Macha*, Einführung in die Dialektologie des Deutschen

Grundlegende und weiterführende Literatur:

J.K. *Chambers* – P. *Trudgill*, Dialectology
Dialektologie. Ein Handbuch zur deutschen und allgemeinen Dialektforschung
Varietäten des Deutschen. Regional- und Umgangssprachen

XIV. Die sprachgeschichtliche Gliederung des Deutschen

1. Texte als Quellen

Im Unterschied zur jeweiligen Gegenwartssprache, die der Beobachtung in gesprochener und geschriebener Form zugänglich ist, können die sprachlichen Zustände früherer Zeiten nur aus ihrer schriftlichen Hinterlassenschaft erkannt werden. Alle Texte, von der Inschrift über Urkunden und Briefe bis zu Romanen und Dramen, können als Quellen sprachhistorischer Forschung dienen. Dazu bedarf es ihrer quellenkundlichen Aufbereitung. Darunter versteht man die Ermittlung und Prüfung ihrer Überlieferung in Handschriften oder alten Drucken, ihre sachgerechte Edition und die Feststellung ihrer Entstehungsumstände (Ort, Zeit, Verfasser, Adressat, Zweck usw.). Die Sprachgeschichtsforschung arbeitet daher, besonders im Hinblick auf mittelalterliche Quellen, mit der Literaturgeschichte, der Rechtsgeschichte, der allgemeinen Geschichte zusammen, deren Befunde zu den Entstehungsumständen der Texte für sie wichtig sind. Umgekehrt erarbeitet die Sprachwissenschaft die auch für die anderen Disziplinen wichtigen Grammatiken und Wörterbücher zu den älteren Sprachstufen.

Sprache unterliegt einem ständigen Wandel, der alle Bereiche der Sprache (besonders die Ebenen der Graphie, der Morphologie, Semantik, Syntax) erfasst. Die Veränderung der deutschen Sprache im Laufe der Jahrhunderte kann an einer Folge entsprechend gewählter Textausschnitte beobachtet werden. Dabei wird hier der Ausgangspunkt bei der Sprache des 20. Jahrhunderts gewählt, da wir nur für diese aktuelle Zeit über eine uneingeschränkte Sprachkompetenz verfügen. Je älter die Texte sind, desto stärker weicht die Sprache vom Gegenwartsdeutschen ab. Die historische Distanz zwischen älteren Texten und der Gegenwart lässt sich am ehesten dadurch kompensieren, dass ein gleiches Textstück schrittweise in seiner Veränderung durch die Zeit beobachtet wird.

2. Deutsch des 20./21. Jahrhunderts

Gegenstand der Betrachtung ist ein Ausschnitt aus der Benediktinerregel, der Ordensregel, die von Benedikt von Nursia [um 480 - 21.3.547 (?); Abt des von ihm gegründeten Stammklosters Montecassino bei Neapel] verfasst worden ist und bis heute das monastische Leben der benediktinischen Mönche charakterisiert und bestimmt. Die Ordensregel nennt die Pflichten der Mönche, legt die Stellung des Abtes fest und regelt den Tagesablauf und das Zusammenleben im Kloster. Sie fordert vor allem Abkehr vom weltlichen Leben, Streben nach Vollkommenheit sowie Gehorsam gegenüber dem Abt. Hauptaufgabe der Benediktiner ist die Feier des Gottesdienstes als Verwirklichung kirchlichen Lebens. In der Ordensregel wird auch das regelmäßige Vorlesen der Benedinktinerregel vorgeschrieben, so dass der Gebrauch der Regeltexte als sicher gelten kann.

Die Benediktinerregel wird von einer großen Zahl von lateinischen Textexemplaren und vom frühen 9. Jahrhundert an bis zur Gegenwart in zahlreichen deutschen Textfassungen kontinuierlich überliefert. Die volkssprachigen Überlieferungen zeigen eine Bindung der Sprache an die jeweilige Region, in der sich das Kloster befindet, das die Regel angewandt hat.

A. Die Benediktinerregel in einer Übersetzung des 20. Jahrhunderts
(Die Benediktus-Regel. Lateinisch-deutsch. Hg. v. Basilius Steidle OSB, 3. A. Beuron 1978, Kapitel 2,1-5)

Die Eigenschaften des Abtes
(1) Ein Abt, der würdig ist, ein Kloster zu leiten, muß immer den Titel bedenken, mit dem er angeredet wird, und muß der Bezeichnung "Oberer" durch seine Taten gerecht werden. (2) Der Glaube sieht in ihm ja den Stellvertreter Christi im Kloster; redet man ihn doch mit seinem Namen an, (3) wie es beim Apostel heißt: Ihr habt den Geist empfangen, der euch zu Söhnen macht, den Geist, in dem wir rufen: Abba, Vater! (4) Deshalb darf der Abt nichts lehren, bestimmen oder befehlen, was dem Gebot des Herrn widerspricht. (5) Sein Befehl und seine Lehre sollen vielmehr wie ein Sauerteig der göttlichen Gerechtigkeit die Herzen der Jünger durchdringen.

Aus Benediktinerregeln des 9. bis 20. Jahrhunderts. Hg. v. F. Simmler, S. 150

3. Älteres Neuhochdeutsch

B. Die Benediktinerregel im älteren Neuhochdeutschen
Münchener Druck von 1670: Maria Laach, Bibliothek der Abtei Maria Laach Mx 11 94

Das II. Capittel.
Was der Abbt für einer seyn soll.

(1) Ein Abbt so dem Closter vorzustehen würdig ist soll allezeit gedencken an das was er befilcht vnd den Namen des Obern auch in der That vollzuziehen. (2) Dann er wird im Closter gehalten als Christi Statthalter weil er mit seinem Namen genennt wird (3) wie der Apostel sagt Rom. Ihr habt empfahen den Geist deren die zu Kindern angenommen seynd durch welchen wir ruffen

Abba lieber Vatter. (4) Darumb soll ein Abbt nichts ausserhalb der Gebott deß HErrn lehren ordinieren oder gebieten; (5) sondern sein Gebot vnnd Lehr sollen als ein Saurteig der Göttlichen Gerechtigkeit in seiner Jünger Gemüter vnd Hertzen eingefasset werden.

Aus Benediktinerregeln des 9. bis 20. Jahrhunderts. Hg. v. F. Simmler, S. 141 [das lange *s* ist durch ein normales *s* wiedergegeben worden]

Der Münchener Druck von 1670 ist gut 300 Jahre älter als der vorausgehende aktuelle Text A. Entsprechend lässt der Text eine Reihe von Unterschieden zur Gegenwartssprache erkennen. Orthographische Unterschiede sind zum Beispiel:

Deutsch des 20. Jahrhunderts	Älteres Neuhochdeutsch Münchener Druck von 1670
würdig (1), *göttlichen* (5)	*würdig* (1), *Göttlichen* (5)
sein	*seyn* (vor 1)
Kloster (2)	*Closter* (2)
bedenken (1)	*gedencken* (1)
Taten (1)	*That* (1)
rufen, *Vater* (3), *Gebot* (4), *und* (5)	*ruffen*, *Vatter* (3), *Gebott* (4), *vnnd* (5)
darum	*darumb* (4)
des	*deß* (4)
und (5)	*vnd* (5)

In der Orthographie zeigt der Text in der Großschreibung der Substantive nahezu den heutigen Stand, nur das adjektivische Nomen sacrum *Göttlichen* zeigt abweichend von dem heutigen Usus Großschreibung. Ein älterer Zustand wird sichtbar in Doppelschreibungen der Konsonanten wie in *Abbt*, *ruffen*, *Vatter* und *Gebott* (neben *Gebot*), in der Verwendung des *y* für heutiges *i* wie in *seyn* sowie in der Umlautschreibung durch übergeschriebenes *e*. An Schreibvariationen innerhalb des Textes wie *vnd* versus *vnnd* sowie *deß* versus *das* zeigt sich, dass noch keine einheitlich normierte Orthographie vorliegt.

Der Wortschatz entspricht mit geringen Ausnahmen wie *Statthalter* für *Stellvertreter* schon dem heute Üblichen. Unterschiede im Bereich der Syntax werden an verschiedenen Stellen sichtbar, so in dem ersten Satz, der in der Gegenwartssprache *Ein Abt, der würdig ist, einem Kloster vorzustehen …* lauten könnte.

Dieser Münchener Druck aus dem Jahre 1670 kann bereits dem Neuhochdeutschen zugerechnet werden, dessen Beginn in die Mitte des 17. Jahrhunderts gesetzt wird.

4. Frühneuhochdeutsch

C. Die frühneuhochdeutsche Benediktinerregel

Würzburger Benediktinerregel: Würzburg, Universitätsbibliothek Cod. M. p. th. f. 121, fol. 121r (Ende 15./Anfang 16. Jahrhundert; Würzburg)

Das ander Capitel ist von dem Abbt:

(1) Abbas qui praeesse

DEr abbt der des wirdich ist das er dem closte' vor sol sein der sol alleczeit gedencken das er wirt gesprochen oder geheissen vnd den namen des merern erfuln mit den wercken (2) wan er wurt gelaubt das er an der stat cristi sey in dem closter wan er wurt mit seinem vornamen oder czunamen genent (3) als der czwelfpot spricht Ir habt genomen den geist der erwltñ kinder in dem wir schreien abba vatter (4) Do uon sol der abbt nichs wider das gebot unsers herñ thun des nimer geschehñ muß vnd auch do wide' nichs leren . setzñ oder heissen . (5) sunder sein heissñ oder sein ler als ein erhebte vrhab sein der gotlichen gerechtikeit vnd sol gesprenckt werden in dy hertzñ der iüger

Aus Benediktinerregeln des 9. bis 20. Jahrhunderts. Hg. v. F. Simmler, S. 122 [das lange *s* ist durch ein normales *s* wiedergegeben worden; einige Sonderzeichen wurden vereinfacht.]

Der Vergleich des Drucks von 1670 mit dem ostfränkischen Text aus dem Ende des 15. oder Anfang des 16. Jahrhunderts deckt weitere Veränderungen auf. Gegenüber dem Druck weist die ältere Handschrift Abkürzungszeichen, sogenannte Abbreviaturen, auf: *closte'* für *closter*, *wide'* für *wider*, *erweltñ* für *erwelten*, *geschehñ* für *geschehen*, *setzñ* für *setzen*, *herrñ* für *herren*, *hertzñ* für *hertzen* und *iüger* für *iunger*. Buchstaben, die zweifelsfrei ergänzt werden konnten, sind abgekürzt worden, wodurch der Text im Ganzen weniger Raum beanspruchte, das wertvolle Pergament also eingespart werden konnte.

Orthographisch auffallend ist die Kleinschreibung der Substantive, von der nur das Nomen sacrum *Abbt* in der Überschrift und das Pronomen *Ir* ausgenommen sind. Die Großschreibung des Pronomens erklärt sich durch den Beginn der wörtlichen Rede innerhalb des Satzes. Die vollständige Durchführung der Substantivgroßschreibung muss sich also zwischen dem Frühneuhochdeutschen und dem älteren Neuhochdeutschen vollzogen haben.

Zudem fällt auf, dass der frühneuhochdeutsche Text einige heute unbekannte Wörter enthält. Schließlich begegnen Wörter, die in der Standardsprache heute eine andere Bedeutung haben, bei denen sich also die Verwendungsweise geändert hat, so bei dem Verb *schreien* in der Bedeutung 'rufen'.

Älteres Neuhochdeutsch	Frühneuhochdeutsch
Druck 1670	Würzburg, Ende 15./Beginn 16. Jh.
Obern (1)	*merern̄* (1)
Apostel (3)	*czwelfpot* (3)
ruffen (3)	*schreien* (3)
Saurteig (5)	*vrhab* (5)

Insgesamt zeigt der Text den spezifischen Charakter der frühneuhochdeutschen Sprachstufe, die sich auch in der Syntax (z.B. *das er dem closter vor sol sein*) und in der Flexionsmorphologie (z.B. *sein ler*) stark vom Neuhochdeutschen unterscheidet.

5. Mittelhochdeutsch

D. Die mittelhochdeutsche Benediktinerregel

Engelberger Benediktinerregel: Engelberg, Stiftsbibliothek Cod. 72, fol. 8r (Mitte 13. Jahrhundert; Engelberg)

Von dim apte wie dˢ sin sol.

(1) Der abt spricht er der da wirdich ist daz er dim samnvnge vor si. dˢ sol fursich an gedenchin wie er genemt wirt. vn̄ des namen so er treit mit dien werchin irvullin. (2) wand wir glóben. daz er dv amt vnsirs herrin x̄p̄i heige in dim gotshus wandˢ óch sin namen het (3) als dir aplˢ spricht. Ir hant genomen vn̄ impfangin den geist diz wnschiz dir chindon. in dem wir da róffen vatir vnsre vatir. (4) Vn̄ dar vmbe spricht er. sol dir abt nv̊t heizen. old sezzen. old lerin vzzirthalb dem gebotte vnsirs herrin. (5) wand sin gebot vn̄ sin lêre. sol in sinr ivngron gemv̊te gesprengt werdin . als ein hebil des gotlichin rehtis

Aus Benediktinerregeln des 9. bis 20. Jahrhunderts. Hg. v. F. Simmler, S. 44 [das lange *s* ist durch ein normales *s* wiedergegeben worden]

Auf wichtige Kennzeichen des Mittelhochdeutschen gegenüber dem Frühneuhochdeutschen weisen einige Wortpaare dieser Textstücke und anderer Stellen der beiden Texte C und D:

Frühneuhochdeutsch	Mittelhochdeutsch
Würzburg, Ende 15./Beginn 16. Jahrhundert	Engelberg, Mitte 13. Jahrhundert

sein (5)	*sin* (5)
seinem vornamen (2)	*sin namen* (2)
auf (Prolog 23)	*vff* (Prolog 23)
alle zeit (Prolog 6)	*zů allen cîten* (Prolog 6)
closterleut (1,1)	*chlostirlute* (1,1)
thu das gut (Prolog 17)	*tůe daz gůte* (Prolog 17)
bruder (Prolog 19)	*brůdra* (Prolog 19)
bruderlicher (1,5)	*brůdirlichun* (1,5)
mit seiner güte (Prolog 20)	*[sinr grôzun milti]* (Prolog 20)

An diesen Wörtern zeigen sich tiefgreifende lautliche Veränderungen im Vokalismus. Die mittelhochdeutsche Handschrift aus Engelberg weist an Stellen Langvokale auf (*cîten*, *vff*, *-lute*), an denen die frühneuhochdeutsche Handschrift aus Würzburg Diphthonge enthält (*Zeit*, *auf*, *-leut*), die wir so auch im Neuhochdeutschen haben. Die neuhochdeutsche Diphthongierung ist in der frühneuhochdeutschen Fassung aus Würzburg durchgeführt.

Umgekehrt finden sich in der mittelhochdeutschen Handschrift Diphthonge (*tůe daz gůte*, *brůdra*), die in der frühneuhochdeutschen Handschrift monophthongiert erscheinen (*thu das gut*, *bruder*). Die neuhochdeutsche Monophthongierung ist in der frühneuhochdeutschen Handschrift durchgeführt.

Der Vokalismus der mittelhochdeutschen Textfassung weicht deutlich vom Vokalismus des (Früh-)Neuhochdeutschen ab, wodurch das Mittelhochdeutsche fremder wirkt. Die neuhochdeutsche Diphthongierung und die neuhochdeutsche Monophthongierung sind wichtige Kennzeichen des Frühneuhochdeutschen. Die zeitliche Grenze zwischen dem Mittelhochdeutschen und Frühneuhochdeutschen wird in die Mitte des 14. Jahrhunderts gelegt.

Im Wortschatz enthält die mittelhochdeutsche Fassung der Benediktinerregel weitere heute unbekannte Wörter, in dem Textausschnitt beispielsweise *samnunge* 'Konvent'.

Die graphische Kennzeichnung des Umlauts ist ein Merkmal, das in mittelhochdeutschen Texten erwartet werden kann. In dem vorliegenden Text finden sich jedoch keine Umlautschreibungen. Etwas spätere Textzeugen der Benediktinerregel weisen den Umlaut dagegen aus. Dieses Beispiel zeigt, dass sprachliche Merkmale, die als Kennzeichen einer Sprachstufe gelten, in den verschiedenen Regionen nicht immer zur gleichen Zeit und auch nicht in gleicher Ausprägung eingetreten sind.

6. Althochdeutsch

E. Die althochdeutsche Benediktinerregel (Interlinearversion)

St. Gallen, Stiftsbibliothek Cod. 916, p. 19-20 (frühes 9. Jahrhundert, St. Gallen)

Qual DEBEAT ESSE ABBAS
(1) der fora vvesan . vvirdiger ist. munistres sīblū kehuckan scal daz ist keqhuetan indi nemin meririn tatim erfullan (2) cristes k̄ tuan vvehsal in munistre ist kelaubit denne er selbo ist kenēmit pinemin (3) qhuedentemv potin entfiangut atū ze uunske chindo in demv haremees fatlih fater (4) enti pidiv neovvuht uzzana pibote truhtines daz fer sii sculi edo lerran edo kesezzan edo kepeotan (5) uzzan kipot sinaz edo lera deismin des cotchundin rehtes in discono muatū si kesprengit

Die lateinisch-althochdeutsche Benediktinerregel Stiftsbibliothek St. Gallen Cod. 916. Hg. v. Achim Masser. Mit vier Abbildungen, Studien zum Althochdeutschen 33, Göttingen 1997, S. 97f. [Spatien innerhalb eines Wortes sind aufgehoben worden]; Aus Benediktinerregeln des 9. bis 20. Jahrhunderts. Hg. v. F. Simmler, S. 30 [das lange *s* ist durch ein normales *s* wiedergegeben worden]

Der Vergleich verschiedener, einander entsprechender Wortformen in diesem Textausschnitt der althochdeutschen Fassung und in der mittelhochdeutschen Übersetzung lässt die Merkmale des Althochdeutschen und des Mittelhochdeutschen erkennbar werden.

Mittelhochdeutsch	Althochdeutsch
Engelberg, Mitte 13. Jahrhundert	St. Gallen, frühes 9. Jahrhundert
sezzen (4)	*kesezzan* (4)
lêre (5)	*lera* (5)
gemϑte (5)	*muatū* (5)

Die St. Galler Übersetzung aus dem frühen 9. Jahrhundert zeigt im Vergleich mit der mittelhochdeutschen Fassung volle Endsilbenvokale (in den Beispielen -*a*- und -*u*-), die für das Althochdeutsche charakteristisch sind. Im Mittelhochdeutschen sind diese zu [ə], geschrieben <e>, abgeschwächt. Der mittelhochdeutsche Textausschnitt zeigt aber neben abgeschwächten Endsilbenvokalen auch noch volle wie in *irvullin, hebil, gotlichin*. Der Abschwächungsprozess ist also noch im Gange.

Viele Wörter sind leicht mit ihren heutigen Entsprechungen zu identifizieren, auch wenn die orthographischen, phonologischen und morphologischen Unterschiede zum Neuhochdeutschen deutlich hervortreten:

vvirdiger (1)	*würdig*
erfullan (1)	*erfüllen*
chindo (3)	*Kind*
lera (5)	*Lehre*
rehtes (5)	*Recht*
kepeotan (4)	*gebieten*

Im Althochdeutschen begegnen aber auch im Vergleich zu den vorausgehenden Sprachstufen noch weitere Wörter, die in der Gegenwartssprache nicht mehr vorkommen und somit nicht ohne Weiteres erkannt werden:

kehucken (1)	'bedenken'
vvehsal (2)	'Stellvertreter'
haremees (3)	'wir rufen'
discono (5)	'der Schüler'

Hinzu kommen Bedeutungsverschiebungen. So ist *in muatū* (= *muatum*) beispielsweise mit 'in den Herzen' zu übersetzen. Ahd. *muat* kann die Bedeutungen 'Seele, Herz, Gemüt, Gefühl; Sinn, Verstand, Geist; Gesinnung, Sinnesart; Gemütsverfassung; Erregung, Leidenschaft; Neigung, Verlangen, Absicht' und nebenbei auch 'Mut' haben (R. Schützeichel, Althochdeutsches Wörterbuch, S. 216).

Die folgende Übersicht stellt aus den fünf hier betrachteten Überlieferungen der Benediktinerregel einige Wörter und Syntagmen zusammen, die Unterschiede hinsichtlich der Orthographie und Phonologie wie auch der Wortwahl erkennen lassen.

A. 1978	B. München 1670	C. Ende 15. Jh./ Anfang 16. Jh. Würzburg	D. Mitte 13. Jh. Engelberg	E. Anfang 9. Jh. St. Gallen
immer	*allezeit*	*alleczeit*	-	*sîblū*
Kloster	*Closter*	*closteʼ (= closter)*	*samnunge*	*munistres*
mit seinem Namen	*mit seinem Namen*	*mit seinem vornamen oder czunamen*	*ioch sin namen*	*pinemin*
Kloster	*Closter*	*closter*	*gotshus*	*munistre*
angeredet	-	*geheissen*	*genemt*	*keqhuetan*
Oberer	*Obern*	*mererñ*	-	*meririn*
Sauerteig	*Saurteig*	*vrhab*	*hebil* ʼHefe, Sauerteigʼ	*deismin* ʼDeisam, Sauerteigʼ
sein Befehl und seine Lehre	*sein Gebot und Lehr*	*sein heissñ*	*sin gebot vñ sin lêre*	*kipot sinaz edo lera*
rufen	*ruffen*	*schreien*	*rŏffen*	*haremees*
die Herzen	*Gemǔter vnd Hertzen*	*dy hertzñ*	*gemŏte*	*muatū*

Für *Kloster* begegnen die Varianten *Kloster, Closter, closter, gotshus, munistre* und *samnunge*. Allein an diesem Beispiel zeigen sich orthographische Unterschiede durch die Groß-/Kleinschreibung sowie durch die Varianten *K-* und *C-* sowie lexikalische Unterschiede durch vier verschiedene Bezeichnungen (*closter, gotshus, munistre, samnunge*). Die Lexeme zeigen weitere Unterschiede hinsichtlich ihrer Bildungsweise und ihres Ursprungs. *gotshus* und *samnunge* sind aus heimischen Wortbildungselementen gebildete Wörter. Während *gotshus* (ʼGotteshausʼ) als Determinativkompositum zu bestimmen ist, liegt mit *samnunge* eine Substantivderivation mit dem Suffix *-unge* vor. *Kloster* und *munistre* sind Entlehnungen aus dem Lateinischen (lat. *clōstrum*, lat. *monasterium*).

Der Vergleich älterer deutscher Texte mit der Gegenwartssprache macht deutlich, dass alle Bereiche der Sprache – Orthographie, Phonologie, Morphologie, Lexik und Syntax – historischen Veränderungen unterworfen sind. Aufgrund dieser Veränderungen werden verschiedene historische Stufen der deutschen Sprache unterschieden (dazu weiter unten Abschnitt 9.). Die Veränderungen treten in den verschiedenen Regionen jedoch in unterschiedlichen Ausprägungen auf.

7. Sprachgeschichte und Sprachgeographie

Die sprachgeschichtliche Gliederung des Deutschen ist verflochten mit seiner sprachgeographischen Struktur. Auch die älteren Texte des Deutschen sind nach ihren sprachgeographischen Merkmalen zu befragen. Die hier ausschnittweise vorgestellten Fassungen der Benediktinerregel entstammen alle dem hochdeutschen, genauer dem oberdeutschen Sprachraum (B: bairisch; C: ostfränkisch; D und E: alemannisch).

Das deutsche Sprachgebiet umfasst das hochdeutsche und das niederdeutsche Gebiet. Der niederdeutsche Sprachraum wird in der Frühzeit der Überlieferung des Deutschen als altsächsischer Sprachraum bezeichnet. So steht dem Althochdeutschen (mitteldeutscher und hochdeutscher Raum) das Altniederdeutsche oder Altsächsische (niederdeutscher Raum) gegenüber.

Der folgende Text ist in zwei Fassungen unterschiedlicher Provenienz überliefert, einer aus dem südlichen deutschen Sprachgebiet (Text A) und einer aus dem nördlichen (Text B).

A. Wurmsegen: *Pro Nessia*
München, Bayerische Staatsbibliothek Clm 18524,2, fol. 203v (9. Jahrhundert; Tegernsee)

Gang uz, Nesso,   mit niun nessinchilinon,
uz fonna marge in deo adra,   vonna den adrun in daz fleisk,
fonna demu fleiske in daz fel,   fonna demo velle in diz tulli.
*   Ter pater noster.*

B. Wurmsegen: *Contra vermes*
Wien, Österreichische Nationalbibliothek Cod. 751, fol. 188v (10. Jahrhundert)

Gang ût, nesso,   mid nigun nessiklinon,
ût fana themo marge an that ben,   fan themo bene an that flesg,
ut fan themo flesgke an thia hud,   ût fan thera hud an thesa strala.
*   Drohtin, uuerthe so.*

W. Braune, Althochdeutsches Lesebuch, S. 90

Beide Texte sind zwar nicht gleich alt (9. und 10. Jahrhundert), aber sie weisen beide volle Endsilbenvokale auf, die in jedem Fall ein Zeichen für eine frühe Überlieferung des Deutschen sind.

A. Pro Nessia	B. Contra vermes
nessinchilinon	*nessiklinon*
fonna	*fana*
demu	*themo*
tulli	*strala*

Unterschiede zwischen beiden Texten zeigen sich in der Wortwahl:

A. Pro Nessia	B. Contra vermes
adra 'Ader'	*ben* 'Bein, Knochen'
fel 'Fell, Haut'	*hud* 'Haut'
tulli 'Huf'	*strala* 'Strahl'

Sprachgeographisch von Interesse sind vor allem die Wörter, die sich nur lautlich unterscheiden. Folgende Formen stehen einander gegenüber:

A. Pro Nessia	B. Contra vermes
uz	*ût*
daz	*that*
mit	*mid*
fleisk	*flesg*
fleiske	*flesgke*

Germ. *t* ist in der niederdeutschen Fassung B erhalten geblieben (*ût*, *that*), in der hochdeutschen dagegen zu *z* verschoben (*uz*, *daz*). Die Verschiebung gehört in den Zusammenhang der zweiten oder hochdeutschen Lautverschiebung, die im hochdeutschen Gebiet (in unterschiedlicher Ausprägung in den einzelnen Regionen) stattgefunden hat, im niederdeutschen Raum dagegen ausgeblieben ist. Das gleiche Phänomen zeigt sich bei der Verschiebung von germ. *d* zu *t* in *mit* in Fassung A, wohingegen Fassung B die unverschobene Entsprechung *mid* aufweist.

Eine weitere wichtige Unterscheidung zeigt sich bei den Formen *fleisk/fleiske* gegenüber *flesg/flesgke*. Der germanische Diphthong *ei* ist im Hochdeutschen erhalten geblieben, im Niederdeutschen hingegen zum Langvokal *ē* monophthongiert worden. Monophthongierung zeigt sich in Text B auch bei den Wörtern *ben/bene* 'Bein, Knochen'. Text A stimmt in seiner sprachlichen Ausprägung insgesamt zum Althochdeutschen, Text B repräsentiert das Altsächsische.

Aufgabe des Sprachhistorikers ist es, einen Text sprachhistorisch und sprachgeographisch zu analysieren und möglichst genau einzuordnen. Da die sprachlichen Entwicklungen mit zeitlichen Verzögerungen und in landschaftlich unterschiedlichen Ausprägungen erscheinen, sind die sprachlichen Merkmale stets unter zeitlichem und räumlichem Aspekt zu betrachten.

8. Synchronie und Diachronie

Beim Vergleich von Wörtern in den verschiedenen Überlieferungen der Benediktinerregel sind methodische Prinzipien angewandt worden, die auch als solche bewusst zu machen sind. Die einfache Gegenüberstellung von *sîn* der mittelhochdeutschen Benediktinerregel (Text D) und *sein* in der frühneuhochdeutschen Benediktinerregel (Text C) schließt bereits die Feststellung des *sîn* im Mittelhochdeutschen und des *sein* im Frühneuhochdeutschen als zwei vorangehende Arbeitsschritte ein. Das Wort *sîn* wird als Vorkommen des mittelhochdeutschen Phonems /ī/ verwendet. Das Phonem /ī/ wird in seinem Zusammenhang mit dem Phonemsystem gesehen, in dem es seinen Platz in der Reihe der hohen Langvokale /ī/ /ǖ/ /ū/ hat. Das Wort *sein* wird ganz entsprechend als Vorkommen des frühneuhochdeutschen Phonems /ei/ gesehen und in seinen Systemzusammenhang mit der Diphthongreihe /ei/ /eu/ /au/ gestellt. Das Auftreten dieser Phoneme in denselben Wörtern hat schließlich zu der Feststellung geführt, dass die frühneuhochdeutsche Diphthongreihe die Fortsetzung der mittelhochdeutschen Langvokalreihe ist.

Die mittelhochdeutschen und die frühneuhochdeutschen phonologischen Verhältnisse sind demnach zunächst jeweils für sich als Sprachzustände gesehen worden, die als solche in ihrem Zustand unter synchronem Aspekt beschrieben werden. Der Vergleich verschiedener Zustände, bei dem die Sprache unter diachronem Aspekt betrachtet wird, lässt die in der Geschichte erfolgten Veränderungen erkennen. Bei der Erforschung und Beschreibung der Sprachgeschichte wird die Sprache stets unter synchronem und unter diachronem Aspekt gesehen. Diachronie allein ist nicht schon Sprachgeschichte, so wenig wie Synchronie mit sprachlicher Gegenwart gleichzusetzen ist.

9. Periodisierung

Jede Periodisierung der deutschen Sprachgeschichte ist ein Versuch, die Sprachgeschichte in verschiedene, zeitlich fixierbare und linguistisch begründbare Sprachstufen einzuteilen. Die Einteilung ist jedoch nicht mit den Texten selbst bereits gegeben. Es ist Aufgabe der Wissenschaft, ein solches Ordnungsschema zu finden, und zwar mit dem Ziel, für jede angenommene

Sprachstufe das 'Wesen' der Epoche zu erfassen. Die etablierten Perioden sollten also als Einheit mit wichtigen Eigenheiten gegenüber dem vorausgehenden und dem folgenden Stadium deutlich abgehoben sein.

Neuere Sprachwandeltheorien gehen von einer kontinuierlichen, aber zugleich unregelmäßigen Entwicklung von Sprache aus. Das heißt: Sprache ist beständig im Wandel begriffen, aber es gibt Zeiten mit Entwicklungsschüben gegenüber Zeiten langsamerer Veränderungen. Zudem gibt es landschaftliche Unterschiede. Die sprachlichen Entwicklungen setzen in den verschiedenen Dialekträumen zu unterschiedlichen Zeiten ein und zeigen unterschiedliche Ausprägungen.

Wegen der zeitlich wie räumlich stark divergierenden Entwicklungen handelt es sich bei den angesetzten Epochengrenzen nicht um unverrückbare Fixpunkte, sondern lediglich um Markierungen für eine mehr oder weniger lange Phase des Übergangs.

Die Hauptkriterien der Periodisierung
Die wissenschaftlich notwendige Periodisierung des Deutschen wird anhand von **sprachexternen** und **sprachinternen Kriterien** vorgenommen.

Sprachextern sind zum Beispiel die Kriterien, die aus der Geschichtsphilosophie oder der naturwissenschaftlichen Evolutionstheorie auf die Sprache übertragen werden. Als sprachexterne Kriterien werden folgende historische Aspekte am häufigsten herangezogen:

- Kirchengeschichte (z.B. Christianisierung, Scholastik, Reformation)
- Sozialgeschichte (z.B. höfische Blütezeit, Entfaltung des Bürgertums)
- Kulturgeschichte (z.B. Beginn der schriftlichen Überlieferung, Wirkung des Buchdrucks)
- Bildungsgeschichte (z.B. Emanzipation der Volkssprache gegenüber dem Lateinischen, Ausbreitung der Lese- und Schreibfähigkeit)

Unter den sprachinternen Kriterien nehmen vor allem konsonantische und vokalische Veränderungen eine herausragende Stellung ein. In den Vor- und Frühstufen des Deutschen werden vor allem die Veränderungen im Konsonantismus herausgestellt (z.B. die erste und zweite Lautverschiebung), vom Ausgang des Althochdeutschen bis zum Neuhochdeutschen stehen dagegen stärker die Veränderungen des Vokalismus im Mittelpunkt (Abschwächung im Nebenton; Sekundärumlaut; Dehnung der Kurzvokale; Mono- und Diphthongierung). In der Sprachgeschichte des Neuhochdeutschen treten schließlich morphologische und lexikalische Veränderungen in den Vordergrund (Reduktion innerhalb der Flexion, Ausbau des Wortschatzes). Syntax und Textlinguistik, zum Beispiel Veränderungen im Textsortengebrauch, spielen kaum eine Rolle innerhalb der Periodisierungsdiskussion.

In unterschiedlichem Ausmaß wird auch auf weitere Phänomene zurückgegriffen. Dazu gehören:

- Aspekte der Sprachverwendung (Stellenwert der Mundarten, Verhältnis von mündlichem und schriftlichem Sprachgebrauch),
- großräumige Ausgleichsbewegungen (Drucker-, Geschäfts-, Verkehrs-, Umgangssprachen),
- Standardisierungs- beziehungsweise Normierungstendenzen,
- soziale Sprachschichtungen (Funktion von Standes-, Fach- und Sondersprachen),
- Faktoren wie Sprachgeltung und Sprachpolitik (Expansion, Reduktion des Deutschen),
- Kontakt- und Interferenzformen (z.B. Phasen des Sprachenkontakts, Sprachpurismus, Aufnahmebereitschaft gegenüber Fremdsprachlichem, Internationalismen),
- Auswirkungen des Sprachbewusstseins sowie soziokultureller und pragmatischer Verhältnisse.

Es bleibt Aufgabe des Sprachhistorikers, die Kriterien für eine Periodisierung festzulegen und zu gewichten. Folglich gibt es auch andere Periodisierungen als die hier vorgeführte Einteilung:

etwa	700	-	etwa	1050	Althochdeutsch
etwa	1050	-	etwa	1350	Mittelhochdeutsch
etwa	1350	-	etwa	1650	Frühneuhochdeutsch
ab etwa	1650	-			Neuhochdeutsch

Definitionen

- **Neuhochdeutsch** ist die Bezeichnung für die deutsche Sprache etwa ab 1650.
- **Frühneuhochdeutsch** ist die Bezeichnung für die deutsche Sprache, die im hochdeutschen Sprachraum etwa von 1350 bis 1650 verwendet worden ist.
- **Mittelhochdeutsch** ist die Bezeichnung für die deutsche Sprache, die im hochdeutschen Sprachraum etwa von 1050 bis 1350 verwendet worden ist.
- **Althochdeutsch** ist die Bezeichnung für die deutsche Sprache, die im hochdeutschen Sprachraum vom Beginn der Überlieferung (etwa um 700) bis etwa 1050 verwendet worden ist.
- **Synchronie** bezeichnet den Zustand einer Sprache zu einem bestimmten Zeitpunkt; eine **synchrone Betrachtung** erforscht die Sprache zu einem bestimmten Zeitpunkt.

- **Diachronie** bezeichnet Entwicklungsphasen einer Sprache in der Aufeinanderfolge verschiedener Zeitabschnitte; eine **diachrone Betrachtung** erforscht die Sprache in der Aufeinanderfolge verschiedener Zeitabschnitte.

Literaturhinweise

Kurzinformation:

Metzler Lexikon Sprache. Artikel: Althochdeutsch, (zweite/hochdeutsche) Lautverschiebung (von St. *Stricker*); Mittelhochdeutsch (von U. *Götz*); Frühneuhochdeutsch (von C. *Moulin-Fankhänel*); Diachronie, Synchronie, Neuhochdeutsch/Deutsch (von W. *Thümmel*)

Einführende Literatur:

R. *Bergmann* – P. *Pauly* – C. *Moulin-Fankhänel*, Alt- und Mittelhochdeutsch

Grundlegende und weiterführende Literatur:

H. *Eggers*, Deutsche Sprachgeschichte, I, II
R.E. *Keller*, Die deutsche Sprache und ihre historische Entwicklung
P. von *Polenz*, Deutsche Sprachgeschichte vom Spätmittelalter bis zur Gegenwart, I, II
W. *Schmidt*, Geschichte der deutschen Sprache. Ein Lehrbuch für das germanistische Studium
Sprachgeschichte. Ein Handbuch zur Geschichte der deutschen Sprache und ihrer Erforschung,
    1. und 2. Teilband

Althochdeutsch
Einführende Literatur:

E. *Meineke* – J. *Schwerdt*, Einführung in das Althochdeutsche
H. *Penzl*, Althochdeutsch. Eine Einführung in Dialekte und Vorgeschichte
St. *Sonderegger*, Althochdeutsche Sprache und Literatur

Wörterbücher:

E. *Karg-Gasterstädt* – Th. *Frings*, Althochdeutsches Wörterbuch
R. *Schützeichel*, Althochdeutsches Wörterbuch

Grammatik:

W. *Braune* – H. *Eggers*, Althochdeutsche Grammatik

Textausgabe:

W. *Braune*, Althochdeutsches Lesebuch

Mittelhochdeutsch
Einführende Literatur:

H. *Penzl*, Mittelhochdeutsch. Eine Einführung in die Dialekte
H. *Weddige*, Mittelhochdeutsch. Eine Einführung

Wörterbücher:

G.F. *Benecke* – W. *Müller* – F. *Zarncke*, Mittelhochdeutsches Wörterbuch, I-III
B. *Hennig*, Kleines Mittelhochdeutsches Wörterbuch
E. *Koller* – W. *Wegstein* – N.R. *Wolf*, Mittelhochdeutsches Wörterbuch
M. *Lexer*, Mittelhochdeutsches Handwörterbuch, I-III
M. *Lexer*, Mittelhochdeutsches Taschenwörterbuch

Grammatiken:

H. *Paul* – P. *Wiehl* – S. *Grosse*, Mittelhochdeutsche Grammatik

Weiterführende Literatur:

E. *Oksaar*, Mittelhochdeutsch. Texte, Kommentare, Sprachkunde, Wörterbuch

Frühneuhochdeutsch
Einführende Literatur:

F. *Hartweg* – K.-P. *Wegera*, Frühneuhochdeutsch
H. *Penzl*, Frühneuhochdeutsch

Wörterbücher:

Ch. *Baufeld*, Kleines frühneuhochdeutsches Wörterbuch
Frühneuhochdeutsches Wörterbuch. Hg. v. U. Goebel und O. Reichmann [im Erscheinen begriffen]
Grammatik:
R.P. *Ebert* – O. *Reichmann* – H.J. *Solms* – K.-P. *Wegera*, Frühneuhochdeutsche Grammatik

Textausgabe:

O. *Reichmann* – K.-P. *Wegera* (Hgg.), Frühneuhochdeutsches Lesebuch

Neuhochdeutsch vom 18. Jahrhundert bis 1945
Weiterführende Literatur:

E.A. *Blackall*, Die Entwicklung des Deutschen zur Literatursprache: 1700–1775
D. *Cherubim* – S. *Grosse* – K.J. *Mattheier* (Hgg.), Sprache und bürgerliche Nation
D. *Cherubim* – K.J. *Mattheier* (Hgg.), Voraussetzungen und Grundlagen der Gegenwartssprache
W. *Dieckmann* (Hg.), Reichtum und Armut deutscher Sprache
H. *Kämper* – H. *Schmidt* (Hgg.), Das 20. Jahrhundert. Sprachgeschichte – Zeitgeschichte
R. *Wimmer* (Hg.), Das 19. Jahrhundert. Sprachgeschichtliche Wurzeln des heutigen Deutsch

Periodisierung

Th. *Roelcke*, Periodisierung der deutschen Sprachgeschichte
St. *Sonderegger*, Grundzüge deutscher Sprachgeschichte

XV. Sprachwandel im Deutschen

1. Allgemeines

Allen natürlichen Sprachen gemeinsam ist, dass sie sich im Verlauf der Zeit ändern. Diese Veränderungen vollziehen sich in der Regel nicht abrupt oder von einem Tag auf den anderen, sondern allmählich über Generationen von Sprechern. Dass Sprache ihrem Wesen nach keine statische, sondern eine dynamische Größe ist, wird dem Sprecher am deutlichsten greifbar, wenn er mit Normschwankungen in seiner eigenen Gegenwart konfrontiert wird. Die Frage nach dem richtigen oder falschen Sprachgebrauch ist oft Symptom für eine sich vollziehende sprachliche Änderung, die zunächst auch Varianten beziehungsweise Schwankungen im Sprachgebrauch nach sich zieht. Beispiele hierfür wären etwa das Schwanken zwischen

Präteritalformen wie *sie buk / backte*,
Partizipialformen wie *hat gehauen / gehaut, hat gewunken / gewinkt*
oder die Verwendung oder Nicht-Verwendung von *zu* nach *nicht brauchen* + Infinitiv: *er braucht nicht zu kommen / er braucht nicht kommen.*

Beide Schwankungen spiegeln eine sich in der heutigen Gegenwartssprache vollziehende Sprachwandelerscheinung wider: einerseits der teilweise Übergang der starken zur schwachen Flexion bei den Verben (man vergleiche aber Kapitel XIX.4.), andererseits die Entwicklung des Verbs *brauchen* zu einem Modalverb: *nicht brauchen* zum Ausdruck der Nicht-Notwendigkeit (beziehungsweise der Negation von *müssen*).

Die Untersuchung von Sprachwandelerscheinungen ergibt sich prinzipiell aus einer diachronischen Fragestellung, sie ist Gegenstand der **historischen Sprachwissenschaft**. In der Regel vollzieht sich Sprachwandel zunächst in der gesprochenen Sprache. Wie und ob dann diese Änderungen ihren Weg in die geschriebene Sprache finden, hängt nicht zuletzt vom Grad der schriftlichen Kodifizierung der betreffenden Sprache ab. Die sprachhistorische Betrachtung von Sprachwandelphänomenen ist jedoch per se (sofern sie sich nicht mit Phänomenen der jüngsten Vergangenheit beschäftigt) auf die schriftliche Überlieferung und deren Auswertung angewiesen. Dieses methodische Problem muss somit dem Sprachhistoriker stets bewusst sein. Für das Deutsche sind Zeugnisse seit dem Althochdeutschen greifbar, die, auch wenn sie

Merkmale der gesprochenen Sprache aufweisen können, selbstverständlich nur in schriftlicher Form überliefert sind.

2. Ebenen des Sprachwandels

Alle sprachlichen Ebenen können von Sprachwandelerscheinungen betroffen sein: Auf der **phonetisch-phonologischen Ebene** ist die Entstehung von Allophonen zu beobachten, die unter Umständen auch zur Entstehung neuer Phoneme führen kann (so etwa der Umlaut). Andere Erscheinungen wären in der neueren Sprachgeschichte des Deutschen etwa die sogenannte frühneuhochdeutsche Diphthongierung (hier werden Langvokale zu Diphthongen; man vergleiche mhd. *mîn niuwez* (= /ü:/) *hûs* > nhd. *mein neues Haus*) und Monophthongierung (hier werden Diphthonge zu Langvokalen; man vergleiche mhd. *liebe guote brüeder* > nhd. *liebe* (= /i:/) *gute Brüder*).

Veränderungen im intonatorischen Bereich betreffen die Entstehung und Festlegung von Akzentstrukturen (so etwa die Festlegung des ursprünglich freien Wortakzentes im Germanischen auf die Anfangssilbe).

Graphematische Änderungen betreffen die geschriebene Ebene des Sprachsystems. Hierunter können Schrifttypwechsel (Fraktur zu Antiqua) oder die Entstehung bestimmter Graphemtypen (etwa das Graphem <ß>) subsumiert werden. Auch Orthographiereformen sind letztendlich Ausdruck von Sprachwandel auf der graphematischen Ebene.

Veränderungen auf **morphologischer Ebene** können zum Beispiel Flexionssysteme (etwa die Entstehung und Kodierung grammatischer Kategorien beziehungsweise Klassen) oder die Wortbildung (etwa die Entstehung von Derivationsaffixen) betreffen.

Syntaktischer Sprachwandel betrifft Veränderungen im Bereich des Satzaufbaus und der Beziehungen zwischen den einzelnen Elementen im Satz (Wort- und Satzgliedstellung). Als Beispiel sei hier für das Deutsche die Festlegung der relativ festen Stellung des Verbs im Satz angeführt, vor allem die Endstellung des finiten Verbs im Nebensatz oder die Zweitstellung im Hauptsatz (Aussagesatz).

Sprachwandel im **lexikalischen Bereich** betrifft vor allem den Bedeutungswandel. Viele Wörter des Deutschen haben eine oft über tausend Jahre alte Geschichte; ihre Verwendung und ihre Bezeichnungsfunktionen können sich dabei im Laufe der Zeit (nicht zuletzt auch bedingt durch außersprachliche Faktoren) ändern, man vergleiche etwa den Bedeutungswandel bei den weiblichen Personenbezeichnungen *Frau*, *Weib*, *Dirne* oder bei den Adjektiven *eitel* (urspr. 'leer'), *blank* (urspr. 'glänzend, hell, weiß') oder *streng* (urspr.

'stark, tapfer'). Auskunft über die Bedeutungsentwicklung geben etymologische und historische Wörterbücher. Ferner stellen auch der Lehnwortschatz einer Sprache und die Entstehung von Phraseologismen (Redewendungen) Sprachwandelerscheinungen im lexikalischen Bereich dar (man vergleiche Kapitel XVI.6.).

Die Veränderungen auf den einzelnen Ebenen stehen oft in Beziehung respektive Wechselwirkung zueinander. So ist etwa die Nebensilbenabschwächung vom Althochdeutschen zum Mittelhochdeutschen (phonetisch-phonologische Ebene) ihrerseits auf die germanische Festlegung des Akzentes auf den Wortanfang zurückzuführen (intonatorische Ebene). Andererseits bleibt die Abschwächung der unbetonten Silben nicht ohne Folgen: Sie führt bis heute unter anderem zu einer Umstrukturierung innerhalb der Paradigmen von Kasus und Numerus im Nominalbereich, insbesondere zu einem Abbau der Kasuskennzeichnung durch Endungen (morphologische Ebene). Darauf ist wiederum die relativ feste Regelung der Satzgliedfolge zurückzuführen, bei der die syntaktische Funktion an der Position zu erkennen ist; man vergleiche zum Beispiel die strikte Voraustellung des Subjekts im Englischen (syntaktische Ebene). Vielfach ist somit zu beobachten, dass Lautwandel die Wiege von morphologischen oder morpho-syntaktischen Sprachwandelerscheinungen ist. Die folgende Übersicht stellt diese Zusammenhänge vereinfacht dar.

	phonolog. Ebene	morpholog. Ebene	syntakt. Ebene
germ.	Festlegung des Anfangsakzents		
ahd.	Nebensilbenabschwächung		
mhd.		Abbau der Kasusendungen	
frnhd.			Regelung der Satzgliedfolge
nhd.			

3. Grammatikalisierung

Neben dieser Tendenz ist unter anderem in vielen Sprachen zu beobachten, dass zur Erfüllung neuer beziehungsweise fehlender grammatischer Funktionen lexikalische Elemente herangezogen werden, die in einem längeren Sprachwandelprozess allmählich ihre lexikalische Funktion zugunsten rein

grammatischer Funktionen verlieren. Diesen Übergang von einem frei vorkommenden Lexem zu einem gebundenen, grammatischen Morphem nennt
man **Grammatikalisierung**. Dieser Terminus wurde von dem französischen
Sprachwissenschaftler Antoine Meillet geprägt; er definiert ihn als "le passa-
ge d'un mot autonome au rôle d'élément grammatical" 'der Übergang eines
autonomen Wortes in die Rolle eines grammatischen Elements'.

So entstand etwa im Französischen aus der Verbindung Infinitiv + *haben*
(Infinitiv + *avoir*, z.B. 1. Pers. Sing. *aimer* + *ai*) das sogenannte Futur
simple (*j'aimerai* 'ich werde lieben'). Der Grammatikalisierungspfad führt
hier von einer ehemals **analytischen** (**periphrastischen**) zu einer **synthetischen** Verbindung. Das Zweitelement wird zum festen Flexiv, indem es
zunächst an das erste angehängt wird (Prozess der **Klitisierung**), dann mit
diesem fusioniert. Mit dem Grammatikalisierungsvorgang verbunden ist ein
Bedeutungswandel des ehemals autonomen Elementes, das seine lexikalische
Bedeutung ('haben, besitzen') aufgibt (Prozess der **Entsemantisierung**), und
zwar zugunsten einer rein grammatischen Bedeutung 'Futur'.

analytische Form	*aimer* + finite Form von *avoir* 'lieben' 'haben' 1. Person: *aimer* + *j'ai* Klitisierung *j'aimer-ai*
synthetische Form	Fusionierung *j'aimerai*

Nicht nur die inneren, systembezogenen Bereiche der Sprache sind dem
Sprachwandel unterworfen, sondern auch der Sprachgebrauch selbst (zum
Beispiel Veränderungen im Varietätengefüge einer Sprache, Änderungen
sprachlicher Konventionen im pragmatischen Bereich wie bei der Anrede und
so weiter).

4. Ursachen des Sprachwandels

Die Ursachen des Sprachwandels und dessen Bewertung sind (bereits seit der
Antike) vielfach und unterschiedlich diskutiert worden. Für das Deutsche
lassen sich Erklärungsversuche bis in die frühe Grammatikschreibung des
Barocks zurückführen, wobei hier besonders die Vorstellung von Sprachwandel als Sprachverfall im Vordergrund stand. Im 19. Jahrhundert sind vor

allem sprachphysiologische, dann psychologistische Erklärungsversuche zu verzeichnen. Insgesamt ist festzuhalten, dass monokausale Erklärungen zu kurz greifen, denn vielfache sprachinterne und sprachexterne Faktoren bilden insgesamt den Kontext für die Herausbildung, Verwendung und Entwicklung einer Sprache.

Von großer Bedeutung ist die Wirkung der **Analogie** (man vergleiche gr. *analogía* 'Ähnlichkeit, richtiges Verhältnis'). Auf sie zurückführbar sind vor allem Sprachveränderungen, die zusammenhängende Elemente auch auf der Ausdrucksseite aneinander angleichen, und zwar nach einem bereits vorhandenen sprachlichen Muster. Damit wird vor allem Regelmäßigkeit innerhalb von Paradigmen erzeugt, deren struktureller Aufbau zum Teil aufgrund anderer Sprachwandelerscheinungen (etwa Lautwandel) gestört beziehungsweise afunktional sein kann. Beispiel für den paradigmatischen Ausgleich durch Analogie wäre etwa die Angleichung zwischen den Singular- und Pluralformen der starken Präterita, die historisch auf verschiedene Ablautstufen zurückzuführen sind:

> mhd. *warf – wurfen*   *bant – bunden*
> nhd. *warf – warfen*   *band – banden.*

Der Ausgleich führt zu einer einzigen (daher leichter vorhersagbaren, das heißt regelmäßigeren) Vokalvariation im Präteritalstamm. Nur noch beim hochfrequenten Verb *werden* gibt es neben der ausgeglichenen Form *wurde* (zum Pl. *wurden*) noch ein älteres *ward*, in dem die alte Opposition noch enthalten ist. In dieser 'Ausnahme' wird darüber hinaus sichtbar, dass hochfrequente Formen offensichtlich resistenter gegen Sprachwandel sind, da ihre Formen wohl nicht jeweils durch innere Regeln im Sprecher erzeugt werden, sondern einzeln gespeichert werden.

Neben dem innerparadigmatischen Ausgleich wirkt Analogie vor allem auch beim Endungsausgleich zwischen verschiedenen Paradigmen oder Klassen. Auch hier ist des Öfteren die Erzeugung von Regelmäßigkeit (struktureller Symmetrie) ausschlaggebend. Das Deutsche kann hierfür einige Beispiele liefern, etwa in der 3. Person Plural der Verben. Hier werden die im Althochdeutschen unterschiedlichen Endungen *-ent, -ēn, -un, -īn* durch die Vokalabschwächung und den Abfall des *-t* zur einheitlichen Endung *-en*.

	Präsens		Präteritum
ahd.	Indikativ *sie werfent*		*wurfun*
	Konjunktiv *werfēn*		*wurfīn*
mhd.	Indikativ *sie werfent*		*wurfen*
	Konjunktiv *werfen*		*würfen*
nhd.	Indikativ *sie werfen*		*warfen*
	Konjunktiv *werfen*		*würfen*

Unter Umständen entstehen Formen, die sowohl innerparadigmatischen Ausgleich als auch Endungsausgleich aufweisen können. So etwa die 2. Person Singular Indikativ Präteritum der starken Verben, die einerseits innerparadigmatischen Ausgleich der Ablautverhältnisse aufweist und andererseits die alte germanische Endung durch die sonst vorherrschende, neue Endung –*es*(*t*) ersetzt hat (man vergleiche ahd. *du wurfi*, mhd. *dû würfe*, nhd. *du warfst*).

Mittelhochdeutsch Indikativ Präteritum	Neuhochdeutsch Indikativ Präteritum
ich warf	*warf*
dû würfe ⟶	*warfst* (Endung -*st*; Ausgleich *ü* > *a*)
er warf	*warf*
wir wurfen ⎫	*warfen*
ir wurfet ⎬ ⟶	*warft* (Präteritalausgleich *u* > *a* im Plural)
sie wurfen ⎭	*warfen*
Konjunktiv Präteritum	**Konjunktiv Präteritum**
ich würfe	*würfe*
dû würfest	*würfest*
er würfe	*würfe*
wir würfen	*würfen*
ir würfet	*würfet*
sie würfen	*würfen*

Die Tabelle zeigt, wie komplexe, zum Teil durch Lautwandel in ihrer Funktionalität gestörte Paradigmen wieder 'aufgeräumt', das heißt funktional eindeutig werden können. Vor allem die Beseitigung des Umlauts im Indikativ erlaubt eine eindeutige Umfunktionierung der umgelauteten Formen des Präteritums zur Kennzeichnung des Konjunktivs, und somit wiederum die Erzeugung regelmäßiger Paradigmen. Dabei ist insgesamt festzuhalten, dass Analogie nicht als reiner Reparaturvorgang zu deuten ist; es handelt sich vielmehr um "einen fundamentalen Prozeß mentaler Organisation; gleiche oder ähnliche Inhalte werden gleich oder ähnlich kodiert" (E. Leiss, S. 855).

Die Erzeugung von analogischem Ausgleich innerhalb von Paradigmen und Klassen wird auch in den Zusammenhang grundsätzlicher sprachimmanenter Tendenzen zu Regelmäßigkeit in der Sprache gestellt (das heißt letztendlich im Zusammenhang von 'Ökonomie', man spricht daher auch von **Sprachökonomie**). Darin wird die Tendenz in der Sprache gesehen, komplexere Formen und Strukturen durch weniger komplexe zu ersetzen. Auch Erscheinungen im Bereich des Lautwandels werden vielfach sprachökonomischen Tendenzen zugewiesen: so etwa die Nebensilbenabschwächung vom Alt- zum Mittelhochdeutschen als Folge der Festlegung des germanischen Wortakzentes und daraus resultierende Tendenzen, die Aussprache der unbetonten Silben mit möglichst geringem Aufwand zu erzielen. Auch Assimilationsphänomene, die auf phonetisch-artikulatorische Vereinfachungen zielen, können sprachökonomischen Bestrebungen zugerechnet werden (so etwa die Auslautverhärtung oder der Umlaut). Die Tendenz zur Sprachökonomie kann zwar in vielen Bereichen vermutet werden, sie ist jedoch nicht einheitlich oder unidirektional, das heißt, sie verläuft nicht nur in eine Richtung. Im Deutschen lässt sich beispielsweise neben der bereits oben erwähnten Tendenz zum Abbau des flexivischen Systems eine zunehmende Komplexität im Bereich der Wortbildung und Syntax im Verlauf der Sprachepochen feststellen.

Neben solche sprachinterne Bedingungen für den Sprachwandel treten **sprachexterne Gegebenheiten**. So ist auch **Sprachkontakt** ein wichtiger Faktor für Sprachwandel, etwa durch Interferenzen oder Einflüsse (meist) benachbarter Sprachen untereinander. Am schnellsten greifbar ist hier der Wandel des Wortschatzes einer Sprache durch Entlehnungen aus anderen, fremden Sprachen. Aber auch morphologische und syntaktische Strukturwandlungen können auf Sprachkontakt oder Sprachvarietäten innerhalb einer Sprechergemeinschaft (z.B. Bi- oder Trilingualismus) zurückzuführen sein. Ein weiterer Faktor kann die **soziale Variation** innerhalb einer Sprache selbst sein, so zum Beispiel die Anpassung des Sprachgebrauchs an Normen bestimmter Sprechergruppen oder die Übernahmen von prestigebesetzten Varianten oder Varietäten (z.B. in der Aussprache).

Dadurch, dass Sprachwandel sich über Generationen hinweg manifestiert, ist auch der kindliche Spracherwerb als Erklärungsfaktor berücksichtigt worden. Man hat beobachtet, dass Kinder beim Spracherwerb vom Einfacheren zum Komplexeren vorgehen und Vereinfachungen beim Lernprozess anwenden.

5. Zwei Beispiele aus der Morphologie
Suffixentstehung durch Grammatikalisierung

Die folgenden Fälle aus dem morphologischen Bereich sollen exemplarisch Phänomene des Sprachwandels im Deutschen veranschaulichen. So eignet sich die Wortbildung des Deutschen besonders gut für die Illustration von Grammatikalisierungsvorgängen. Die Entstehung einer ganzen Reihe von heute gebundenen Wortbildungsaffixen lässt sich unter diesem Gesichtspunkt erklären. So ist der 'Werdegang' des Substantivsuffixes *–heit* zur Bezeichnung von Adjektivabstrakta (*Schönheit, Klugheit, Sturheit*) geradezu ein typischer Fall. Im Gotischen noch ausschließlich als Substantiv *haidus* 'Art und Weise' belegt, begegnet im Althochdeutschen neben einem frei vorkommenden Substantiv st. M. F. *heit* in der Bedeutung 'Person, Persönlichkeit, Gestalt' auch bereits eine ganze Reihe Kompositionen (Zusammensetzungen), in denen *heit* als Grundwort fungiert, so etwa *zagaheit* 'Zaghaftigkeit'. Das Substantiv kommt im Mittelhochdeutschen nur noch vereinzelt vor; daneben entsteht im Wortbildungsprodukt neben *heit* als Zweitelement zunehmend auch eine Variante *–(e)cheit/-keit*, wonach dann auch Bildungen wie *bitterkeit, ehrbarkeit* möglich wurden. Neben der zunehmend semantischen Entfernung (Entleerung) gegenüber dem frei vorkommenden Lexem war somit auch die formale Abhebung und der Weg zum Suffix vollzogen. Darüber hinaus verschwindet das Substantiv als freies Lexem ganz aus dem Sprachgebrauch. Aus dem frei vorkommenden Lexem wurde somit ein gebundenes grammatisches Morphem, ein Wortbildungssuffix, das reihenbildend und produktiv ist.

	Simplex	Kompositionsglied	Suffix
got.	*haidus* st.M. 'Art und Weise'	–	–
ahd.	*heit* st.M.F. 'Person, Gestalt'	*cindheit* st.F. 'Kindheit' *christânheit* st.F. 'Christenheit' *zagaheit* st.F. 'Zaghaftigkeit'	
mhd.	*heit* st.M.F. 'Wesen, Beschaffen- heit, Art und Weise' (vereinzelt)	–	massenhaft: *snelheit* *geilecheit* *bitterkeit*
nhd.	–	–	massenhaft: *-heit* – *Freiheit* *-igkeit* – *Schnelligkeit* *-keit* – *Bitterkeit*

Diese Entstehung eines neuen Suffixes hat durchaus auch einen funktionalen Aspekt: Es tritt in Konkurrenz zu den vorhandenen substantivischen Abstraktasuffixen des Althochdeutschen *–î* und *–ida*, die unter anderem aufgrund der Nebensilbenabschwächung erheblich an Eindeutigkeit verloren haben (mhd. *–e/ -ede*) und somit ihre Produktivität einbüßten; man vergleiche die nur wenigen noch heute vorhandenen Bildungen dieses Typs (*Streng-e, Näh-e, Zier-de*). Im Fall *-heit* tritt noch in althochdeutscher Zeit ein Genuswechsel vom Maskulinum zum Femininum auf. Das neue, eindeutige Suffix *-heit* übernimmt somit einen festen Platz im vorhandenen Paradigma an substantivischen Ableitungselementen. Auch die substantivischen Suffixe *–tum* und *–schaft* sowie die adjektivischen Suffixe *-haft*, *-lich* und *-sam* haben Grammatikalisierungspfade durchlaufen.

Ähnliche Entwicklungen können in der jüngeren Zeit etwa für die Elemente *-werk*, *-zeug* (zur Bildung von kollektivischen Substantiva) oder für *-mäßig* (zur Bildung von Adjektiven) beobachtet werden. Zu all diesen suffixähnlichen Elementen gibt es zwar noch frei vorkommende Pendants (*das Werk, das Zeug, mäßig*), die Bedeutungsstrukturen von frei vorkommendem Simplex und Zweitbestandteil im Wortbildungsprodukt divergieren jedoch bereits stark. Das Phänomen des Sprachwandels verläuft somit auf zwei Ebenen, einerseits synchron im Vorkommen von Varianten, konkurrierenden Formen und Schwankungen im Gebrauch, andererseits in diachroner Hinsicht mit dem Entstehen entsprechender grammatischer Elemente aus ehemals frei vorkommenden lexikalischen Elementen (man vergleiche dazu auch Kapitel VI.6.).

Übergang von starken Verben zu schwacher Flexion

Schwankungen begegnen wir bei der Konjugation einiger Verben, bei denen es sowohl starke als auch schwache Präteritumsformen gibt, das heißt sowohl eine Präteritumsform mit Ablaut als auch eine mit der Dentalendung *-te*, etwa *er buk / backte, sie molk / melkte, sog / saugte* und so weiter. Gemeinsam ist allen diesen Verben, dass sie eigentlich starke Verben sind, die neben den regulären starken Präterita auch schwache Formen bilden. Bei manchen begegnen nur noch die schwachen Formen (z.B. *kreischen – kreischte*). In diesem Phänomen kann man eine generelle Tendenz des Übergangs der starken zur schwachen Verbflexion erkennen. Dies bedeutet zwar nicht, dass alle starken Verben in absehbarer Zukunft schwach flektiert werden, sondern dass hier ein über Jahrhunderte andauernder Rückgang der Zahl der starken Verben zu beobachten ist. Der Klassenwechsel ist auch (abgesehen von ein paar seltenen Ausnahmen) stets in die Richtung von stark nach schwach zu verzeichnen. Offensichtlich wird die starke, ablauthaltige Präteritalendung als in ihrer Bildung komplexer und schwerer zu erzeugen betrachtet. Man kann auch sagen, dass sie gegenüber der schwachen Dentalendung als markiert gilt. Die schwache (unmarkierte) Endung ist damit die eindeutigere, einfachere, regelmäßigere (manche Theoretiker sagen auch 'natürlichere') Endung, die leichter zu erzeugen ist, häufiger vorkommt, früher beim Spracherwerb erworben und dann analogisch auf starke Formen übertragen wird. Diese Tendenz ist auch beim kindlichen Spracherwerb zu beobachten, wenn Kinder statt der zu erwartenden starken Präteritalendung entsprechend schwache Formen bilden (etwa *sie streichte statt *sie strich*) (man vergleiche dazu auch Kapitel II.4. und XIX.).

6. Sprachwandel und Kodifizierung

Die diachrone Untersuchung von Sprachwandelphänomenen setzt, wie bereits oben erwähnt, eine entsprechende Menge an schriftlichen Textzeugnissen über die zu untersuchende Zeit voraus. Damit wird prinzipiell vorausgesetzt, dass die betreffende Sprache auch verschriftlicht ist. Man geht davon aus, dass strenger kodifizierte Schriftsprachen (wie etwa das Neuhochdeutsche oder das moderne Französische) resistenter gegen die Aufnahme von Sprachwandelerscheinungen sind als geringer normierte Schriftsprachen, die einen hohen Grad an Variation zulassen.

Im Hinblick auf die Gegenwartssprache lassen sich weitere Beobachtungen anschließen: Da der Sprachwandel sich größtenteils im Bereich der gesprochenen Sprache vollzieht, sind auch hier zunächst gesprochene Varianten vorhanden, die anfänglich miteinander konkurrieren können, um dann eventuell später eine Hauptvariante herauszubilden. Der Weg in die (kodifizierte) Schriftsprache dauert meistens noch einige Zeit. In dem Moment aber, wo die neue Variante als solche in die Kodifikation findet, wird die 'Hemmschwelle' auch geringer sein, diese schriftlich zu benutzen. Somit entsteht auch hier eine Wechselwirkung zwischen Sprachwandelerscheinungen und Kodifizierung. Aufgabe der Grammatikschreibung ist es, die tatsächlich verwendete Sprachnorm zu beschreiben (deskriptives Vorgehen), nicht aber ungeprüft eine tradierte Sprachnorm vorzuschreiben (präskriptives Vorgehen).

Ein schönes Beispiel ist das bereits eingangs erwähnte Verhalten von *nicht brauchen* + Infinitiv mit oder ohne *zu*. Hierzu schreibt der Duden-Band 'Richtiges und gutes Deutsch':

2. Du brauchst nicht zu kommen / Du brauchst nicht kommen: Verneintes oder durch *nur, erst* u. a. eingeschränktes *brauchen* + Infinitiv mit *zu* drückt aus, dass ein Tun oder Geschehen nicht oder nur unter bestimmten Bedingungen nötig ist: *Du brauchst nicht zu kommen* (= hast es nicht nötig zu kommen, es besteht für dich keine Notwendigkeit zu kommen). Besonders in der gesprochenen Sprache wird das *zu* vor dem Infinitiv oft weggelassen, d.h., verneintes oder eingeschränktes *brauchen* wird wie verneintes oder eingeschränktes *müssen* verwendet: *Du brauchst nicht kommen = Du musst nicht kommen. Du brauchst erst morgen anfangen = Du musst erst morgen anfangen.* Damit schließt sich *brau-*chen an die Reihe der Modalverben (*müssen, dürfen, können, sollen, wollen, mögen*) an, die ebenfalls mit dem reinen Infinitiv verbunden werden (↑ auch 3 und 4). In der geschriebenen Sprache wird das *zu* vor dem Infinitiv meistens noch gesetzt: *Du brauchst nicht zu kommen. Du brauchst erst morgen anzufangen.*

4. er braucht: In der gesprochenen Sprache wird zuweilen das *-t* der 3. Person Singular *(er brauch* statt *er braucht)* weggelassen. Obwohl *brauchen* dadurch ebenfalls den Modalverben angeglichen wird (vgl. die *t*-losen Formen *er darf, er muss, er soll*), ist diese Form doch nicht zulässig. Es kann nur heißen: *Er braucht das nicht [zu] bezahlen.*

Duden. Richtiges und gutes Deutsch, S. 153f.

Mit dem Zusatz am Ende von Abschnitt 2, dass das *zu* vor dem Infinitiv "meistens noch gesetzt" wird, wird die Verwendung ohne *zu* nicht ausdrücklich für normwidrig erklärt, das heißt in diesem Fall, dass auch die *zu*-lose Form akzeptabel ist. Damit kann sich das Verb *nicht brauchen* auch aus syn-

taktischer Sicht in die Reihe der Modalverben einreihen. Noch keine Kodifizierung hat die Beobachtung gefunden, dass in der gesprochenen Sprache das
Verb dabei ist, auch andere Merkmale der Modalverben anzunehmen. So begegnen mündlich bereits *t*-lose Formen in der Flexion der 3. Person Singular
Indikativ Präsens: *er brauch nicht kommen.* Diese dentallose Präsensform
reiht sich ein in die der 'echten' Modalverben (*sie kann, muss, soll* usw.) und
bringt das Verb somit noch einen Schritt weiter auf dem Grammatikalisierungspfad zum Modalverb, doch wird sie noch als "nicht zulässig" bezeichnet.

Definitionen

- **Sprachwandel** heißen alle Veränderungen der Sprache von der lautlichen und
  graphischen Ebene bis hin zu Satz und Text.
- **Grammatikalisierung** ist der Übergang eines autonomen Wortes in die Rolle
  eines grammatischen Elements.
- **Analogie** ist die Angleichung einzelner, oft isolierter, unregelmäßig wirkender
  Formen an häufigere, regelmäßiger wirkende.
- **Sprachökonomie** nennt man die Tendenz in der Sprache, komplexere Formen
  und Strukturen durch einfachere zu ersetzen.

Literaturhinweise

Kurzinformation:

Metzler Lexikon Sprache. Artikel: Analogie (von P. Prechtl), Lautwandel (von L. Rübekeil),
Grammatikalisierung, Sprachwandel (von H. Glück)

Einführende Literatur:

R. *Bergmann* – P. *Pauly* – C. *Moulin-Fankhänel*, Alt- und Mittelhochdeutsch
R. *Bergmann* – P. *Pauly* – C. *Moulin-Fankhänel*, Neuhochdeutsch
E. *Leiss*, in: Sprachgeschichte, I, 1, S. 850-860

Grundlegende und weiterführende Literatur:

J. *Aitchison*, Language change: progress or decay?
T. *Givón*, Chicago Linguistic Society 7 (1971) S. 394-415
R. *Keller*, Sprachwandel
R. *Lass*, Historical linguistics and language change
A.M.S. *McMahon*, Unterstanding language change, Cambridge 1994
A. *Meillet*, in: A. Meillet, Linguistique historique et linguistique générale, S. 130-148
H. *Paul*, Prinzipien der Sprachgeschichte

XVI. Etymologie und Wortgeschichte

1. Motiviertheit, Lexikalisierung und Wortgeschichte

In Kapitel III.6. war festgestellt worden, dass komplexe sprachliche Zeichen morphologische Durchsichtigkeit besitzen können, der semantische Motiviertheit entsprechen kann. Unter den zahlreichen Komposita mit dem Grundwort -*wurst* sind einige in diesem Sinne motiviert: Das Kompositum *Leberwurst* ist durchsichtig, es besteht aus dem Bestimmungswort *Leber* und aus dem Grundwort *Wurst*. Es ist auch motiviert, denn Leberwurst ist eine Wurst, die Leber enthält.

Andere Komposita mit dem Grundwort -*wurst* sind ebenfalls durchsichtig, insofern auch die Bestimmungswörter identifizierbar sind: *Tee-wurst*, *Knackwurst*. Eine semantische Motiviertheit ist damit aber nicht ohne Weiteres gegeben, wie die Wörterbucherklärungen zeigen:

Teewurst: 'geräucherte feine Mettwurst'
Knackwurst: 'kleine Brühwurst aus Rindfleisch, Schweinefleisch und Fettgewebe'

Duden. Deutsches Universalwörterbuch, S. 1567, 914

Während das zitierte Wörterbuch *Teewurst* nicht weiter erklärt, liefert es für *Knackwurst* die Motivation:

"nach dem knackenden Geräusch, das beim Hineinbeißen in die Wurst entsteht".

Weitere -*wurst*-Komposita sind nur noch insofern morphologisch durchsichtig, als ihr Bestimmungswort segmentierbar ist, ohne dass es in unserer heutigen Sprache identifiziert werden könnte:

Bock-wurst, Plock-wurst, Schlack-wurst, Katen-wurst.

Es liegt nahe, für diese Wörter eine ursprüngliche semantische Motiviertheit bei ihrer Bildung anzunehmen, die für uns in der heutigen Sprache nicht mehr erkennbar ist, weil wir die Bestimmungswörter *Bock-, Katen-, Plock-, Schlack-* so nicht kennen beziehungsweise zu ihrer sonstigen Bedeutung keine Beziehung herstellen und daher die Bildung nicht verstehen können. Diese Komposita sind als solche Bestandteile des Wortschatzes (des Lexikons) geworden; man nennt diesen Vorgang **Lexikalisierung** oder **Idiomatisierung**, die betreffenden Wörter lexikalisiert oder idiomatisiert. Erklärungen solcher Wörter findet man in historischen Wörterbüchern, die die Herkunft und Geschichte der Wörter darstellen. Sie erklären zum Beispiel

Bockwurst als "eine Wurst, die zum *Bockbier* gegessen wurde, also Klammerform aus *Bockbier-Wurst*" (Kluge. Etymologisches Wörterbuch, S. 122),

wobei mit dem Sternchen (*) die betreffende Form als rekonstruiert gekennzeichnet wird; die Entstehung des Wortes wird ins 19. Jahrhundert datiert.

Der gegenwartssprachliche Wortschatz enthält nebeneinander ganz neue und ältere, zum Teil sehr alte Wörter, deren Herkunft in etymologischen Wörterbüchern erklärt wird.

2. Germanische Etymologie

In dem 'Etymologischen Wörterbuch des Deutschen' von Wolfgang Pfeifer findet sich zu dem Wort *Wand* folgender Artikel:

> **Wand** f. 'senkrecht stehende, raumbildende und -abtrennende Fläche', ahd. (8. Jh.), mhd. mnd. mnl. *want*, nl. *wand* gehört als ablautendes Verbalnomen zu der unter *winden* (s. d.) behandelten Wortgruppe. Es bezeichnet ursprünglich die nach germ. Bauweise aus Zweigen gewundene oder geflochtene, dann mit Lehm bestrichene Wand. Vgl. auch mit anderer Stammbildung (als *u*-Stämme) anord. *vǫndr* 'Zweig, Stock, Rute', got. *wandus* 'Rute', eigentl. 'Gewundenes' bzw. 'zum Winden Gebrauchtes'.

W. Pfeifer, Etymologisches Wörterbuch des Deutschen, S. 1536f.

Für das feminine (f.) Substantiv *Wand* werden folgende ältere Formen genannt: In den Sprachstufen Althochdeutsch (ahd.), Mittelhochdeutsch (mhd.), Mittelniederdeutsch (mnd.) und Mittelniederländisch (mnl.) gilt *want*. Das Niederländische (nl.) hat *wand*. In allen diesen Sprachen gilt die Bedeutung 'senkrecht stehende, raumbildende und -abtrennende Fläche'. Das Wort ist eine Ableitung von dem Verb *winden* und als Bezeichnung des Flechtwerks der Hauswand zu verstehen. Für das Gotische (got.) und Altnordische (anord.) werden andere Wortformen und Bedeutungen genannt, die aber auch Verwandtschaft erkennen lassen.

Die etymologische Methode beruht auf dem Vergleich von einander ent-sprechenden Wörtern in verwandten Sprachen und ihren Vorstufen. Die mit der deutschen Sprache am nächsten verwandten Sprachen werden als **germanische Sprachen** bezeichnet. Zu den germanischen Sprachen gehören:

a) die westgermanischen Sprachen
   Englisch, Friesisch, Niederländisch, Afrikaans, Deutsch, Luxembur-gisch, Jiddisch mit ihren historischen Vorstufen,

b) die nordgermanischen Sprachen
   Isländisch, Norwegisch, Schwedisch, Dänisch, Färöisch mit ihren historischen Vorstufen,

c) die ostgermanischen Sprachen, von denen nennenswerte Sprachreste nur aus dem Gotischen des 4. Jahrhunderts erhalten sind.

Das zitierte Wörterbuch erklärt das Wort *Wand* innerhalb der altgermanischen Sprachen; die weitere Vorgeschichte wird bei dem zugrunde liegenden Verb *winden* behandelt.

3. Indogermanische Etymologie

Neben der deutschen Form *Vater* stehen folgende verwandte germanische Formen des Wortes:

dt.	*Vater*	engl.	*father*
nl.	*vader*	schwed.	*fader*

Ähnliche, offenbar verwandte, Wortformen treten aber auch in weiteren, nicht zu den germanischen Sprachen gehörigen Sprachen auf:

lat.	*pater*	griech.	*patḗr*
altindisch	*pitā́*	altirisch	*athir*

Die germanischen Sprachen haben im Anlaut des Wortes übereinstimmend *f* gegenüber *p* im Lateinischen, Griechischen und Altindischen, während in den keltischen Sprachen wie dem Irischen anlautend *p* geschwunden ist. Die historisch-vergleichende Sprachwissenschaft hat anhand zahlreicher derartiger Wortentsprechungen die Gesetzmäßigkeiten der lautlichen Veränderungen aufgedeckt. Germanisch *f* im Anlaut entspricht in jedem Fall *p* im Griechischen, Lateinischen und Altindischen:

lat.	*piscis*	ahd.	*fisc*	nhd.	*Fisch*
griech.	*pénte*	ahd.	*finf*	nhd.	*fünf*
lat.	*pecus*	ahd.	*fihu*	nhd.	*Vieh*

Die regelmäßige Veränderung von *p* zu *f* steht im Zusammenhang einer umfassenden lautlichen Umgestaltung im Konsonantismus, der **ersten** oder **germanischen Lautverschiebung.** Durch diesen Lautwandel und durch weitere Entwicklungen haben sich die germanischen Sprachen aus der größeren Gruppe der mit ihnen verwandten indogermanischen Sprachen ausgegliedert. In lateinisch, griechisch und altindisch *p* ist demnach auch die für germanisch *f* anzunehmende indogermanische Vorstufe erhalten. Die germanischen Wörter *Vater* usw. sind also mit lateinisch *pater,* griechisch *patēr* und altindisch *pitā* urverwandt. Die übrigen Phoneme des Wortes in den verschiedenen verwandten Sprachen stehen in entsprechenden lautgesetzlichen Beziehungen zueinander. Aufgrund dieser Lautgesetze lässt sich eine gemeinsame indogermanische Ausgangsform **pətēr* rekonstruieren, die so in den etymologischen Wörterbüchern angegeben wird.

Die **indogermanischen Sprachen** gliedern sich in folgende Gruppen und Einzelsprachen:

- Germanische Sprachen
- Keltische Sprachen (Irisch, Gälisch, Kymrisch, Kornisch, Bretonisch)
- Lateinisch und die aus ihm entstandenen romanischen Sprachen (Portugiesisch, Spanisch, Katalanisch, Okzitanisch, Französisch, Italienisch, Rätoromanisch, Rumänisch)
- Slavische Sprachen (Sorbisch, Polnisch, Tschechisch, Slovakisch; Slovenisch, Serbokroatisch, Makedonisch, Bulgarisch; Russisch, Weißrussisch, Ukrainisch)
- Baltische Sprachen (Litauisch, Lettisch)
- Griechisch
- Albanisch
- Armenisch
- Iranische Sprachen (Persisch usw.)
- Indoarische Sprachen (Hindi, Urdu usw.).

In den einzelnen Sprachgruppen sind Sprachen untergegangen und nur historisch bezeugt, wie zum Beispiel das Gotische bei den germanischen Sprachen und das Altpreußische bei den baltischen Sprachen. Außerdem sind ganze Einzelsprachen wie das Hethitische und Tocharische untergegangen. Neben der indogermanischen Sprachfamilie, die auch indoeuropäisch genannt wird, stehen andere, wie die semitische Sprachfamilie, zu der Hebräisch und Arabisch gehören. Ungarisch, Finnisch und Estnisch gehören zu der finno-ugrischen Sprachfamilie, das Türkische zu den Turksprachen. Das Baskische steht völlig isoliert.

4. Lehnwort und Fremdwort

Mit dem Wort *Wand* wird das Wort *Mauer* verglichen; der entsprechende Artikel führt auf einen anderen Typ von Etymologie.

> **Mauer** *f.* (< 8. Jh.). Mhd. *mūr(e)*, ahd. *mūra*, as. *mūra*. Wie ae. *mūr m.* und anord. *múrr m.* entlehnt aus l. *mūrus m.* Die Mauer ist mit dem Steinbau von den Römern zu den Germanen gekommen. Ihre Entsprechung bei den Germanen war die ge-flochtene und lehmverschmierte *Wand*. Von dem Wort *Wand* ist dann auch das Genus auf *Mauer* übertragen worden. Aus der gleichen Wurzel (ig. **mei-/moi-* 'befestigen') auch l. *moenia n.* 'Mauer', das unter *Munition* erwähnt ist. Verb: **mauern**; Tä-terbezeichnung: **Maurer**; Präfixableitung: **unter-mauern**.

Kluge. Etymologisches Wörterbuch, S. 546

Das Wort *Mauer* geht in allen seinen germanischen Formen auf lateinisch *mūrus* zurück. Das lateinische Wort wurde von den Germanen in ihre Spra-che übernommen. Derartige Übernahmen von sprachlichen Elementen nennt man **Entlehnung**. Das althochdeutsche Wort *mūra* hat ein neues Genus erhal-ten und entwickelt sich nach den Bedingungen der aufnehmenden Sprachen weiter. Der Vokal *ū* in mittelhochdeutsch *mūr(e)* wird wie *ū* in *hūs* zu neu-hochdeutsch *au* diphthongiert. Wörter fremder Herkunft, die in die aufneh-mende Sprache integriert worden sind, können als **Lehnwörter** von den nicht integrierten, fremd gebliebenen **Fremdwörtern** unterschieden werden. Das Wort *Wand* ist gegenüber dem Wort *Mauer* als **Erbwort** zu bezeichnen, da es nicht aus einer anderen Sprache entlehnt wurde, sondern im Germanischen aus eigenem Sprachmaterial gebildet wurde.

Als Fremdwörter, die ausdrucksseitig nicht in das deutsche Laut- und Schreibsystem integriert sind, lassen sich zum Beispiel die Wörter *Cutaway*, *Cutter* betrachten:

Cutaway, (Kurzform:) Cut „Herrenschoß-
rock": Der Name des Kleidungsstücks ist aus
engl. cutaway (coat) „abgeschnittener Rock"
entlehnt. Es gehört zu *engl.* to cut „schneiden"
(vgl. *Cutter*) und *engl.* away „weg, fort".
Cutter „Schnittmeister (Film- und Tontech-
nik)"; auch: „Fleischereimaschine": Das
Fremdwort ist aus gleichbed. *engl.* cutter entlehnt (s. auch *Cutaway* und *Kutter*). Das zu-
grundeliegende Verb *engl.* to cut „schneiden"
ist ohne sichere Deutung.

Duden. Etymologie, S. 113

5. Lehnwortschichten, Fremdwortmoden, Purismus

Im Laufe der germanischen und deutschen Sprachgeschichte sind in großem
Umfang Wörter aus anderen Sprachen aufgenommen worden, wobei vielfältige kulturhistorische Phänomene die Ursache waren. Die Germanen lernten
bei den Römern, die jahrhundertelang an den Grenzen des römischen Reichs
ihre Nachbarn waren, die Technik des Steinbaus kennen und übernahmen in
diesem Zusammenhang Wörter wie *Mauer* (murus), *Fenster* (fenestra), *Pforte*
(porta), *Estrich* (astricus), *Ziegel* (tegula), *Kalk* (calx), *Küche* (coquina),
Keller (cellarium), *Speicher* (spicarium), *Pflaster* (plastrum) usw. Eine
weitere Lehnwortschicht steht im Zusammenhang mit der Christianisierung
und enthält Wörter wie *Kirche* (kyrike), *Bischof* (episcopus), *Pfaffe* (papas),
Kloster (claustrum), *Münster* (monasterium), *Mönch* (monachus) usw. Der
Einfluss der hochmittelalterlichen französischen Kultur ist an Lehnwörtern
wie *Preis, Abenteuer, Turnier, Baron, Vasall, Lanze* usw. fassbar. Wörter
wie *Giro, Konto, Skonto, Diskont* usw. entstammen der italienischen Kauf-
mannssprache der frühen Neuzeit, *Oper, Alt, Sopran, Arie* usw. der italienischen Fachsprache der Musik im Barock. Der gesamte deutsche Wortschatz
besteht zu einem erheblichen Teil aus Lehnwörtern.

Seit dem 17. Jahrhundert wird dieser Einfluss auch Gegenstand der
Sprachbeobachtung und Sprachreflexion. Die Fremdwortübernahme wird
quantitativ bewertet, als Modeerscheinung wahrgenommen, zum Teil pole-
misch kritisiert und führt schließlich zu Gegenbestrebungen mit dem Ziel der
Sprachreinheit, zum sogenannten **Purismus**. Sofern darunter eine generelle
Freiheit von Wörtern aus anderen Sprachen verstanden werden soll, ist das
eine gänzlich ahistorische Vorstellung. Die Kritik an rein modischen Übernahmen und an völlig unnötigem Ersatz vorhandener heimischer Wörter kann
man hingegen auch als Sprachwissenschaftler nachvollziehen. Der mit der

Wortgeschichte des Deutschen vertraute Sprachwissenschaftler wird die derzeitige Debatte um die Anglizismen insgesamt distanziert und gelassen beobachten, denn von den bereits im 17. Jahrhundert heftig kritisierten Gallizismen sind längst nicht alle in die deutsche Sprache eingegangen, andere hingegen wie zum Beispiel *Onkel* (oncle), *Tante* (tante) und *Bluse* (blouse) sind völlig integriert. Das sprachhistorische Wissen um den Reichtum des Lehnwortschatzes, um die Wege seiner lautlichen, graphischen, flexivischen und semantischen Integration ist in jedem Fall für die Beurteilung der Gegenwartssprache von großem Nutzen; es liefert eigentlich erst die angemessenen Maßstäbe für die Beurteilung.

6. Bedeutungswandel im Wort und im Wortschatz

Das Wort *Bursche* ist wie das Wort *Mauer* ein Lehnwort aus dem Lateinischen. Es zeigt gegenüber mittellateinisch *bursa* Veränderungen in der Ausdrucksseite.

Die Etymologie des Wortes *Bursche* zeigt eine ursprüngliche Identität mit dem Wort *Börse*. Die folgenden Ausschnitte aus dem 'Deutschen Wörterbuch' von Hermann Paul beschreiben Etymologie und Bedeutungsentwicklung beider Wörter.

Bursche auch *Pursche*, 1 als Fem. seit dem 15.Jh. (DWb) bis ins 17.Jh. ›eine Gesellschaft von Studenten, Handwerksgesellen, Soldaten‹ (wohl wegen der gemeinsamen Kasse, † *¹Börse*). Indem zu *die Bursch(e)* wie zu anderen Kollektiva das Präd. häufig in den Pl. gesetzt wurde, faßte man das Wort selbst als Pl. auf. Dazu seit dem 17.Jh.: *2 B.* M. Sg. ›einzelnes Mitglied einer solchen Gesellschaft‹, vor allem ›Student‹: *Aber wie geht es sonsten auff der Universität? Seind auch viel Bursche daselbst?* (1658 Schoch, Comoedia, hg. Fabricius, 36), bis ins 20.Jh., heute nur noch ›Angehöriger einer Verbindung‹. 3 Allg.: ›junger lediger Mensch‹ (Stieler 1691), dann auch auf die Berufserfahrung übertr. *Handwerker-, Kaufmanns-, Schneiderbursch* (ebd.). 4 ›Diener‹ (Stieler) milit.: *Benn ist Offizier und hat einen ›Burschen‹, der ihm dienstlich zur Verfügung steht* (Theweleit, Könige I,31), heute veraltend wie auch (3): *zwei Stallburschen, solche haben wir noch in Wolfsegg!* (TBernhard, Auslöschung 624).

¹Börse mhd. *burse* < lat. *bursa* (zu griech. *býrsa* ›Leder‹), ›Geldbeutel‹, daher *Geldb.* (Heyne 1905); auch übertr. ›eine aus gemeinschaftl. Kasse lebende Gesellschaft‹ (vgl. Maaler: »ein hauffen kriegsknecht« s.v. *Burß*), bes. von Studenten († *Bursche*), bzw. das Haus, welches sie bewohnten.
²Börse seit 1558 ›Handelsort der Kaufleute‹, entlehnt aus nl. *beurs* nach der Brügger Kaufmannsfamilie *van der Burse*, vor deren Haus seit dem 14.Jh. Zusammenkünfte der Kaufleute stattfanden, »kauffleuthauß« (Henisch s.v. *Burs*). Seit ca. 1850 (Klu.) allg. ›Markt für Waren, für die nach best. Regeln Preise ausgehandelt werden‹, z.B. *Fisch-, Briefmarkenb.* Dazu um 1870 **Börsianer** (Mu./Sa. 1910) als spöttische Bez.

Hermann Paul, Deutsches Wörterbuch, S. 153, 140

Das Beispiel veranschaulicht, dass auch die Inhaltsseite sprachlicher Zeichen einem Wandel unterworfen sein kann. Von der Bedeutung 'Geldbeutel' erfolgte die Ausweitung auf die Bedeutungen 'aus gemeinsamer Kasse lebende Gesellschaft' und 'gemeinschaftlich bewohntes Haus dieser Gesellschaft'. Von der Bedeutung 'Gesellschaft' vollzog sich eine Verengung auf die Bedeutung 'einzelnes Mitglied der Gesellschaft'. Von hier aus ergab sich eine erneute Ausweitung zu der Bedeutung 'männliche Person'. Vergleichbare Bedeutungsentwicklungen liegen auch bei anderen Wörtern vor. Entsprechend den Lautgesetzen auf der Ausdrucksseite gibt es auch auf der Inhaltsseite Typen von Veränderungen wie zum Beispiel Bedeutungserweiterung und Bedeutungsverengung.

Der Bedeutungswandel beim Einzelwort kann zu feldhaften Veränderungen paradigmatischer semantischer Beziehungen führen. Ein solcher Wortfeldwandel entsteht zum Beispiel im Zusammenhang mit der Bedeutungserweiterung des Wortes *vrouwe*, Frau. Das mittelhochdeutsche Wort *vrouwe* verliert die Bedeutung 'adelige Herrin' und wird zunehmend in der Bedeutung 'erwachsene weibliche Person' verwendet. Die Bedeutung 'Herrin' geht auf das im 16. Jahrhundert gebildete Lexem *Herrin* über. Daneben treten die aus romanischen Sprachen entlehnten Wörter *Dame* und *Madame* als Erweiterungen des Paradigmas um die Bedeutungen 'vornehme (bürgerliche) Frau'. Die alte Bedeutung 'Herrin' bleibt in modifizierter Form in Anreden wie *gnädige Frau* oder im christlichen Bereich in der Marienbezeichnung wie *unsere liebe Frau* erhalten.

Wortgeschichtliche Prozesse lassen sich am Einzelzeichen in seinen ausdrucks- und inhaltsseitigen Strukturen beobachten, aber auch in den geographischen, sozialen und pragmatischen Verwendungsbedingungen. Die Einzelwortgeschichte zeigt durch syntagmatische und paradigmatische Beziehungen vielfältige Verflechtungen mit der Wortschatzebene und systemhaften Entwicklungen der Lexik. Wortgeschichte ist daher stets auch als Bestandteil von Wortschatzgeschichte zu verstehen.

Da Wörter und Wortschatzteile nicht nur innerhalb systematischer Beziehungen der Sprache zu beschreiben sind, sondern auch im Hinblick auf ihre Verbindung mit dem außersprachlichen Bereich, spielen in der Entwicklung wortgeschichtlicher Strukturen sach-, kultur- oder begriffsgeschichtliche Zusammenhänge häufig eine wichtige Rolle.

Definitionen

- **Lexikalisierung** heißt der Prozess des Verlustes der semantischen Motiviertheit komplexer Wörter.
- **Etymologie** heißt das sprachwissenschaftliche Teilgebiet, das sich mit der Herkunft der Wörter beschäftigt; auch ihr Ergebnis, die Darstellung der Herkunft, wird Etymologie genannt.
- **Fremdwort** heißt ein aus einer anderen Sprache übernommenes Wort, das in Lautung, Schreibung oder Flexion Merkmale seiner fremden Herkunft behalten hat.
- **Lehnwort** heißt ein aus einer anderen Sprache übernommenes Wort, das in Lautung, Schreibung oder Flexion in die aufnehmende Sprache integriert worden ist.
- **Erbwort** heißt ein in einer Sprache und ihren Vorstufen vorhandenes Wort, das nicht aus einer anderen Sprache übernommen worden ist.
- **Purismus** nennt man das Bestreben, aus einer Sprache die lexikalischen Einflüsse anderer Sprachen zu beseitigen.

Literaturhinweise

Kurzinformation:

Metzler Lexikon Sprache. Artikel: Anglizismus, Fremdwort, Etymologie, Gallizismus, Idiomatisierung, Lehnwort, Lexikalisierung (von H. Günther und B. Schaeder); Erbwortschatz (von R. Bergmann); Purismus (von W. Sauer) sowie die Artikel zu den einzelnen Sprachen und Sprachfamilien wie Afrikaans, Dänisch, Deutsch usw., Baltische Sprachen, Germanische Sprachen usw.

Einführende Literatur:

R. *Bergmann* – P. *Pauly* – C. *Moulin-Fankhänel*, Alt- und Mittelhochdeutsch, S. 127-137

H. *Birkhan*, Etymologie des Deutschen

G. *Fritz*, Historische Semantik

M. *Meier-Brügger*, Indogermanische Sprachwissenschaft

E. *Seebold*, Etymologie

Grundlegende und weiterführende Literatur:

P. *Braun* (Hg.), Fremdwort-Diskussion

Duden. Etymologie

H. *Eggers*, Deutsche Sprachgeschichte

Kluge, Etymologisches Wörterbuch der deutschen Sprache

W. *Pfeifer*, Etymologisches Wörterbuch des Deutschen

Sprachgeschichte. Ein Handbuch zur Geschichte der deutschen Sprache und ihrer Erforschung

XVII. Namen als sprachliche Zeichen und historische Zeugnisse

1. Name und Wort

Namen sind wie Wörter sprachliche Zeichen. Unter morphologischem Aspekt lassen sie sich wie Wörter im Hinblick auf ihre Bildung untersuchen. Es treten Zusammensetzungen auf wie *Schwarz-bach* und Suffixbildungen wie *Brün-ing*.

Unter semantischem Aspekt zeigt sich zunächst die Gemeinsamkeit von Name und Wort in ihrer Bezeichnungsfunktion für außersprachliche Gegebenheiten. Wörter bezeichnen dabei aufgrund ihrer Bedeutung: Weil das Wort *Tisch* die Bedeutung 'Möbelstück mit einer waagerecht auf Stützen ruhenden Platte' besitzt, kann man ein einzelnes derartiges Möbelstück mit diesem Wort bezeichnen. Namen bezeichnen dagegen unmittelbar ohne lexikalische Bedeutung: *Köln, Neckar, Fritz*. Eine Bedeutung ist bei diesen Namen nicht erkennbar, was ihre Bezeichnungsfunktion für die Stadt, den Fluss und eine bestimmte Person nicht beeinträchtigt. Wo scheinbar eine Bedeutung eines Namens vorliegt, wird die Unmittelbarkeit der Bezeichnungsfunktion besonders deutlich. Die Bedeutung des Wortes *Schneider* spielt nämlich für die Bezeichnung des Namenträgers Schneider gerade keine Rolle. Wer *Schneider* heißt, muss bekanntlich keineswegs von Beruf Schneider sein. Namen werden daher auch nicht übersetzt. In England wird *Herr Schneider* nicht *Mister Taylor* genannt; ebensowenig heißt *Casanova* im Deutschen *Neuhaus*.

In Hinsicht auf ihre Bezeichnungsfunktion unterscheidet man Name und Wort als **Eigenname** (Nomen proprium) und **Appellativ** (Nomen appellativum).

2. Die Gliederung der Namen

Die Namen lassen sich nach den Namenträgern und nach ihren Bezeichnungsfunktionen gliedern. **Rufnamen** und **Familiennamen** gehören zu den **Personennamen** (Anthroponyme); zu ihnen gehören weiter Beinamen (*Heinrich der Löwe*) und Personengruppennamen (*Alemannen, Hessen, Russen, Schweizer*). Dem Gesamtbereich der Personennamen stehen die **Ortsnamen** (Toponyme) als Bezeichnungen für geographische Gegebenheiten der verschiedensten Art gegenüber. Nach der Art der Örtlichkeit werden hauptsächlich unterschieden: **Siedlungsnamen** (*Köln, Hallstadt*), **Flurnamen** und **Straßennamen** (*Am*

Graben, Adenauerallee, Ludwigshöhe), **Gewässernamen** (*Rhein, Steinhuder Meer, Schwarzbach*), **Landschaftsnamen** und **Ländernamen** (*Franken, Bergisches Land, Lüneburger Heide, England*). In einem weiteren Sinne gehören die Ortsnamen zu den Sachnamen. **Sachnamen** sind beispielsweise auch Namen von Schiffen (*die Bismarck, die Pamir, die Europa*), von Waren und Firmen usw. Die Namenforschung insgesamt wird auch **Onomastik** genannt.

3. Aspekte der Rufnamenforschung

Anders als Familiennamen oder geographische Namen werden Rufnamen in der Gegenwart in großem Umfang gewählt und vergeben. Rufnamengebung kann daher auch synchron gegenwartssprachlich in Hinsicht auf ihre Motivation bei der Namenwahl untersucht werden. Es lassen sich geradezu Rufnamenmoden beobachten. Vielfach bedienen namenwählende Eltern sich dabei eines der vielen Rufnamenbücher, die als 'Vornamenbücher' auf dem Buchmarkt sind.

Der heutige Rufnamenbestand ist das Ergebnis vielfältiger historischer Entwicklungen. Wie im Wortschatz liegen auch im Rufnamenschatz diese historischen Schichten in der Gegenwart vor. Hier können nur die wichtigsten angedeutet werden:

zweigliedrige germanische Rufnamen wie
Siegfried, Friedrich, Wilhelm, Bertram,
Brunhild, Hildegard, Kunigunde,
Kurzformen zu zweigliedrigen germanischen Rufnamen wie
Fritz, Willi, Bert, Kuno,
Hilde, Berta, Gunda,
biblische Namen wie
Jonas, Jakob, Joseph, Johannes, Andreas,
Judith, Rachel, Maria, Martha,
Heiligennamen wie
Sebastian, Florian, Lorenz,
Barbara, Katharina, Ursula.

In der Neuzeit sind Rufnamen aufgrund vielfältiger kultureller Einflüsse aus vielen anderen Sprachen hinzugekommen, wie etwa folgende Beispiele veranschaulichen können:

Kevin, Mario, René,
Sandra, Nancy, Carmen.

An alle diese Namenschichten richten sich nicht nur Fragen nach der Herkunft und Motivation, sondern sie sind auch Gegenstand sprachwissenschaftlicher Analyse im Hinblick auf Lautung und Schreibung, Bildungsweise, Geschlechtsspezifik und so weiter.

4. Aspekte der Familiennamenforschung

Zur Identifizierung von Personen werden heute Familienname und Rufname angegeben. Verzeichnisse wie Telefonbücher oder Bibliothekskataloge ordnet man, soweit es um Personen geht, nach Familiennamen. In überschaubaren, vertrauten Gemeinschaften wird in der Regel nur der Rufname zur Bezeichnung einer Person verwendet, ohne dass ihr Familienname überhaupt bekannt sein muss (so zum Beispiel bei Studenten). In diesem Sinne liegt Einnamigkeit vor. Personenbezeichnungen in Geschichte und älterer Literatur zeigen im Prinzip Einnamigkeit:

Siegfried, Hagen, Gunther, Krimhild,
Notker, Einhard, Karl, Karlmann, Ludwig.

Einnamigkeit ist der ältere Zustand. Familiennamen wurden erst in späterer Zeit üblich. Sie entstanden aus dem Bedürfnis nach präziserer Identifikation auf dem Weg über zunächst individuelle, später erbliche Beinamen.

Nach ihrer Entstehung lassen sich fünf **Typen von Familiennamen** unterscheiden, die heute noch an zahlreichen Familiennamen deutlich erkennbar sind.

– Familiennamen wie *Friedrich, Werner, Paul, Martin* entstanden aus Benennungen nach dem **Rufnamen** des Vaters:
  (Heinrich, Sohn des) *Friedrich*,
  (Heinrich, Sohn des) *Martin*.
Viele derartige Familiennamen zeigen daher die ehemalige Genitivendung -*s*, zum Beispiel *Friedrichs, Heinrichs, Peters*, sowie bei latinisierten Namen -*i*, zum Beispiel *Martini, Petri*. Die Benennung nach dem Rufnamen des Vaters kann auch durch Zusammensetzung mit dem Grundwort *Sohn* erfolgen, das meist abgeschwächt als -*sen* erscheint: *Friedrichsen, Martinsen, Petersen, Jürgensen, Hansen*. Dieselbe Funktion haben auch die Bildungen auf -*mann* und mit dem Zugehörigkeit ausdrückenden Suffix -*ing*: *Friedmann, Petermann, Heinemann* (zu *Hein-rich*), *Brüning* (zu *Bruno*), *Berning* (zu *Bern-hard*), *Lorzing* (zu *Lorenz*).

- Familiennamen wie *Schneider, Förster, Wirt* repräsentieren den aus Benennungen nach dem **Beruf** entstandenen Typ: *Klaus (der) Schneider*. In derartigen Familiennamen sind oft untergegangene oder ungebräuchlich gewordene Berufsbezeichnungen enthalten wie *Weißgerber, Messerschmitt, Köhler, Pfeifer*. Die Berufsbezeichnungen treten auch in der im Humanismus üblich gewordenen Latinisierung auf: *Agricola* (= *Ackermann* oder *Bauer*), *Mercator* (= *Kaufmann* oder *Kramer*), *Faber* (= *Schmied*), *Piscator* (= *Fischer*). Die Benennung nach dem Beruf konnte auch mittelbar nach beruflichen Attributen erfolgen: *Fingerhut* (für einen Schneider), *Rohleder* (für einen Gerber), *Gutbier* (für einen Brauer).

- Familiennamen wie *Bremer, Hamburger, Basler* lassen eine ursprüngliche Benennung nach einem **Siedlungsnamen** erkennen, der in der Regel die Herkunft der Person bezeichnete: (Otto aus) *Basel*, (Otto der) *Basler*. Neben den Bildungen auf *-er* stehen Fügungen mit *von/van*: *van Beethoven* (nach einem Ortsnamen *Beethoven* in Belgien) sowie Bildungen auf *-mann*: *Münstermann, Wuppermann*.

- Familiennamen wie *Imhof, Amend, Zumbusch, von der Heydt, Aufdermauer* sind entstanden aus **Beinamen nach der Lage der Wohnstätte**: wie (Friedrich) *Im Hof, Am End* usw. Auch hier treten Suffixbildungen auf: *Brunner, Strasser, Bühler, Gassner, Feldner, Holzner* sowie Bildungen auf *-mann*: *Bachmann, Stegmann*.

- Familiennamen wie *Fröhlich, Kühn, Klein, Langnese, Leisegang, Schönhals* sind entstanden aus **Beinamen**, die sich ursprünglich auf individuelle Merkmale einer Person bezogen.

Die große Zahl und Verschiedenartigkeit der deutschen Familiennamen beruht auf ihrer Entstehung aus den vorgeführten Beinamentypen. Jeder Beiname kann darüber hinaus in einer großen Fülle von lautlichen und graphischen Varianten auftreten, die sprachgeschichtlich und sprachgeographisch bedingt sind:

Schmied, Schmid, Schmidt, Schmitt, Schmitz, de Smet.
Nikolaus, Niklaus, Niklas, Nickel, Nickels, Klaus, Klausen, Klas, Klasen, Claasen.
Bühler, Biehler, Bichler, Pichler, Bichel, Pichel.

Es kann als geradezu charakteristisch angesehen werden, dass die vom jeweils zugrunde liegenden Appellativ verschiedenen Schreibungen bei den Namen häufiger vorkommen als die mit ihm übereinstimmende. Sie signalisieren zumindest graphisch deutlich den Eigennamencharakter, wie zum Beispiel *Becker* gegenüber *Bäcker*, *Schmid* gegenüber *Schmied*.

5. Historische Siedlungsnamenschichten

Die im heutigen deutschen Sprachraum existierenden Siedlungsnamen sind im Allgemeinen mit den Siedlungen selbst entstanden. Sie lassen sich daher historischen Siedlungsperioden zuordnen. Entsprechend ihrem Alter zeigen sie auch die verschiedensten sprachhistorischen Veränderungen. Aufgrund namenkundlicher, sprach- und siedlungshistorischer Analyse lassen sich in der Landschaft oder auf der Landkarte historische Siedlungsnamenschichten ablesen.

Namen wie *Köln* und *Koblenz* sind Zeugen der Römerzeit. Sie stammen aus lat. *colonia* und *confluentes*. Vielfach sind durch römische Vermittlung noch ältere keltische Namen erhalten geblieben wie etwa *Cambodunum* im Namen *Kempten*. In noch ältere voreinzelsprachliche Zeit weisen viele Flussnamen wie *Rhein, Main, Regnitz, Donau, Isar* usw.

Aus der Zeit der germanischen Landnahme in der Völkerwanderungszeit und im frühen Mittelalter stammen Namen mit dem Suffix *-ing(en)* und mit Grundwörtern wie *-heim, -dorf, -leben*, deren Erstelement meist auf einen Rufnamen zurückgeführt wird: *Sigmar-ingen, Bertolds-heim, Hadmers-leben*. In manchen heutigen Namenformen ist dieser Personenname nicht mehr erkennbar. Erst die historischen Formen geben ihn deutlicher zu erkennen: *Rattelsdorf*, a. 1015 *Ratolfesdorf*.

Für die hoch- und spätmittelalterliche Zeit des Landesausbaus durch Rodung sind Namen kennzeichnend, die als Simplex oder als Grundwort von Komposita den Rodungsvorgang, die Art der Rodung oder das Ergebnis der Rodung bezeichnen: *Konnersreuth – Burkardroth* zu *-reuth, -roth* 'Rodung', *Bodenmais* zu mhd. *meiz* st.M. 'Holzschlag', *Ottengrün* zu mhd. *grüene* st.F. 'neu bewachsener Ort'.

In der Neuzeit kommen nach französischem Vorbild typische Namen des Absolutismus auf wie *Karlsruhe, Ludwigslust*, in denen sich die Landesfürsten ein Denkmal setzten.

Freilich ist es nicht möglich, einen Siedlungsnamen nach der heutigen Form einfach einer Namenschicht und Siedlungsperiode zuzuweisen. In jedem Fall müssen zunächst die überlieferten historischen Schreibungen geprüft werden, da durch lautliche und graphische Umgestaltungen und durch partiellen oder totalen Namenwechsel die ursprünglichen Verhältnisse mehr oder weniger stark verdunkelt sein können. Siedlungsnamenforschung ist daher stark in die Erforschung der Siedlungsgeschichte eingebettet. Für die Ermittlung der historischen Schreibungen ist sie auf die Geschichtswissenschaft angewiesen, bei ihrer Analyse kommt die historische Sprachwissenschaft in Anwendung.

Literaturhinweise

Kurzinformation:

Metzler Lexikon Sprache. Artikel: Eigenname (von B. Schaeder)

Einführende Literatur:

G. *Bauer*, Namenkunde des Deutschen

G. *Koß*, Namenforschung

R. *Schützeichel*, in: M. Gottschald – R. Schützeichel, Deutsche Namenkunde, S. 13-76

Grundlegende und weiterführende Literatur:

A. *Bach*, Deutsche Namenkunde

K. *Kunze*, dtv-Atlas Namenkunde

Namenforschung. Ein internationales Handbuch

Namenbücher:

Duden. Geographische Namen in Deutschland

Duden. Familiennamen

Duden. Das große Vornamen-Lexikon

XVIII. Lexikographie

1. Wörterbucharbeit und ihr fachlicher Bezugsrahmen

Wörterbücher verzeichnen und beschreiben bestimmte Ausschnitte der Lexik. Ihre Erarbeitung beruht auf den Verfahren und Ergebnissen der Lexikologie, Lexikographie und Metalexikographie.

Das Arbeitsgebiet der **Lexikologie** umfasst wissenschaftliche Ansätze zur Erforschung der Wörter und des Wortschatzes. Es gliedert sich wissenschafts-organisatorisch und methodisch in verschiedene, sehr selbständig entwickelte Teilgebiete, von denen vor allem die Wortbildungslehre, die Phraseologie und die lexikalische Semantik erwähnt seien.

Unter der Bezeichnung **Lexikographie** wird jede Tätigkeit gefasst, die zur Erstellung eines Wörterbuchs führt. Dabei stehen vielfach praktische Interessen wie Hilfestellung bei der Übersetzung, Hinweise auf treffende Ausdrücke oder Bedeutungserklärungen im Vordergrund. Traditionell bieten Wörterbücher auch Informationen über korrekte, normkonforme Verwendung einer Lexik. Soweit die Erarbeitung von Wörterbüchern in einem wissenschaftlichen Kontext steht, gehen in die Wörterbucharbeit Grundlagen, Ergebnisse und Verfahren der Bezugsdisziplinen ein.

Als **Metalexikographie** wird eine linguistische Disziplin bezeichnet, die die Erforschung der Wörterbücher in ihrem Aufbau und ihrer Leistungsfähigkeit zum Gegenstand hat. Im Rahmen metalexikographischer Fragestellungen können so etwa Probleme der Corpusbildung, der Strukturierung von Informationen innerhalb eines Wörterbuchartikels oder Abläufe von Wörterbuchbenutzungen untersucht werden.

2. Grundlagen der Wörterbucharbeit

Die praktische Ausarbeitung wissenschaftlich tragfähiger Wörterbücher setzt die Erstellung einer Materialgrundlage in Form einer Quellensammlung und eines Belegarchivs voraus. Mit der Quellensammlung wird der Gegenstandsbereich entweder exemplarisch oder vollständig abgebildet. Die vollständige Erfassung aller Quellen eines bestimmten Sprachausschnittes setzt dessen quantitative Überschaubarkeit voraus. Für einzelne Autoren oder geschichtlich sehr begrenzt überlieferte Perioden wie zum Beispiel das Althochdeutsche sind solche Zugriffe realisierbar. Für die Mehrzahl der Gegenstandsbereiche ist unter praktischen Erwägungen jedoch nur eine auswahlweise Abbildung der Gegenstandsbereiche möglich und sinnvoll.

Aus den lexikographischen Quellencorpora wird bei traditioneller Verfahrensweise ein Belegarchiv in Zettelform angelegt. Ein Belegzettel enthält den Textausschnitt einer Quelle, der für Bezeugung und Gebrauch eines bestimmten darin enthaltenen Wortes charakteristisch erscheint. Die Textstelle wird auf dem Belegzettel bibliographisch nachgewiesen. Vielfach zeigen die Belegzettel zusätzliche technische Angaben wie die Stichwortform, Wortartangaben oder Datierungshinweise.

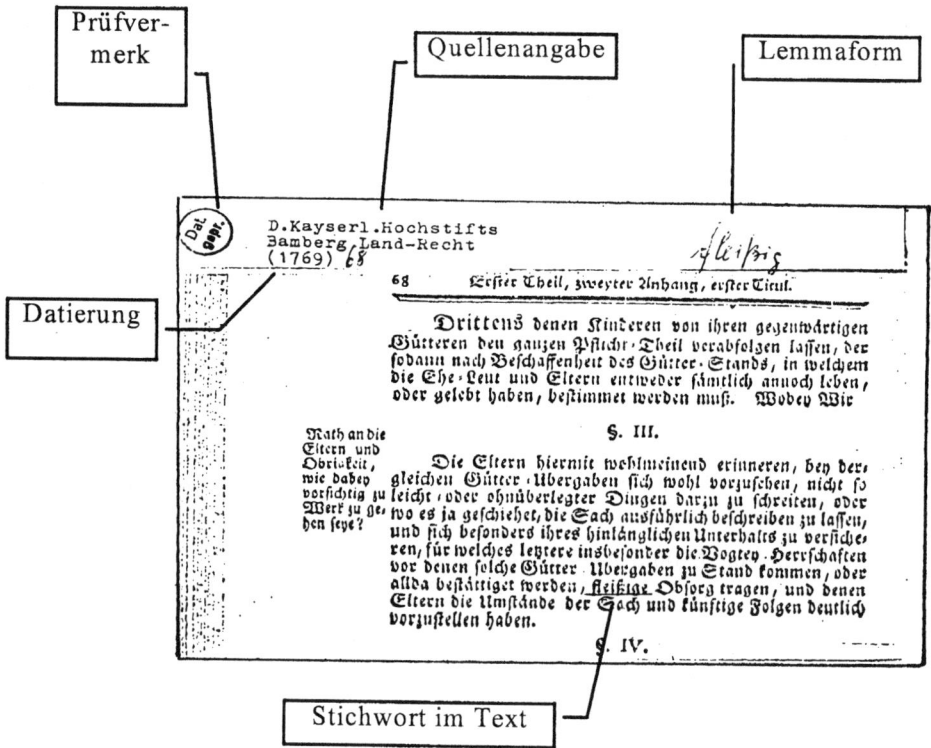

Belegzettel: Deutsches Wörterbuch von Jacob Grimm und Wilhelm Grimm. Neubearbeitung (= ²DWB), Arbeitsstelle Göttingen

Die Belegzettel werden traditionell im Rahmen einer Exzerption angelegt. Dabei handelt es sich um einen an den Quellen durchgeführten spezifisch lexikographischen Lese- und Kopierprozess unter der Leitfrage, welche Lexeme aus dem Gegenstandsbereich eines Wörterbuchs in einer Quelle vorkommen und welche Vorkommen für die durch die Wörterbuchkonzeption vorgegebene formale, inhaltliche oder pragmatische Beschreibung eines Lexems von Bedeutung erscheinen.

Die Belegzettelsammlung, die bei der Exzerption entsteht, wird alphabetisch nach Stichwörtern geordnet und zu einem Belegarchiv zusammengestellt. Dieses Belegarchiv gilt als operationalisierte Form der Abbildung des lexikographischen Gegenstandsbereichs. Im Wesentlichen werden zwei Formen dieser Belegarchive unterschieden: Das geschlossene Belegarchiv bewahrt dauerhaft den nach der Exzerption erreichten Bestand an Zetteln. Einem offenen Archiv werden sukzessive neue oder ergänzende Belegsammlungen hinzugefügt. Es besitzt zu verschiedenen Zeitpunkten unterschiedliche Umfänge und eine qualitative Schichtung.

3. Wörterbücher als Texte und Informationsspeicher

Wörterbücher gehören zu den Sachtexten, die als Nachschlagewerke Information über sprachliche Gegebenheiten vorzugsweise von Einzelwörtern bieten. Die jeweiligen Nutzungsansätze bedingen verschiedene Formen der Informationsorganisation sowie darauf bezogene textuelle Merkmale, die in ihrer Kombination einen eigenen Texttyp 'Wörterbuch' zu umschreiben erlauben.

Der gesamte Wörterbuchtext gliedert sich in den Artikelteil und verschiedene komplementäre Textteile. Die komplementären Textteile lassen sich grob in vier Funktionstypen gliedern. Der erste Typ bietet die Auflösung von verkürzt im Artikelteil erscheinenden Informationen. Dazu zählen Abkürzungen im engeren Sinn, aber auch die Auflösung bibliographischer Angaben in einem Quellenverzeichnis. Der zweite Texttyp erläutert benutzungstechnisch wirksame Sachverhalte wie das Anordnungsprinzip für die Stichwörter oder Art und Abfolge der Informationen im Artikel. Oft in diese Informationen eingebettet, jedoch auch selbständig erscheint der dritte Typ der komplementären Texte. Er gibt Auskunft über die Fassung des Gegenstandsbereichs, fachliche Grundlagen des Wörterbuchs und über die Zielsetzungen, die die Lexikographen verfolgen. Ein vierter, seltenerer textueller Komplementärtyp erscheint in Form separater Register oder besonderer Sortierungen der Stichwörter.

Der Artikelteil weist im Wesentlichen drei unterschiedliche Organisations- und Kohärenzebenen auf. Als wichtigste Ebene erscheint die Artikelreihe. In ihr bilden die Artikel die größten selbständigen Informations- und Texteinheiten mit relativ hoher Informationsautonomie und hoher interner Kohärenz. Diese Merkmale beruhen einerseits darauf, dass jeder Artikel durch seine Beziehung auf ein Stichwort bestimmt ist, andererseits darauf, dass dem

Artikeltext idealtypisch ein wörterbuchspezifisches Raster zugrunde liegt, in dem Informationen über das Stichwort angeordnet und aufeinander bezogen werden. Solche Raster, die als **Mikrostrukturen** bezeichnet werden, bilden stets eine Voraussetzung für die sichere und gezielte Informationsentnahme selbst bei hoher Textkomprimierung.

Mikrostrukturen beliebiger Wörterbuchartikel lassen sich vereinfacht in einer binären Hauptgliederung beschreiben. Die Erstkonstituente wird vom Stichwort oder Lemma gebildet, die zweite von der auf das Lemma bezogenen Information.

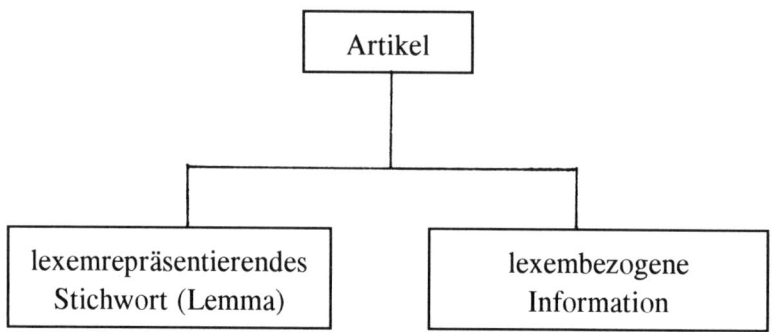

Das Lemma erfüllt für die Textorganisation im Artikel die Funktion eines Leitelementes. Zugleich repräsentiert es üblicherweise in konventionalisierter Form ein Lexem aus dem Gegenstandsbereich des Wörterbuchs.

Die lemmabezogenen Informationen können je nach Komplexität des Artikelaufbaus unterschiedlich stark strukturiert sein. Der Artikel ERSATZTEIL in der Neubearbeitung des Grimmschen Wörterbuchs zeigt so zunächst eine Gliederung in vier Hauptabschnitte, die als Stichwortgruppe, Einleitungsteil, Bedeutungsteil und Kompositonsgruppe zu unterscheiden sind. Die Stichwortgruppe besteht aus der Stichwortform und einer Sigle für die Wortartangabe. Im Einleitungsteil wird eine Erläuterung zur Wortbildung gegeben, die aus der Angabe der Wortbildungsart *zuss.* (= Zusammensetzung) sowie des Bestimmungswortes mit der zugehörigen Wortartangabe besteht. Ferner ist ein Verweis auf eine Gliederungsmarke im Bezugsartikel enthalten. Der Bedeutungsteil besteht seinerseits aus einer Bedeutungsparaphrase und einer Belegreihe. In der Belegreihe sind alle Zitate nach dem Alter ihrer Erstbezeugung geordnet worden. Jeder Einzelbeleg setzt sich zusammen aus einer Datumsangabe, dem Zitattext und einer bibliographischen Angabe. Die Kompositionsgruppe wird mit einem eigenen Stichwort eingeleitet, dem eine Reihe von Kompositionsgruppenartikeln folgt. Die Stichwörter dieser Kom-

positionsgruppenartikel erscheinen um die Bestimmungswortkonstituente
verkürzt mit Wortartangabe und einer unmittelbar anschließenden Stellen-
angabe für Belegstellen.

> **ERSATZTEIL** *n.   zuss. mit* ersatz *m.* 2.   *bestandteil einer*
> *maschine, eines fahrzeugs u. dgl., der im austausch zur erneue-*
> *rung eines unbrauchbar gewordenen teils dient:*   1916 die
> schulknaben .. entwendeten .. zwei fahrradhändlern zwei ta-
> schenlampen und fünf ersatzteile dazu HELLWIG *krieg 93.*
> 1938 sein beschädigtes privatflugzeug steht in der garage
> und wartet auf ein ersatzteil SIEBURG *frühling 219.*   1979
> ein anderes mit dem verkauf von zweirädern und den dazu-
> gehörigen ersatzteilen befaßtes unternehmen *gött. tagebl.*
> *48,Gött.*
> **ERSATZTEIL-.** -beschaffung *f.:*   1966 *frankf. allg. ztg. 72,1.*
> -geschäft *n.:*   1965 *spiegel 43,93.*   -lager *n.:*   1961 *ebd. 2,7.*
> 1979 *süddt. ztg. 153,13.*   -lieferung *f.:*   1957 KLOSS/N. *struktur 60.*

²DWB VIII, 6/7, Sp. 2106

Das hier skizzierte Bild der Artikelstruktur stellt die Realisierung eines sehr
variablen, oft erheblich komplexeren Strukturgefüges dar. Viele der Positionen dieses Gefüges sind optional und können je nach Befund beim Einzelwort
gefüllt oder ausgespart werden. So sind zum Beispiel innerhalb des Einlei-
tungsteils, wie der Vergleich mit dem Artikel zum Stichwort ES (Pronomen)
aus der Neubearbeitung des Deutschen Wörterbuchs zeigt, auch Positionen
für die germanische und indogermanische Parallelüberlieferung der Wortform
oder Hinweise zur Flexion vorgesehen, wenn einzelwortspezifische Beobachtungen dazu nach Vorgabe des Wörterbuchkonzepts zu buchen sind.

> **ES** *pron.*
> (1) *ahd.* iz, *mhd.* ez. *as. mnd.* it; *anfrk.* it; *got.* ita. *etymolog. anschluß*
> *strittig. mnl. nnl.* het; *ae.* hit, *me.* (h)it, *me. it. die nordgerm. entsprechungen*
> *durch das dem. pron. ersetzt. nom. akk. neutr. des pron. der 3. pers., gebildet*
> *mit der pronominalen flexionsendung -d und einer partikel -ōm von der*
> *schwundstufe des idg. pronominalstamms* *ei-.
> (2) *i-formen, frmhd. auch obd. noch mehrfach bezeugt, in md. texten bis*
> *1. hälfte 16. jhs. – die ältesten s-formen letztes viertel 13. jhs. in vorwiegend*
> *al. hss.:* 1278 es *(Basel) corp. altdt. originalurk. 5,113 W. – das*
> *schwachtonige wort verliert in der enklise häufig den vokalischen bestand-*
> *teil, ahd. nach vokalen, mhd. auch nach konsonanten. proklitisches 's ist*
> *schriftsprachlich seltener:* 1803 's ist gut KLEIST *Schroffenstein 182. bei*
> *der verschmelzung mit daz und ist kommt es zu vokalveränderungen:*
> ⟨ʊ1350⟩ eist nicht alsô BONER *edelstein 53 P.*

²DWB VIII, 6/7, Sp. 2379

Die Mikrostruktur spiegelt sich in einem gewissen Umfang auch in der Interpunktion oder typographischen Formaten. So werden die Stichwörter in der Regel durch Fettsatz hervorgehoben und zusätzlich ein- oder ausgerückt. Objekt- und Metasprache zeigen vielfach einen Wechsel von recte und kursiv. Oft sind auch bibliographische Angaben bei den Belegen an eigenen Formaten erkennbar.

In verschiedenen Wörterbüchern wird die Lemmaform auch als Beschreibungselement für bestimmte lexikalische Eigenschaften des Stichwortes genutzt. Dazu gehören zum Beispiel Kennzeichnungen zum Wortakzent, zur Silbenstruktur oder zur Orthographie. Vorrangig aber dienen die Stichwortformen zur Bildung der zweiten Strukturebene des Artikelteils, der Makrostruktur.

Flot|te, die; -, -n; Flot|ten_ab-
kom|men, ...ba|sis, ...stütz-
punkt; flot|tie|ren (schwimmen;
schweben); -de (schwebende,
kurzfristige) Schuld; Flot|til|le
[*österr. nur so, sonst auch* ...'tiljə].
die; -, -n (span.) (Verband kleiner
Kriegsschiffe); **flott|ma|chen**
(*Seemannsspr.* zum Schwimmen
bringen; *ugs. für* fahrbereit ma-
chen); *vgl.* flott; **flott|weg** (*ugs.
für* in einem weg; zügig)

Flotte
Farbflotte
Färbeflotte
Hochseeflotte
Waschflotte
Fischereiflotte
Kauffahrteiflotte
Panzerflotte
Kriegsflotte
Handelsflotte
Luftflotte

Duden. Rechtschreibung, 21.A. 1996, S. 285; E. Mater, Rückläufiges Wörterbuch, S. 131

Die **Makrostruktur** vieler Wörterbücher ergibt sich aus der alphabetischen Ordnung der Lemmaformen. In der einfachsten Form erscheint jedes Stichwort an der ihm zukommenden alphabetischen Position im rechtsläufigen wie im linksläufigen (rückläufigen) Wörterbuch. Dabei kann für die Textgestaltung aus Übersichtlichkeitsgründen eine glattalphabetische linksbündige Anordnung der Stichwörter gewählt werden wie im folgenden Beispiel. Aus Gründen der Raumersparnis wird vielfach eine teilweise nischenartige, unabgesetzte Abfolge der Artikel wie zum Beispiel bis zur 21. Auflage im Rechtschreibduden bevorzugt (sieh oben).

Flot|te, die; -, -n [1: unter Einfluss von ital. flotta. frz. flotte < mniederd. vlōte, zu ↑ fließen; 2: zu ↑ Flott]: **1. a)** *Gesamtheit der [Kriegs]schiffe eines Staates:* die englische F.: **b)** *größerer [Kriegs]schiffsverband.* **2.** *Flüssigkeit, in der Textilien gebleicht, gefärbt od. imprägniert werden.*

Flot|ten|ab|kom|men, das (Milit.): *Vertrag zwischen zwei od. mehr Staaten über Stärke u. Bewaffnung ihrer Flotten* (1 a).

Flot|ten|ba|sis, die (Milit.): *Hafen mit Versorgungseinrichtungen für eine Flotte* (1).

Flot|ten|stütz|punkt, der (Milit.): vgl. Flottenbasis.

Flot|ten|ver|band, der (Milit.): *Gruppe von Kriegsschiffen mit gemeinsamer Aufgabe.*

flot|tie|ren ⟨sw. V.; hat⟩ [frz. flotter, zu: flot = Welle, aus dem Germ.]: **1.** (Med.) *in einer Flüssigkeit frei beweglich schwimmen:* der Fetus flottiert im Fruchtwasser. **2.** (bildungsspr., Fachspr.) *schwanken, schweben:* flottierende Schuld (Rechtsspr.: *kurzfristige Darlehensschuld des Staates, schwebende Schuld*). **3.** (Textilind.) *(von Garnfäden im Gewebe) stellenweise frei liegen.*

Flot|til|le [flɔ'tɪl(j)ə], die; -, -n [span. flotilla, Vkl. von: flota < frz. flotte, ↑ Flotte]: **1.** (Milit.) *Verband kleinerer Kriegsschiffe.* **2.** *Verband aus mehreren Fangschiffen u. einem verarbeitenden Schiff, die gemeinsam fischen.*

Flot|til|len|ad|mi|ral, der (Milit.): **a)** ⟨o. Pl.⟩ *unterster Dienstgrad in der Rangklasse der Admirale;* **b)** *Offizier dieses Dienstgrades.*

flott|krie|gen ⟨sw. V.; hat⟩ (ugs.): *flottbekommen.*

flott|ma|chen ⟨sw. V.; hat⟩: **1.** (Seemannsspr.) *(ein auf Grund gelaufenes Schiff) wieder zum freien Schwimmen bringen.* **2.** (ugs.) *(ein Fahrzeug) fahrbereit machen.*

Flot|te, die; -, -n; Flot|ten|ab|kom|men; Flot|ten|ba|sis; Flot|ten|stütz|punkt

flot|tie|ren (schwimmen; schweben); flottierende (schwebende, kurzfristige) Schuld

Flot|til|le [*auch* ...'tɪljə], die; -, -n ⟨span.⟩ (Verband kleiner Kriegsschiffe)

flott|ma|chen (*Seemannsspr.* zum Schwimmen bringen; *ugs. für* fahrbereit machen); *vgl.* flott

flott|weg (*ugs. für* in einem weg; zügig)

Duden. Deutsches Universalwörterbuch, S. 557; Duden. Die deutsche Rechtschreibung, 22. A. 2000, S. 383

Gegenüber diesen einsträngigen alphabetischen Makrostrukturen ist der Typ der Makrostruktur mit verschiedenen Subalphabeten abzusetzen. Diesen nestalphabetischen Strukturen liegt eine Unterscheidung von Haupt- und Nebenlemmata zugrunde, die je rangverschiedene Alphabetreihen bilden. Das Wörterbuch von D. Sanders ordnet so alle Wortbildungen den Simplizia unter. Um eine Bildung wie *Orlogsflotte* zu finden, muss daher zunächst das Simplex im Hauptalphabet, danach die Bildung im Subalphabet aufgesucht werden.

Flötte, f.; –n; –n=: 1) = Flott II; f. z. B.
Bobrik 296: Die F–n der Schiffszimmerleute; an den Fischer-
netzen ꝛc. — 2) Färb.: die zum Ausfärben dienenden
Abkochungen von Farbstoffen. So auch: Farb(e)-,
Färbe(r)-F. Karmarsch 2, 783 und z. B.: Krapp-F.
1, 159; Quercitron-F. 2, 74 ꝛc. — 3) eine größere
Anzahl zusammengehöriger Schiffe, im engern Sinn
von Kriegsschiffen: Kriegs-, Orlogs-F. (vgl. Ge-
schwader), doch auch: Handels- (Sch. 101b), Kauf-
fahrtei-F.; Scheren-F., s. Klippe, Anm. ꝛc., z. B.:
Es warten die F–n, | die in der Fremdlinge Land tragen den
heimischen Fleiß. Sch. 76a, vgl.: Den Teich, wo meine [des
Knaben] F. | von Tannenborke schwamm. Matthisson 92 ꝛc.

D. Sanders, Wörterbuch der Deutschen Sprache, I, S. 469

Als dritte Strukturebene des Artikelteils wird hier die Verweisebene betrachtet. In dieser Ebene werden in unterschiedlicher Weise vernetzende Beziehungen zwischen Stichwörtern oder bestimmten Einzelinformationen hergestellt.
Bei den Stichwortverweisen handelt es sich in der Regel um Nebenformen,
von deren alphabetischer Position auf die maßgebliche Lemmaform mit dem
Artikel verwiesen wird.

DERENTWILLEN *adv.* *s.* deretwillen. **DERENWE-**
GEN *adv.* *s.* deretwegen. **DERENWEILEN** *konj.* *s.*
derweilen. **DERENWILLEN** *adv.* *s.* deretwillen.
DERENZEIT *adv.* *s.* derzeit. **DERERLEI** *adj.* *s.*
derlei. **DERETWEGEN** *adv. zuss. des erweiterten gen.*

DERWORTEN *adv. zusb. aus der genitivverbindung*
von der pron. 1a *und* wort *n. mit dem adverbialmorphem*
-en. *häufig in getrenntschreibung, s.* wort *n.* I B 2c ¹*DWB.*

²DWB, VI, Sp. 712, 748

4. Arten von Wörterbüchern im Überblick

Innerhalb der Textgruppe 'Wörterbuch' lassen sich zahlreiche Ausprägungen von spezifischen Wörterbucharten erkennen, die sich unter anderem nach Merkmalen der Wortschatzauswahl und der verschiedenen Beschreibungsansätze unterscheiden lassen.

Die Auswahl von Lexikbereichen für Wörterbücher folgt überwiegend Vorstellungen von raumzeitlichen und sprachsoziologischen Gliederungen der Sprache. Dementsprechend lassen sich je nach berücksichtigtem Wortschatz Wörterbucharten wie das Mundartwörterbuch, das fachsprachliche oder das gegenwartssprachlich-standardsprachliche Wörterbuch benennen. Die vielfach komplexe diasystematische Schichtung des Deutschen führt in der Praxis zwangsläufig zu gewissen Überschneidungen der Lexikbereiche.

Eine andere Art der Unterscheidung von Wörterbucharten ergibt sich aus bestimmten Beschreibungsansätzen oder Beschreibungsschwerpunkten. So lassen sich alle Wörterbücher, die semantische Eigenschaften von Lexemen beschreiben, als Bedeutungswörterbücher zusammenfassen. Innerhalb dieser Gruppe können je nach dem gewählten methodischen Standpunkt semasiologische und onomasiologische Wörterbücher oder nach der Art der berücksichtigten semantischen Qualitäten Synonymwörterbücher, Antonymwörterbücher und so weiter unterschieden werden. Zu solchen lexikologisch begründeten Unterscheidungen kommen ergänzend aus dem lexikographischen Beschreibungsverfahren begründete Unterscheidungsmerkmale von Wörterbüchern hinzu. Je nach dem gewählten lexikographischen Ordnungsprinzip kann von einem rechts- oder linksläufigen alphabetischen Wörterbuch, einem Belegwörterbuch und so weiter gesprochen werden.

Da in vielen Wörterbüchern neben semantischen auch grammatische, morphologische, orthographische, prosodische und pragmatische Sachverhalte behandelt und zudem noch verschiedene Sprachschichten differenziert werden, ist von der Beschreibungsebene her eine eindeutige Typzuordnung selten. Vielfach liegt der Charakter des Allgemeinwörterbuchs vor, in dem unterschiedliche ausdrucks- und inhaltsseitige Erscheinungen der Wörter kombinatorisch behandelt werden.

Schließlich spielen auch der Umfang der im Wörterbuch berücksichtigten Lexeme und Lexemeigenschaften sowie die Zielgruppendifferenzierung für die Unterscheidung von Wörterbucharten noch eine Rolle. Je nach Dokumentationsinteresse und Benutzungsprojektionen stehen stark auswählende oder an Vollständigkeitsvorstellungen ausgerichtete Konzepte mit unterschiedlicher funktioneller Ausrichtung im Vordergrund. Ein einbändiges Handwörterbuch zur Gegenwartssprache kann zwangsläufig nicht die Darstellungsbreite eines entsprechenden zehnbändigen Werks besitzen, wohl aber durch seine leichtere Handhabbarkeit und Übersichtlichkeit in bestimmten Benutzungssituationen wünschenswert erscheinen. Solche Überlegungen sind auch für die Zielgruppenorientierung von Bedeutung. Ein Schülerwörterbuch ist im Umfang und in der Beschreibungsweise anders anzulegen als ein Wörterbuch, mit dem differenzierte wissenschaftliche Interessen befriedigt werden sollen.

5. Wörterbücher einzelner Wortschätze

Nach dem ausgewählten Wortschatz stellen das 'Althochdeutsche Wörterbuch' von R. Schützeichel und das Parallelunternehmen der Leipziger Akademie Sprachstadienwörterbücher dar, die den Lexembestand der Quellen des Althochdeutschen schichtweise beziehungsweise vollständig buchen. Für das Mittelhochdeutsche erfüllt mit einem Schwerpunkt im 13. Jahrhundert und stark selektivem Zugriff M. Lexers 'Mittelhochdeutsches Handwörterbuch' entsprechende Funktionen. Dieses Wörterbuch beruht einerseits auf einem älteren Werk von Benecke – Müller – Zarncke, andererseits wird es durch das jüngere Findebuch ergänzt. Einen speziellen Ausschnitt der mittelhochdeutschen Periode bietet das 'Wörterbuch der Mittelhochdeutschen Urkundensprache'.

êrhāft, eerhaft *Adj., (ehr)würdig; barmherzig. B. GB. MH. WH.*

êr-haft *adj.* (I. 445ᵇ) *ehrenhaft* Lanz. Lampr. En. (êrh. tôt 204, 1). Pass. (106, 44. 116, 49. 166, 50. 189, 27. *K.*151,23); *herrlich, glanzvoll,* êrhafte sezzele Himlr. 325; *als epith. ornans s. v. a.* êrbære, ein êrhafter knecht Mz. 4, 392; *in urk. auch oft für* êhaft, ân êrhafte nôt Uhk. 2, 43. 75. Usch. 328. 402 *etc.;*

R. Schützeichel, Althochdeutsches Wörterbuch, S. 125; M. Lexer, Mittelhochdeutsches Handwörterbuch, Sp. 634

Für die Periode des Neuhochdeutschen liegen unterschiedliche zeitgenössische Wörterbücher des 16.-20. Jahrhunderts vor. Von diesen seien exemplarisch die Werke von Stieler, Steinbach, Adelung und Campe genannt. Zusätzlich erfassen verschiedene historische Wörterbücher auf philologischer Grundlage diesen Zeitraum. Das 'Deutsche Wörterbuch' von Jacob Grimm und Wilhelm Grimm bietet in erster Ausgabe mit ca. 350.000 Stichwörtern die umfänglichste Sammlung des Wortbestandes seit dem Jahre 1450. Auswahlgesichtspunkte dieses Wörterbuchs wie die Aussparung von Fremdwörtern und bestimmten Fachwörtern haben das Entstehen komplementärer Werke wie des 'Deutschen Fremdwörterbuchs' und des 'Deutschen Rechtswörterbuchs' bewirkt. Gegenüber diesen im Quellenbestand jeweils breit gefächerten Werken zeigt das 'Goethewörterbuch' als Autorenwörterbuch einen exemplarischen Ausschnitt des vorgegenwartssprachlichen Zeitraums. Die Lexik der jüngeren Gegenwartssprache ist unter anderem und mit verschiedenen Schwerpunkten im 'Großen Wörterbuch der deutschen Sprache' oder im 'Wörterbuch der deutschen Gegenwartssprache' abgebildet worden.

Grimasse *8 Belege* **1** *in Anlehnung an ältere Bed, mit negativem Akzent iSv zeremonielle, rituelle Verrenkung* Pfaffen [protestantische Pastoren] .. | Die [im Vergleich zu kath Priestern] nur in allem Grund der Sachen | Mehr schwäzzen [im Gottesdienst]. wenger G-n machen 38.64 EwJude 273 24.233,20 Wj II 1 **2** *für künstliche, unnatürliche Gebärden, Körperhaltungen, mBez auf schauspielerische Attitüde* Unter diesen [Wander-] Schauspielern war zwar manches Natürliche und Gute, das unter der Last von Affectation, angenommenen G-n und Eigendünkel erstickt.. werden kann 51.39.9 ThS I 11 51,35.3 ThS I 10 **3** *verzerrte, häßliche Miene, auch im ausgeführten Bild; einmal* 'G. ziehen' [Bildbeschreibung] Alexander.. sieht mit einer Miene von Unbehaglichkeit Philippen an, der gleichfalls eine G. von Erstaunen und Verdruß zieht 38.378,53 FGA Engl schwKunst Boydell [G/Merck?] [Charakterisierung spinozistischer Lebenshaltung] vielmehr soll man, je bitterer der Kelch ist, eine desto süßere Miene machen, damit ja der gelassene Zuschauer nicht durch irgend eine G. beleidigt werde 29.10,4 DuW 16 [für: grimace] 45,68,1 RamNeffe uö

Goethe-Wörterbuch, IV,4, Sp. 477

Grimasse, die; -, -n ⟨franz.⟩ *verzerrtes Gesicht:* eine absonderliche, drollige, abstoßende, höhnische G.; er verzog das Gesicht zu einer fürchterlichen G.; eine G., Grimassen schneiden, ziehen, machen; die Jungen schnitten einander alberne Grimassen; Georg zieht eine geringschätzige Grimasse REMARQUE *Schwarzer Obelisk* 85

Wörterbuch der deutschen Gegenwartssprache, III, S. 1648

Auch zur Sprachraumlexik des Deutschen liegt ein umfänglicher Komplex von Wörterbüchern vor. Neben zahlreichen Ortsmundarten sind Großräume mit unterschiedlich starker Binnendifferenzierung erfasst worden. Exemplarisch genannt seien hier das 'Bayerische Wörterbuch' und sein Gegenstück, das 'Wörterbuch der bairischen Mundarten in Österreich', das 'Schwäbische Wörterbuch', das 'Thüringische Wörterbuch', das 'Obersächsische Wörterbuch' und das 'Niedersächsische Wörterbuch'. Das schweizerdeutsche Wörterbuch ('Schweizerisches Idiotikon') nimmt eine Sonderstellung ein, da es neben den mundartlichen Schichten des Schweizerischen auch dessen Standardvarietät berücksichtigt. Eine Reihe dieser Wörterbücher berücksichtigt übergreifend verschiedene historische Sprachperioden.

Traffik m.: Handel. ‚Deßwegen wellend wir söllichen Tr. und Gwerb [mit zugekauften Pferden] wo darzue ervorderliche Winterung nit vorhanden, gentzlich abgestrickt haben.' B Wuchermand. 1613; erneuert 1628. ‚In der Haubtstatt aber soll ihnen [den einheimischen Glashändlern] der Traffic auch mit dieser einheimischen [Glas-]Wahr außert den Jahrmärkten allerdings abgestrikt und verpotten sein.' 1684, B StR. ‚[Die Fischer dürfen] wann ein jewesender Herr Schultheiß die Seevögt in Namen der Statt oder ein ander Burger sie zum Fischen [,gebrauchen wolltend'] umb einen billigen Lohn [fischen, doch] daß solcher Fischfang anderst nicht alß zur récréation und Nohtdurft, keinesswegs aber zum Eigennutz und Trafic geschehe.' 1711, FMu. StR. — Frz. *trafic*; vgl. Kluge¹⁸ 786; Heyse, Fremdwb.¹³ 925; Rhein. WB. VIII 1267.

Trafik F.. Verkaufsladen f. Tabakwaren, Zeitungen, Brief-. Stempelmarken u.dgl. allg. (*trafíkɐ, -ik* u.ä.): d. Vertrieb d. Tabakwaren ist seit 1784 Staatsmonopol. Näh. s.u. → *Tabák* 3 (4,19), s.a. ASDU 1,72; *in ana bude, de woa ned gresa / ois wira glane drafig* W. Nöstlinger (1974) 57; *Raucher können sich . . nur in der Trafik eindecken* D.Presse 2.3.1995; auch als (*Tabák)-, (Tabâk)-* dass. allg., *(Land)-* „Landkrämerei" Steir.Wb. 425, †*(Wein)-* Weinhandel ebd. 626 (ä.Spr.); Etym.: Kf. v. *Tabaktrafik*; Gw. aus frz. *trafic* Handel, Näh. Kluge²¹ 785. — Suddt.Wb. 3.285, Schweiz.Id. 14,350. Abl.: *Trafikánt, -in*, M., F., Inhaber(in) e. Tabaktrafik allg.　　　　*W.B.*

Schweizerisches Idiotikon, XIV,176. H., Sp. 350; Wörterbuch der bairischen Mundarten in Österreich, Sp. 253

Den Typ des nach der Wortschatzauswahl fachsprachlichen Wörterbuchs mit historischer Ausrichtung vertreten Veiths 'Bergwörterbuch', Kluges 'Seemannssprachliches Wörterbuch' oder Schirmers 'Kaufmannssprachliches Wörterbuch'. Der jüngeren Fachsprachenlexikographie entstammt zum Beispiel für den medizinischen Bereich der 'Pschyrembel'. Als sondersprachliche Wörterbücher sind unter anderem das 'Wörterbuch der Gaunersprache', das 'Wörterbuch der Schüler- und Studentensprache' sowie verschiedene Wörterbücher zur Jugendsprache zu nennen. Gegenüber solchen gruppensprachlichen Wörterbüchern, die entweder tätigkeitsabhängige oder gruppenabschirmende Lexik abbilden, erfasst das 'Wörterbuch zur NS-Sprache' von Berning eine gruppenideologisch bestimmte Lexik.

Landjahr Bezeichnung für eine achtmonatige Dienstzeit, die seit 1934 durch das „Preußische Gesetz über das Landjahr" für alle schulentlassenen Kinder verpflichtend war.[705] Dazu: L a n d j a h r e r z i e h e r .

C. Berning, Vom 'Abstammungsnachweis' zum 'Zuchtwart', S. 119

6. Sprachliche Eigenschaften von Wörtern in Wörterbüchern

Die Vorstellung verschiedener Wörterbucharten nach ihrem Beschreibungsansatz erfolgt im Weiteren in Auswahl für den gegenwartssprachlichen Bereich.

Wie der folgende Artikelauschnitt zeigt, finden sich im 'Großen Wörterbuch der deutschen Sprache', das für die gegenwartssprachlichen Allgemeinwörterbücher steht, im Einleitungsteil des Artikels *Bibliothek* neben Aussprachehinweisen, Angaben zur Wortart und Flexion, kurze etymologische Erklärungen und ein Verweis auf das etymologisch benachbarte Wort *Theke*. Der gegliederte Bedeutungsteil weist neben den Paraphrasen zur Bedeutungsbeschreibung verschiedene objektsprachliche Verwendungsbeispiele auf. Für die Bedeutung 2 wird das sprachhistorische Merkmal 'veraltend' angegeben. In das Stichwort ist die Kennzeichnung der Silbengrenzen und die Kennzeichnung des tontragenden Vokals integriert.

Bi|bli|o|thek, die; -, -en [lat. bibliotheca < griech. bibliothēkē, eigtl. = Büchergestell, zu: thēkē, ↑ Theke]: 1. a) *Einrichtung zur systematischen Erfassung, Erhaltung, Betreuung u. Zugänglichmachung von Büchern;* Bücherei: an, bei einer B. angestellt sein: b) *[geordnete] Büchersammlung:* eine B. von 30 000 Bänden: c) *Raum, Gebäude für eine Bibliothek.* 2. (veraltend) *Titel von Buchreihen:* Meiners Philosophische B.

Duden. Das große Wörterbuch der deutschen Sprache, II, S. 590

Das betrachtete Allgemeinwörterbuch bietet in semasiologischer Hinsicht zwar die Beschreibung der verschiedenen im Lexem enthaltenen Sememe, jedoch nicht deren paradigmatische Beziehungen innerhalb der gegenwartssprachlichen Lexik. Die komplementäre Information bieten Synonym- beziehungsweise Antonymwörterbücher.

fliehen: 1. ⟨*sich einer Gefahr entziehen wollen*⟩ davonlaufen · flüchten · die Flucht ergreifen · flüchtig sein/werden · sich zur Flucht wenden · sich absetzen + entkommen ♦ *umg*: Fersengeld geben · die Fersen zeigen · lange Beine machen · Reißaus nehmen · sich aus dem Staub machen · das Hasenpanier ergreifen; ausreißen wie Schafleder (*scherzh*); Pech kaufen (*landsch*) ♦ *salopp*: türmen · verduften · sich verdünnisieren · die Kurve kratzen; ausbüxen (*landsch*); → *auch* weglaufen, wegschleichen (I), entfliehen (1), entkommen (1) – **2.** → desertieren – **3.** → meiden

fliehen: standhalten, ausharren, sich stellen ◇ vorgehen, vorrücken, vormarschieren, vorwärtsgehen ◇ suchen ◇ langsam vergehen, schleichen (Zeit)

Wörterbuch Synonyme, S. 292; Ch. Agricola – E. Agricola, Wörter und Gegenwörter, S. 109

Syntagmatische semantische Beziehungen bietet mit den Verwendungsbeispielen bereits der Artikel des Allgemeinwörterbuchs. In dem Wörterbuch 'Wörter und Wendungen' werden schwerpunktmäßig weitere semantisch prototypische Umgebungswörter angegeben. Die diesen Kompatibilitäten zugrunde liegenden semantischen Valenzen lassen sich dem 'Wörterbuch zur Valenz und Distribution deutscher Verben' entnehmen.

nachgeben

I. nachgeben$_{1+(1)-2}$ (V 1 = auf Widerstand verzichten)
II. nachgeben → Sn, (Sd)
III. Sn →   1. Hum (*Der Lehrer* gibt nach.)
                   2. Abstr (als Hum) (*Das Institut* gibt nach.)
     Sd →   1. Hum (Er gab *dem Kind* nach.)
                   2. Abstr (Er gibt *der Mutlosigkeit* nach.)
                   3. Act (Er gibt *dem Drängen* nach.)

I. nachgeben$_{1+(1)-2}$ (V 2 = nicht standhalten)
II. nachgeben → Sn, (Sd)
III. Sn →   −Anim (*Die Wand* gibt nach.)
     Sd →   Abstr (Die Wand gibt *dem Druck* nach.)

W. Helbig – W. Schenkel, Wörterbuch zur Valenz und Distribution deutscher Verben, S. 316

Bei onomasiologischen Fragestellungen lassen sich Wörterbücher wie 'Der deutsche Wortschatz nach Sachgruppen' oder 'Deutscher Wortschatz' heranziehen. Einem Begriff sind, wie der folgende Ausschnitt zeigt, unterschiedliche Bezeichnungen paradigmaähnlich zugeordnet worden. Der zum Teil sehr assoziative Charakter dieser Zuordnung ist nicht zu übersehen.

263 **Verschluß** ▲

a) Verschluß. Abdichtung · Stopfen. Stöpsel.
Kork, Korken. Pfropfen, Proppen *Nd.* Flaschen-,
Sektkorken · Pflock. Zapfen. Spund. Spund-
zapfen. Hahn. Ladestock · Kolben. Klappe. Ven-
'til *L.* Ven'tilklappe, -verschluß. Drosselklappe
Schlagbaum. Drehkreuz. Barre. Schott · Schloß.
Schlüssel. Riegel 45. Sperre. Türriegel, -sperre.
Haken. Schließhaken. Vorlegkette · Krampe. Tür-
feder. Schließfeder. Schließe
Deckel 223. Kappe. Schraub-, Druckdeckel,
-kappe. Schraubverschluß · Lid. Augenlid. Druck-
knopf. 'Plombe *F.* Bande'role *F.* Siegel. Zollver-
schluß
Pflaster. Tupfer. Wischer. Kom'presse *L.* Tam-
'pon *F.* Knebel. Aderpresse, -klemme. Klammer.
Wundklammer. Wundnaht · Blutgerinnsel. Blut-
pfropf

Wehrle – Eggers, Deutscher Wortschatz, S. 86

Spezialwörterbücher mit weiterführender Information finden sich auch für den ausdrucksseitigen Teil der Wortbeschreibung. Neben den Rechtschreib- und Aussprachewörterbüchern sind hier vor allem die morphologischen Wörterbücher zu nennen, in denen syntagmatische und paradigmatische Beziehungen der Lexeme und Morpheme dargestellt werden.

7. Digitale Wörterbuchformen

Seit einer Reihe von Jahren stehen Wörterbücher in digitaler Form zur Ver-fügung. Im Internet sind verschiedene, meist einfache Übersetzungswör-terbücher, die teilweise eigens zu diesem Zweck angelegt wurden, frei be-nutzbar. Daneben spielen retrospektiv digitalisierte Netz- oder CD-Versionen von Printwörterbüchern zunehmend eine Rolle.

Diese retrodigitalen Wörterbücher gewährleisten vielfach eine komfortable dezentrale Literaturversorgung. Teilweise erschließen sie auch über die her-kömmliche Lesenutzung hinausgehende Recherchemöglichkeiten. Die Art der Benutzbarkeit dieser Wörterbücher hängt zunächst davon ab, ob es sich um digitale Bilder von Buchseiten, sogenannte Imagedigitalisierungen, oder um zeichenweise Erfassungen des Textes handelt. Imagedigitalisierungen lassen sich seitenweise aufrufen, wobei der Zugriff über ein entsprechendes Seiten- und Stichwortregister unterstützt wird. Diese Seiten stellen ein graphisch authentisches Abbild der Printvorlage dar und können wie eine Kopie des Originals genutzt werden. Die zeichenbezogenen Retrodigitalisierungen er-lauben demgegenüber prinzipiell einen Zugriff auf beliebige Zeichenfolgen im Text. Ein Suchwort kann damit nicht nur unter dem Stichwort des betreffen-den Artikels ermittelt werden, sondern auf allen Textebenen des gesamten

Wörterbuchtextes. Damit ist prinzipiell der Vorteil verbunden, dass man etwa ein größeres Reservoir von Belegstellen oder das vollständige Auftreten des Suchwortes als Beschreibungselement nachweisen kann. Liegen mehrere Wörterbücher digital vor, besteht grundsätzlich auch die Chance des Vergleichs oder der vernetzten Suche in Wörterbüchern, Textcorpora und gegebenenfalls anderer Literatur. Dies ist ansatzweise mit Wörterbüchern aus der Dudenredaktion und den Mittelhochdeutschen Wörterbüchern im Verbund möglich. Neue Konzepte für digitale Wörterbuchnutzungen werden gegenwärtig unter anderem in dem Projekt 'Wissen über Wörter' des Instituts für deutsche Sprache in Mannheim entwickelt.

8. Wörterbuchbenutzung

Wörterbuchbenutzung unter der Zielsetzung, Wissen für die Sprachproduktion oder Sprachinterpretation zu gewinnen, bedingt benutzerseitig eine Reihe von Voraussetzungen und Verfahrensweisen. Zu den wesentlichen Voraussetzungen gehört die Fähigkeit des Benutzers, die aufgetretene Fragestellung mit Kenntnissen über Bestand und Aufbau von Wörterbüchern zu verbinden. Der Bestand an Wörterbüchern ist über einschlägige Bibliographien zu ermitteln. Zur Orientierung nützlich sind auch verschiedene Handbuchartikel und Übersichtsdarstellungen.

Die Wahl des für eine Fragestellung geeigneten Wörterbuchs kann von den Allgemeinwörterbüchern ausgehen und von dort vertiefend in speziellen Wörterbüchern fortgesetzt werden. Dieses Verfahren ermöglicht es auch, aus einer eher laiengerechten Beschreibung die Grundlagen für Wörterbuchartikel zu gewinnen, die primär an Fachleute gerichtet sind. Bei der erstmaligen Benutzung eines Wörterbuchs sollten die einleitenden und benutzungserläuternden Texte sorgfältig gelesen werden, um die in den Artikeln vorgefundenen Informationen einschätzen zu können.

In fast allen Benutzungssituationen erweist es sich als Vorteil, im Nachschlagevorgang mehrere Werke zu berücksichtigen. Wörterbuchinformation entsteht stets unter bearbeiterabhängigen Setzungen und Interessen. Eine Beschränkung auf ein bestimmtes Wörterbuch führt unvermittelt zur Abhängigkeit von solchen Axiomen. Allgemein muss auch bei Vorliegen sehr ausführlicher Wörterbuchinformation bedacht werden, dass es sich um Basisinformation handelt, die eine monographische, problemorientierte Auseinandersetzung mit demselben Wort nicht ersetzen kann.

Definitionen

- **Lexikologie** heißt das sprachwissenschaftliche Teilgebiet, das sich mit der morphologischen und semantischen Beschreibung der Wörter und des Wortschatzes (der Lexik, des Lexikons) befasst.
- **Metalexikographie** heißt das sprachwissenschaftliche Teilgebiet, das sich mit der Wörterbuchherstellung, Wörterbuchanlage und Wörterbuchbenutzung befasst.
- **Lexikographie** heißt der Anwendungsbereich der Sprachwissenschaft, der die Erstellung von Wörterbüchern betrifft.
- **Mikrostruktur** nennt man die Struktur und Informationsorganisation eines einzelnen Wörterbuchartikels.
- **Makrostruktur** nennt man die Anlage des ganzen Wörterbuchs.

Literaturhinweise

Kurzinformation:
Metzler Lexikon Sprache. Artikel: Lexikographie, Lexikologie, Wörterbuch, Wörterbuchforschung, Wortschatz (von B. Schaeder)

Einführende Literatur:
B. *Schaeder*, Germanistische Lexikographie

Grundlegende und weiterführende Literatur:
Wörterbücher. Ein internationales Handbuch
H.E. *Wiegand*, Wörterbuchforschung
L. *Zgusta*, Manual Lexicography

XIX. Sprachnormprobleme – Sprachberatung – Sprachpflege

1. Das Bedürfnis nach Sprachberatung

Verschiedene Institutionen, zum Beispiel die 'Gesellschaft für deutsche Sprache [GfdS] e. V.' (Wiesbaden) oder die Sprachberatungsstelle der Dudenredaktion (Mannheim), beantworten im deutschen Sprachgebiet nicht wenige Anfragen zur Sprachrichtigkeit. In einem typischen Brief an die Sprachberatungsstelle der Dudenredaktion, bei der täglich etwa 170 Anrufe und wöchentlich 25 bis 30 schriftliche Anfragen eingehen, heißt es beispielsweise:

> Sehr geehrte Damen und Herren,
> in Ihrem Nachschlagewerk 'Die Rechtschreibung' finde ich die Konjugation des Wortes 'winken' = winken, winkte, gewinkt.
> Mein Sprachgefühl, wahrscheinlich vor allzu langer Zeit entwickelt, wehrt sich vehement gegen 'gewinkt' und schlägt mir dagegen 'gewunken' als richtiges Wort vor.
> Für einen kurzen Hinweis, wodurch diese Verwirrung bei mir entstanden sein mag, wäre ich Ihnen sehr verbunden.

Hinter derartigen Anfragen steht ein Bedürfnis von Sprachbenutzern, Sicherheit über die Richtigkeit bestimmter sprachlicher Formen zu gewinnen. Im vorliegenden Beispiel ist etwa eine Situation vorstellbar, in der jemand das richtige Partizip in einem Brief verwenden will, um nicht bei seinem Adressaten Anstoß zu erregen. Das Bemühen um die richtige Wortform führt zur Bitte um eine Auskunft über die Norm der deutschen Schriftsprache.

Aber nicht nur grammatische Unsicherheiten geben Anlass zu Fragen. So gibt es viele Anfragen, die sich mit der Bedeutung und der Verwendung einzelner Wörter befassen, wie etwa im folgenden Fall:

> Sehr geehrte Damen und Herren,
> ich möchte um einige Auskünfte zum Adjektiv "waldig" bitten:
> 1. Ist dieses Wort heute noch sehr gebräuchlich oder eher antiquiert?
> 2. Begegnet es häufig in der Literatur oder hat es hier eher Seltenheitswert?
> 3. In was für einem Zusammenhang kann dieses Adjektiv gebraucht werden (z. B. waldige Insel)?
> Trotz intensiver Beschäftigung mit der Literatur ist mir dieses Adjektiv noch nicht begegnet. Für Informationen und die Beantwortung meiner Fragen bedanke ich mich schon an dieser Stelle.

Hier ist eine Situation vorstellbar, in der jemand beim Schreiben eines literarischen Textes über das Adjektiv *waldig* nachdenkt. Antworten auf seine Fragen hätte er natürlich nicht nur bei einer Sprachberatungsstelle erhalten, sondern er hätte auch in einem Bedeutungswörterbuch neben der Bedeutungsangabe eine stilistische Einordnung und typische Verwendungsweisen des Adjektivs *waldig* finden können (man vergleiche Kapitel XVIII.6.).

2. Die Norm der Schriftsprache

Norm ist in Kapitel II.2. dieser Einführung als Gesamtheit der sozial gebräuchlichen Realisierungen der Sprache erklärt worden. Die Betrachtung der sprachsoziologischen Gliederung des Deutschen in Kapitel XII. hat gezeigt, dass für alle Schichten der deutschen Sprache eigene Normen existieren, die immer dann sichtbar werden, wenn von ihnen abgewichen wird.

Auf der schriftsprachlichen Ebene gilt das in höherem Grade. Im Unterschied zu den Normen der Dialekte und Umgangssprachen sind die Normen der Schriftsprache strenger und einheitlicher. Das bedeutet, dass weniger Varianten existieren und dass Abweichungen weniger toleriert werden. Die Norm der Schriftsprache ist prinzipiell einheitlich und stabil. Nur so kann die Schriftsprache ihre Aufgabe erfüllen, als die Sprachform mit der größten geographischen, sozialen und inhaltlichen Reichweite in einer Sprachgemeinschaft die Verständigung zu sichern. Damit dieses Verständigungsmittel den sich ständig ändernden Bedürfnissen angepasst bleibt, darf die Norm bei aller Forderung nach Stabilität nicht starr sein. Sie muss vielmehr elastisch auf alle neuen kommunikativen Funktionen reagieren.

3. Die Kodifikation der Norm

Damit die schriftsprachliche Norm im Sprachunterricht gelehrt werden kann, damit ihre Einhaltung kontrolliert werden kann und damit Normanfragen beantwortet werden können, muss die Norm kodifiziert werden. Die orthographische Norm der deutschen Schriftsprache ist durch die amtliche Neuregelung der deutschen Rechtschreibung, die am 1. August 1998 in Kraft getreten ist, kodifiziert. Neben den Regeln selbst enthält das amtliche Regelwerk auch ein Wörterverzeichnis. In Rechtschreibwörterbüchern sind die Wörter dieses Wörterverzeichnisses enthalten, daneben werden die Regeln aber auch auf einen wesentlich umfangreicheren Wortschatz angewendet.

Die anderen Sprachebenen werden nicht durch amtliche Regelungen normiert. So ist die Aussprachenorm nur in verschiedenen Aussprachewörterbüchern kodifiziert, die grammatische Norm in Grammatiken, die lexikalische Norm in Wörterbüchern, die Stilnorm in Stilratgebern. Für diese Ebenen der schriftsprachlichen Norm stehen die die Norm darstellenden Werke vor der Aufgabe, die gültige und sich wandelnde Norm angemessen zu erfassen.

4. Normprobleme bei der Verbflexion

Das zu Beginn zitierte Beispiel einer Normanfrage steht im weiteren Zusammenhang der Flexion starker und schwacher Verben. Hier haben Sprachbenutzer vielfach Probleme bei der Entscheidung, ob ein Verb stark oder schwach gebeugt wird, zum Beispiel bei den Verben *backen* (*backte* oder *buk?*) oder *kreischen* (*gekreischt* oder *gekrischen?*). Problematisch sind auch Verben wie *hängen* oder *erschrecken,* bei denen die starken Formen bei intransitiver Verwendung (*ich bin erschrocken*), die schwachen Formen bei transitiver Verwendung (*er hat mich erschreckt*) stehen. Schließlich ist die Bildung des Konjunktivs nicht weniger starker Verben ein typischer Zweifelsfall (z.B. *er stände* oder *er stünde, sie höbe* oder *sie hübe?*).

Zur Beantwortung von Sprachanfragen wie der oben zitierten zieht die Sprachberatungsstelle der Dudenredaktion unter anderem Wörterbücher heran. So stellt das zum Redaktionstermin der vorliegenden Neuauflage neueste Wörterbuch fest:

> **win|ken** ⟨sw. V.; hat; 2. Part.: gewinkt, standardspr. nicht korrekt: gewunken⟩ [mhd., ahd. winken = schwanken, winken, eigtl. = sich biegen, schwankende Bewegungen machen]: **1. a)** *durch Bewegungen bes. mit der Hand od. einem darin gehaltenen Gegenstand ein Zeichen geben:*

Duden. Deutsches Universalwörterbuch, S. 1817

Damit ist die Norm kodifiziert, eine Erklärung der 'Verwirrung' des Briefabsenders findet sich aber nicht. Hier hilft der Blick in eine Grammatik, in der zumindest ein Wandel der Norm registriert wird:

> Das unregelmäßige 2. Partizip *gewunken* dringt heute, obwohl es hochsprachlich nicht als korrekt gilt, über das Mundartliche hinaus vor: Obwohl der Fahndungscomputer der Grenzpolizei die Papiere für in Ordnung befand, wurden die Wiener zur Seite gewunken (Augsburger Allgemeine). Die Amerikaner aber haben immer wieder abgewunken – die Vorschläge aus Moskau seien nicht neu (Der Spiegel). Patrick Tambay, der ... das Feld der 26 Wagen angeführt hatte, wurde als Erster abgewunken (Neue Zürcher Zeitung).

Duden-Grammatik, S. 144, Anm. 5

Der Wandel von der schwachen Flexion *gewinkt* zur starken Flexion *gewunken* lässt sich auch mit einem historischen Wörterbuch belegen:

> 2) *sowohl im mhd. wie in nhd. schriftsprache ist schwache conjug. die regel, doch beginnt bereits mhd. der versuch,* winken *in die reihe der* st. verben *III. kl. zu überführen (wie* mengl. winken, wank *neben* winkin, wincte STRAT-MAN-BRADLEY 686ᵇ, SKEAT 713ᵃ); *die mundarten zeigen überwiegend starke formen, vielfach neben den echten schwachen, so im part. prät.* gewunken, *vgl.* gwunke HUN-ZIKER *Aarg.* 298; SEILER *Basl.* 316; gewunken *(neben* ge-winkt) FISCHER *schwäb.* 6, 1, 856; MARTIN-LIENHART 2, 840; SCHMELLER-FR. 2, 960; SCHMELLER *mundarten Bayerns* § 950; gewonk, gewunk *(neben* gewingd) FOLLMANN *lothr.* 543ᵇ; LENZ *Handschuhsh.* 78; MEISINGER *Rappen.* 232; MÜLLER-FRAUREUTH 2, 669; NEUBAUER *Egerländ.* 199, gewâunken REGEL *Ruhlaer ma.* 112; GERBET *Vogtland* 136; gewunge CRECELIUS *oberhess.* 918; gewonken *Elberf. ma.* 174; gewunken FRISCHBIER *preusz. wb.* 2, 471; wunken, wonken *(neben* wenket) WOESTE *westf.* 320ᵃ; BÖGER *Schwalenberg* 167; BAUER-COLLITZ *waldeck.* 114ᵃ, wunken *(neben* winkt) DOORNKAAT-KOOLMAN *ostfries.* 3, 555; *so literarisch seit dem 16. jh. bezeugt, namentlich bei dialektisch beeinfluszten autoren, vgl.* gewinket, *auch* ge-wunken STIELER 2542; gewunken *schuldb.* 31 *bei* GRIMM *gramm.* 1, 2, 904;

Deutsches Wörterbuch XIV, 2, Sp. 387

Es verdient Hervorhebung, dass hier ganz offensichtlich eine Entwicklung eingetreten ist, die der bei dem Verb *hauen* (man vergleiche Kapitel II.4.) und bei anderen Verben (man vergleiche Kapitel XV.5.) gerade entgegengesetzt ist.

Für die Sprachwissenschaft stellen sich mit dieser Beobachtung Fragen nach den Faktoren, die den Wandel der Norm veranlassen, und nach den Faktoren, die die Verwendung einer der Formen bestimmen. Im Hinblick auf den Sprachunterricht und die Sprachverwendung überhaupt kann an die Sprachwissenschaft aber auch die Frage gestellt werden, welche der beiden konkurrierenden Formen gegebenenfalls vorzuziehen ist. Es wird damit ein ganz bestimmtes praktisches Bedürfnis nach präskriptiven Aussagen erkennbar, die die Entscheidungen der Sprachberatung begründen können.

5. Sprachberatung – Sprachpflege – Sprachkultur

Der außerordentlich große Umfang schriftlicher Kommunikation hat zu einem gesteigerten Bedürfnis nach Sprachberatung, in vielen Fällen im Sinne von Sprachnormberatung geführt. So verzeichnen unter anderem die eingangs genannten Sprachberatungsstellen insgesamt eine Zunahme von Anfragen. Dabei benötigen die Fragesteller Hilfe sowohl im privaten Bereich (zum Beispiel als Mutter eines Grundschulkindes mit einer schlechten Aufsatznote, als Schriftführer eines Vereines, als Verfasser einer Todesanzeige) wie im beruflichen Kontext (zum Beispiel als Sekretärin, als Verfasser einer Bedienungsanleitung oder eines Protokolls, als Redakteurin). Industrieunternehmen suchen in Stellenanzeigen Germanisten, deren Aufgabe darin bestehen soll, "die bei uns im Gebrauch befindlichen Broschüren, Jahresberichte und andere Publikationen auf ihre sprachliche und orthographische Richtigkeit hin zu überprüfen".

Neben Fragen, die sich aus dem Schreiben oder Lesen geschriebener Sprache ergeben, nehmen auch Beobachtungen zu gesprochener Sprache zu, wie beispielsweise in folgendem Brief, in dem es um Fragen eines möglichen Sprachwandels geht (man vergleiche Kapitel XV.1. und 2.):

> Sehr geehrte Damen und Herren,
> in der gesprochenen Sprache, vor allem auch im Radio, fällt mir auf, dass die Wörter *sehr, ganz* und *viel* hauptsächlich gedoppelt benutzt werden: *sehr sehr lange, ganz ganz oft, viel viel mehr.* Und das nicht nur zur Verstärkung der Aussage, sondern als Ersatz für die einfache Form. Die einfache Form – *sehr lange* etc. – ist kaum noch zu hören. Es fällt mir auf bei Ansagen, Moderationen, Interviews (auch mit Politikern).
> Meine Frage: Wie weit ist diese Sache schon in den allgemeinen Sprachgebrauch eingegangen, oder handelt es sich um eine vorübergehende Mode? Meine Freundin gibt in den USA deutschen Sprachunterricht und sie interessiert, ob sie ihre Schüler darauf aufmerksam machen sollte, wenn diese nach Deutschland reisen. Wie sieht es in den anderen deutschsprachigen Ländern aus?
> Mit freundlichen Grüßen

Recht häufig sind auch Unsicherheiten, die sich aus dem Gebrauch bestimmter Bezeichnungen ergeben, deren Verwendung politisch korrekt oder inkorrekt sein kann. Hinter einer Anfrage wie der folgenden kann der Wunsch stehen, keine beleidigende Bezeichnung zu verwenden; die onomasiologisch formulierte Frage zielt deutlich auf pragmatische Aspekte (man vergleiche Kapitel IX.8. und X.1.):

> Betrifft: Zweifelsfall zur Kennzeichnung von Menschen mit "dunkler Farbe"
> Teilen Sie mir bitte die in Deutschland z. Zt. verbindliche Kennzeichnung der unter Betreff genannten Menschen mit. So wurde kürzlich in WDR-Radionachrichten von einem jungen "dunkelhäutigen Ausländer" gesprochen. – Welche Kennzeichnungen sind ausländerfeindlich oder rassistisch?
> Mit freundlichem Gruß (von einem "weißhäutigen Deutschen")

Dieser Aspekt der politischen Korrektheit des Wortgebrauchs wird beispielsweise in dem folgenden Wörterbuchartikel berücksichtigt:

Ne·ger *der; -s, -;* ein Mensch, dessen Haut dunkel od.
schwarz ist u. der e-m Volk angehört, das (ursprünglich) aus Afrika kommt ≈ Schwarzer ↔
Weißer, Indianer, Asiate ‖ *hierzu* **Ne·ge·rin** *die; -,*
-nen ‖ NB: Statt *Neger* verwendet man heute oft
Schwarzer (*bes* in politischem Zusammenhang),
weil *Neger* oft als beleidigend empfunden wird

Langenscheidts Großwörterbuch Deutsch als Fremdsprache, S. 690

Sprachliche Normen, insbesondere die der Schriftsprache, bedürfen der Kodifizierung durch die Sprachwissenschaft. Sie bedürfen der ständigen Fortentwicklung, das heißt der Sprachpflege, damit sie zur Sprachkultur als dem normgerechten, sachlich, situativ und ästhetisch angemessenen Sprachgebrauch beitragen. Da im deutschen Sprachraum keine Institution wie etwa eine Sprachakademie über die Sprachnorm wacht, können sich an dieser Sprachpflege alle möglichen Institutionen und Personen beteiligen. Die Sprachwissenschaft kann beanspruchen, hier mitzureden; es kann auch von ihr erwartet werden, dass sie ihre Sachkompetenz in die öffentliche Debatte um die Sprachkultur einbringt.

Literaturhinweise

Kurzinformation:

Metzler Lexikon Sprache. Artikel: Kodifizierung, Sprachkultur, Sprachnorm (von U. Ammon); Duden, Sprachpflege (von W. Sauer)

Einführende Literatur:

Die deutsche Sprache zur Jahrtausendwende. Sprachkultur oder Verfall?
U. *Förster*, Sprachpflege auf wissenschaftlicher Grundlage

Grundlegende und weiterführende Literatur:

Grundlagen der Sprachkultur. Beiträge der Prager Linguistik
A. *Greule* – E. *Ahlvers-Liebel*, Germanistische Sprachpflege
A. *Greule* – F. *Lebsanft* (Hgg.), Europäische Sprachkultur und Sprachpflege

XX. Corpuserstellung und Corpusrecherche für sprachwissenschaftliche Arbeiten

1. Prinzipien wissenschaftlichen Arbeitens

Die Entwicklung einer Fragestellung im Bereich der deutschen Sprachwissenschaft erfolgt zunächst in einem komplexen Prozess, der Beobachtungen an der Objektsprache und Hypothesenbildungen verbindet. Wesentlich erscheint dabei die angemessene Rückbindung der Zielsetzung an den aktuellen Diskussionsstand des Fachs. Wissenschaftliche Forschung ist auf diese Weise in den Rahmen eines übergeordneten Erkenntnisinteresses einbezogen und von rein subjektiven Begründungen abgelöst.

Eine Untersuchung zur deutschen Sprache bezieht sich grundsätzlich auf eine historische Größe. Diese muss in ihrer Spezifik und Einmaligkeit mit angemessenen philologischen und sprachwissenschaftlichen Zugriffen erschlossen werden. Dazu gehören unter anderem die sorgfältige Zusammenstellung eines Corpus, genaue und angemessene Begriffsbildung und Konsequenz im Untersuchungsverfahren.

Das Bemühen um eine objektive, das heißt der Sache angemessene, neutrale Analyse und Bewertung erfordert auch genaue Nachprüfbarkeit der wissenschaftlichen Arbeit. So wie alle von anderen übernommenen Gedanken kenntlich zu machen sind, müssen alle Aussagen über sprachliche Gegebenheiten mit entsprechenden sprachlichen Daten belegt werden. Insgesamt muss einem Leser die Möglichkeit gegeben werden, alle Teile einer Untersuchung selbständig und unabhängig zu prüfen.

2. Die Materialgewinnung für sprachwissenschaftliche Untersuchungen in Grammatiken und Wörterbüchern

Mit *jemand* und *etwas* konkurrieren umgangssprachlich *(irgend-)wer, (irgend-)was,* deren Formen zum Interrogativum stimmen (s. 422), weshalb indefinites *wer, was,* um Mißverständnisse zu vermeiden, nie satzeinleitend steht: '*Suck sagte: "Da ist noch wer",* und schob die Rosa dem Marius vor die Füße' BROCH, Versucher 412. '*Wohnt dort noch wer?*' ebda 45. '*Wer was zu sagen hat, kann's auch ausdrücken*' ebda 417. '*... zu was Besserem bestimmt*' THOMA, Altaich 84. Auch *es* fungiert zuweilen als Indefinitum *(Es klopft)* sowie Wortgruppen *der und der / dieser und jener (hat es erzählt).* '*Der und die waren da, hatten dies und das an und äußerten das und jenes*' MUSIL, Mann 1036.

Johannes Erben, Deutsche Grammatik, § 394

ge|me̲in|hin ⟨Adv.⟩: *im Allgemeinen; für gewöhnlich:* Fallschirmspringen scheint wirklich sicherer zu sein, als g. angenommen wird (Hamburger Rundschau 22. 8. 85, 3); Huchels Standort als Lyriker wird g. als der eines Naturlyrikers definiert (Raddatz, Traditionen 125); Was man so g. Kunst und Kultur nennt (Tucholsky, Werke II, 77).

Duden. Das große Wörterbuch der deutschen Sprache in zehn Bänden, IV, S. 1449

Die 'Deutsche Grammatik' von Johannes Erben und das 'Große Wörterbuch der deutschen Sprache' aus dem Duden-Verlag haben gemein, dass sie ihre grammatische beziehungsweise lexikographische Information durch Beispiele belegen. Zu diesen Beispielen werden auch die Quellen und Belegstellen angegeben. Durch die Nennung der verwendeten Ausgaben im Quellenverzeichnis der Grammatik sowie durch die Angabe der Seitenzahl sind die Textstellen leicht auffindbar und nachprüfbar. Für den Benutzer ist damit ein erster Zugriff auf sprachliches Material selbst möglich.

Grammatiken und Wörterbücher basieren im Idealfall auf großen Datenmengen. Diese werden zunächst benötigt, um eine Systematik in der Grammatik oder die Verwendungsweise eines Wortes erkennen zu können. Es ist freilich nicht erforderlich und oft auch nicht möglich, alle erhobenen Fälle auch in die Druckfassung eines Werkes aufzunehmen und dem Benutzer damit vollständig darzubieten. Die ausgewählten Beispiele in Grammatik oder Wörterbuch führen auch auf die Frage nach dem zugrunde liegenden Quellencorpus insgesamt.

3. Die Corpuserstellung

Für eine selbständige und eingehende Untersuchung reichen die in Grammatiken und Wörterbüchern zitierten Beispiele meist nicht aus, so dass ein eigenes Quellencorpus erstellt werden muss. Gegenstand und Ziel der Untersuchung bestimmen dann die Anlage des Textcorpus. Gegenwartssprachlicher Sprachgebrauch kann selbstverständlich nur an gegenwartssprachlichen Texten ermittelt werden. Der Begriff Gegenwartssprache bedarf bei der Corpusanlage der Definition, wofür es in der sprachwissenschaftlichen Literatur divergierende Ansätze gibt. Das 'Wörterbuch der deutschen Gegenwartssprache' definiert seinen Objektbereich folgendermaßen: "Unter deutscher Gegenwartssprache wird außer der … heute geschriebenen und gesprochenen Sprache … auch die Sprache der in unserer Zeit noch gelesenen lebendigen deutschen Literatur der Vergangenheit verstanden. Daher fußt das Wörterbuch zwar vornehmlich auf dem Wortschatz des 20. Jahrhunderts, zieht aber auch den der Literatur des 19. Jahrhunderts und in gewissem Umfang des letzten Drittels des 18. Jahrhunderts heran." Für das 'Lexikon der Germanistischen Linguistik' hingegen ist "es sinnvoll, die sprachliche Gegenwart im Jahre 1945 beginnen zu lassen".

Ein Text- und Belegcorpus soll verallgemeinernde Aussagen über die beschriebene Sprache erlauben. Es muss daher eine gewisse Repräsentativität für die untersuchte Sprache besitzen. Bei der deutschen Gegenwartssprache müssen also je nach Zielsetzung ihre geographischen Varianten, ihre Schichtung in Hochsprache und Umgangssprache, ihre Gliederung in Fach- und Sondersprachen und ihre Varietäten in den Textsorten berücksichtigt werden.

Gegenstand und Ziel der Untersuchung bestimmen auch die Art und Weise, in der die einzelnen Vorkommen erfasst werden: Der Umfang der aufzunehmenden Einzelbelege richtet sich nach der Zielsetzung und umfasst gegebenenfalls Satzglieder, Teilsätze, Satzgefüge oder sogar größere Textausschnitte. Demnach erweist es sich im Allgemeinen als praktisch, jeweils einen Beleg in einen Datensatz einer Datenbank oder auf eine Karteikarte zu übertragen. Ist das Textcorpus elektronisch verfügbar, können beliebig lange Textauszüge in Datenbanken oder Textverarbeitungsprogramme transferiert werden. Die moderne Technik erleichtert die Corpusanlage und die Zusammenstellung der Belege deutlich.

Wie viele zusätzliche Informationen in einen solchen Datensatz übertragen werden sollten, hängt ebenfalls von der Fragestellung der Untersuchung ab. In jedem Fall sollte der Beleg selbst in ausreichender Länge gegeben sein und eine Belegstellenangabe (bestehend aus der Kurzsigle für den Corpustext und einer Seiten- und Zeilenangabe) aufweisen. Dieses Vorgehen sichert die genaue Überprüfbarkeit aller Angaben. Der Umfang der Belegsammlung soll gewährleisten, dass alle typverschiedenen Vorkommen in ausreichender Zahl in den Blick kommen.

4. Recherche in vorhandenen wissenschaftlichen Corpora

In der Regel müssen nicht für jede wissenschaftliche Untersuchung eigenständige, neue Belegsammlungen erstellt werden. Vielmehr können oft größere Corpora verwendet werden, die von verschiedenen Institutionen einem breiteren Benutzerkreis zugänglich gemacht werden.

Das 'Institut für deutsche Sprache' (IdS) in Mannheim besitzt ein umfangreiches maschinenlesbares Textcorpus zur deutschen Gegenwartssprache, das sich aus mehreren Einzelcorpora zusammensetzt, die zeitlich und regional sowie hinsichtlich der Textsorten differenziert sind. Über Umfang und Zusammensetzung des Corpus und die Möglichkeiten der Auswertung informiert die Arbeitsstelle Linguistische Datenverarbeitung des Instituts. Die Mannheimer Corpora sind inzwischen nicht mehr nur vor Ort benutzbar, sondern auch über öffentliche Datennetze zugänglich [http://www.ids-mannheim.de].

Eine umfangreiche Belegsammlung zum historischen deutschen Wortschatz ab 1450 besitzen die Arbeitsstellen für die Neubearbeitung des 'Deutschen Wörterbuchs' von Jacob und Wilhelm Grimm in Berlin und Göttingen. Für die Alphabetteile *A-F* liegen dort ca. 5 Millionen Belegzettel vor [http://grimm.adw-goettingen.gwdg.de].

Auch andere Wörterbuchunternehmen haben große Belegsammlungen, die Benutzern zugänglich gemacht werden. Beispielsweise verfügt das Goethe-Wörterbuch (mit Arbeitsstellen in Berlin, Hamburg und Tübingen) über ein Zettelarchiv, das die gut 90.000 Wörter der Sprache Goethes in über 3,3 Millionen Belegen repräsentiert.

Darüber hinaus gibt es an etlichen Forschungsstellen und Instituten verschiedener Universitäten spezielle Corpora, die aus Forschungsunternehmen hervorgegangen sind und die Interessierte in der Regel auf Anfrage einsehen können. Einen guten Überblick über Corpora zur Sprachgeschichte des Deutschen mit einer Beschreibung der Corpora und der jeweiligen Zugriffsmöglichkeiten gibt W. Hoffmann in seinem Aufsatz 'Probleme der Korpusbildung in der Sprachgeschichtsschreibung und Dokumentation vorhandener Korpora' (in: Sprachgeschichte. Ein Handbuch zur Geschichte der deutschen Sprache und ihrer Erforschung, 1. Teilband, S. 882-886).

5. Recherche in digitalisierten Textcorpora

Eine weitere Recherchemöglichkeit bieten Textausgaben, die auf CD-ROM gespeichert sind. Universitätsbibliotheken verfügen über CD-ROM-Sammlungen, die über den CD-ROM-Server der Bibliothek für Studenten zugänglich sind. Auf CDs verfügbar sind eine Reihe von Wörterbüchern und anderen Nachschlagewerken, Zeitschriften, große Einzelwerke der Weltliteratur wie die Bibel und schließlich auch vollständige Textausgaben eines Autors. So gibt es beispielsweise die Werke Johann Wolfgang von Goethes und Friedrich Schillers auf CD.

Textcorpora, die als CD-Versionen vertrieben werden, sind stets mit Recherchesystemen ausgestattet und für diese auch entsprechend aufbereitet. Ein solches System stellt das Volltextprogramm Word-Cruncher dar, das auf alle

Textcorpora – auch auf selbst angelegte – anwendbar ist. Das Programm leistet eine Lemmatisierung aller Textwörter. Das heißt, es wird eine alphabetische Liste aller Textwörter erstellt. Die Wörter werden dabei so lemmatisiert, wie sie im Text erscheinen, also in ihrer flektierten Form. Die Wortliste ist mit Häufigkeitsangaben versehen. Es wird also angezeigt, wie oft eine bestimmte Wortform vorkommt. Von den lemmatisierten Wörtern aus sind die jeweiligen Kontexte und ihre Stellenangaben einsehbar. Durch den Einsatz von Stellvertretern lassen sich auch alle Wörter mit einem bestimmten Wortbestandteil (z.B. Wörter auf *-ung*) oder festen Buchstabenfolgen (z.B. *r-f-* für *rief, riefen, rufte* etc.) oder mehrere aufeinanderfolgende Wörter suchen.

Alle ermittelten Daten, die Frequenzwerte, Stellenangaben und Kontexte, sind speicherbar und in Textverarbeitungsprogramme kopierbar, so daß ein zeitaufwendiges und fehleranfälliges Abschreiben der Texte entfällt. Der Word-Cruncher weist schließlich den Vorteil auf, daß die Daten alle unmittelbar abrufbar aufbereitet sind. Zeitaufwendige Suchvorgänge muß der Benutzer dabei nicht auf sich nehmen.

Die CD-ROM-Version der Weimarer Goethe-Ausgabe ist mit einem anderen Rechercheprogramm ausgestattet, das aber wie der Word-Cruncher die Suche nach Wortbestandteilen, Wörtern und Wortgruppen erlaubt. Durch Stellvertretersymbole ist auch die Suche nach Wortstämmen und Schreibvarianten möglich. Die Suchoptionen sind vielfältig und benutzerfreundlich aufbereitet.

Möglichkeiten der Recherche können beispielhaft an dem Verb *rufen* vorgeführt werden, das bis in neuhochdeutsche Zeit hinein stark und schwach flektiert worden ist. Es bestand also ein Nebeneinander von *rief, gerufen* und *rufte, geruft.* Im 19. Jahrhundert ist die schwache Flexion dann aufgegeben worden. Das bei anderen Verben gegenwartssprachlich existierende Normproblem, das aus dem Nebeneinander unterschiedlicher Flexionsformen resultiert (man vergleiche dazu Kapitel XV.5. und XIX.4.), ist bei *rufen* heute nicht mehr gegeben, da nur noch die starken Flexionsformen gebräuchlich sind. Der relevante Zeitraum, in dem sich der Wandel in der Flexion von *rufen* vollzogen hat, ist das 18./19. Jahrhundert. Will man die Verhältnisse bei J.W. von Goethe aufdecken, so erweisen sich die elektronischen Ausgaben als gute Hilfsmittel.

Die folgende Abbildung zeigt eine Bildschirmseite der mit dem Word-Cruncher aufbereiteten elektronischen Hamburger Goethe-Ausgabe. Die Zahlen zeigen die Belegfrequenz der links stehenden Zeichenfolge an. *rief* ist 807mal in der Hamburger Ausgabe belegt, *riefen* 55mal:

Wort	Frequenz
rief	807
rief's	2
riefe	2
riefen	55
riefest	1
riefst	5
rieft	4
riegel	24
riegelte	1
riemen	9

Johann Wolfgang von Goethe. Werke. Auf der Textgrundlage der Hamburger Ausgabe. Elektronischer Text

Beim Weiterblättern durch die Wortliste stößt man dann auch auf *rufte* (2mal) und *ruften* (1mal), wodurch bereits sichergestellt ist, dass Goethe auch noch schwache Flexionsformen verwendet hat.

Zur Erhebung aller Goethe-Belege bietet es sich an, die CD-ROM-Version der Weimarer Goethe-Ausgabe auszuwerten, da die Weimarer Ausgabe gegenüber der Hamburger weitere Texte umfasst.

Die folgende Abbildung zeigt das Ergebnis der Recherche des flektierten Wortes *rufte* in der Weimarer Ausgabe. Aufgelistet sind Abteilung und Band der Ausgabe, der Titel des Werkes, in dem die Wortform begegnet, und die jeweilige Trefferzahl.

I,13ii	Prolog zu dem Schauspiel Der Krieg, von Goldoni. Gesprochen von Madame Becker, geb. Neumann. Den 15. October 1793. [Lesarten]	1
I,19	Die Leiden des jungen Werther. [Apparat]	7
I,51	Wilhelm Meisters theatralische Sendung [Buch 1-Buch 3]	2
I,51	Wilhelm Meisters theatralische Sendung [Buch 1-Buch 3]. [Lesarten]	2
V,4	Gespräch mit Dutitre, Frau: [undatiert]	1

Goethes Werke auf CD-Rom. Weimarer Ausgabe. Chadwyck-Healey, Cambridge 1996

Der nächste Ausschnitt zeigt die beiden *rufte*-Belege aus 'Wilhelm Meisters theatralische Sendung' in Form eines kurzen Kontextes, der etwa eine Zeile umfasst. Zudem wird die Seite genannt, auf der sich der Beleg findet. Oft reicht ein kurzer Kontext aus, um festzustellen, ob der Beleg für die jeweilige Fragestellung relevant ist und – eventuell mit einem längeren Kontext – aufgenommen werden sollte oder ob er auszuschließen ist.

Bereich, Band   Titel/Kontext

I,51   Wilhelm Meisters theatralische Sendung [Buch 1-Buch 3]. Buch 1, Capitel
            5, S. 16

            *ihn seine Mutter manchmal herein **rufte**, um ihr etwas heraus tragen*

I,51   Wilhelm Meisters theatralische Sendung [Buch 1-Buch 3]. Buch 3, Capitel
            14, S. 278

            *war, faßte sich zusammen und **rufte** die ersten Verse seiner Rolle*

Goethes Werke auf CD-Rom. Weimarer Ausgabe. Chadwyck-Healey, Cambridge 1996

Zu dem zweiten Beleg lautet der vollständige Satz:

24   *Die Symphonie*
25   *des Stückes ging an, und sein Geist, der aus einer*
26   *Leidenschaft in die andere geworfen war, faßte sich*
27   *zusammen und **rufte** die ersten Verse seiner Rolle aus*
28   *dem Gedächtnisse hervor.*

Wilhelm Meisters theatralische Sendung [Buch 1-Buch 3]. Buch 3, Capitel 14, S. 278, Z. 24-
28

Um ein Phänomen wie die Schwankung zwischen starker und schwacher
Verbflexion zu untersuchen, sind freilich alle flektierten Formen eines Verbs
zu erfassen. Bei dem Beispiel *rufen* würde dann sichtbar, wie gering der
Anteil schwach flektierter Formen im Vergleich zu den starken Formen im
Goethe-Corpus ist. Erst bei einer vollständigen Erhebung ist der Befund
aussagekräftig und erlaubt Feststellungen über die genaue Frequenz einer
Erscheinung und damit über den Stand der Entwicklung bei dem jeweiligen
Autor oder in dem ausgewählten Zeitraum. Die hier exemplarisch vorgeführten Zugriffsmöglichkeiten mögen genügen, um die Recherchemöglichkeiten
elektronischer Programme für sprachwissenschaftliche Fragestellungen anzu-
deuten. Wie gut oder geeignet das jeweilige Programm dann für eine Untersuchung ist, hängt von der konkreten Fragestellung des Benutzers ab.

Grenzen der Recherchemöglichkeiten

Textverarbeitungsprogramme, Datenbanken und Volltextprogramme wie der
Word-Cruncher können die Recherche nach sprachlichen Erscheinungen in
umfangreichen Textcorpora erheblich erleichtern. Die Rechercheergebnisse
sind aber grundsätzlich nur so gut und so genau wie der Benutzer, der sie
eingegeben hat. Der Computer kann immer nur genau das finden, was zuvor

auch eingegeben worden ist. Ein Tippfehler in einer Datenbank kann beispielsweise leicht zur Folge haben, dass der Computer die gewünschte Information bei einem Suchvorgang nicht findet und somit übergeht. Bei der Recherche mit Volltextprogrammen ist genau zu überlegen, was gefunden werden soll, beispielsweise in welcher Schreibung ein Wort im Text vorkommen kann. Das gilt in besonderer Weise für die Suche in historischen Texten, die nicht in einer genormten Orthographie verfasst sind, in denen ein Wort auch in verschiedenen Schreibungen auftreten kann. In der Goethe-Ausgabe begegnen beispielsweise für das Wort *Diktionär* die Varianten *Diktionär*, *Dicktionär*, *Dictionär*, *Diktionnaire*, *Diktionaire*, *Diktionnair*, *Diktionair*, *Dicktionair*, die also auch bei einem Suchvorgang antizipiert werden müssten. Schließlich können die Suchergebnisse des Computers nicht ungeprüft übernommen werden. Beispielsweise kann ein einzelner Textbeleg aus Goethes Werk dreimal erscheinen, wenn er auch unter den 'Lesarten' (Zusammenstellung vorgängiger Bearbeitungsstufen eines Werkes) vorkommt (z.B. Faust. Zweiter Teil, V. 8157: staunen; Lesarten: 'staunen] Staunen').

Das Problem der Schreibvarianten stellt sich allerdings nicht nur für Texte früherer Jahrhunderte. Auch gegenwartssprachliche Texte können orthographisch variieren, so in Fällen wie *daß/dass*, *Fön/Föhn*, *Photo/Foto* oder in der Zusammen-/Getrenntschreibung.

Der Computer zwingt den Benutzer zur Genauigkeit und Antizipation möglicher Varianten bei den Suchanfragen und zur Überprüfung aller Ergebnisse. Wenn er in seiner Leistungsfähigkeit richtig eingeschätzt wird, ist der Computer zweifellos ein wertvolles Hilfsmittel, das nicht zuletzt in der Sprachwissenschaft auch neue Forschungsaufgaben zulässt, die bei manueller Durchsicht großer Textmengen nicht angegangen werden könnten.

Literaturhinweise

Kurzinformation:

Metzler Lexikon Sprache. Artikel: Frequenz, Informant, Korpus, Korpusanalyse (von W. Schöneck); Institut für deutsche Sprache (IdS) (von U. Knoop)

Einführende Literatur:

W. *Hoffmann*, in: Sprachgeschichte, S. 875-889

XXI. Literaturrecherche

Sowohl für die Vor- und Nachbereitung von Lehrveranstaltungen als auch für das Abfassen wissenschaftlicher Arbeiten ist es unerlässlich, Kenntnisse über die verschiedenen Wege der Literaturrecherche zu haben. In einer alltäglichen Arbeitssituation verfügen Studenten über Literaturangaben, beispielsweise aus diesem Buch oder aus Lehrveranstaltungen, und stehen vor der Aufgabe, den Standort dieser Literatur in den Bibliotheken zu ermitteln.

1. Standortermittlung im Bibliothekskatalog

Die Anlage der Bibliothekskataloge und die Wahl eines bestimmten Suchweges bestimmen, was auf diese Weise gefunden werden kann. Zettelkataloge und Mikrofiches verzeichnen zum Teil nur Literatur bis zu einem bestimmten Jahr und werden durch den elektronischen Benutzerkatalog, den OPAC (Online Public Access Catalog), abgelöst. Im OPAC der Bibliothek wiederum ist häufig noch nicht der Gesamtbestand aufgenommen. Dies betrifft insbesondere ältere Veröffentlichungen.

Verschiedene Formen von Veröffentlichungen müssen auf unterschiedliche Weise gesucht werden. Anhand der folgenden sechs Beispiele werden zuerst die nicht-elektronischen Suchmöglichkeiten vorgestellt, im Anschluss daran die Recherchemöglichkeiten im Internet.

Beispiel 1: Peter Eisenberg – Alexander Hans Gusovius, Bibliographie zur deutschen Grammatik. 1965-1986, Studien zur deutschen Grammatik 26, Tübingen 1988

Beispiel 2: Duden. Grammatik der deutschen Gegenwartssprache, 6., neu bearbeitete Auflage. Herausgegeben von der Dudenredaktion. Bearbeitet von Peter Eisenberg, Hermann Gelhaus, Helmut Henne, Horst Sitta und Hans Wellmann, Duden Band 4, Mannheim/Leipzig/Wien/Zürich 1998 [5. Auflage von 1994, 2. Auflage von 1984]

Beispiel 3: Quellen zur Geschichte der deutschen Orthographie im 19. Jahrhundert. Herausgegeben von Michael Schlaefer, Germanische Bibliothek. Neue Folge, Reihe 7,4, Heidelberg 1984

Beispiel 4: Albrecht Greule, Die 'Buchsorte' Sprachratgeber. Definition, Subsorten, Forschungsaufgaben, in: Franz Simmler (Hrsg.), Textsorten und Textsortentraditionen, Berliner Studien zur Germanistik 5, Bern u.a. 1997, S. 271-285

Beispiel 5: Elvira Glaser, "Fãi schõõ òiss Guade-àà!" – Position und Funktion der Partikel *auch* im Bairischen, in: Deutsche Grammatik – Thema in Variationen. Festschrift für Hans-Werner Eroms zum 60. Geburtstag. Herausgegeben von Karin Donhauser, Ludwig M. Eichinger, Germanistische Bibliothek 1, Heidelberg 1998, S. 155-168
Beispiel 6: Horst Haider Munske, Was soll eine Orthographiereform leisten, was soll sie lassen? Sprachwissenschaft 23 (1998) S. 413-421

Zettelkatalog

Der Zettelkatalog verzeichnet den Bestand einer Bibliothek. Er ist in der Regel in einen Autorenkatalog und einen Schlagwortkatalog unterteilt. Der Autorenkatalog ermöglicht die Suche nach Autoren und deren Werken, der Schlagwortkatalog ermöglicht die Suche nach Literatur zu einem bestimmten Thema.

Für die hier gewählte Ausgangssituation ist daher der Autorenkatalog relevant: Selbständig erschienene Bücher (Beispiel 1 und 3) sind über den/die Autorennamen oder über den Namen des Herausgebers (Beispiel 3) zu finden. Ist ein Werk in einer Reihe erschienen, hilft auch die Suche nach dem Reihentitel (Beispiel 1: Studien zur deutschen Grammatik; Beispiel 3: Germanische Bibliothek. Neue Folge; Beispiel 4: Berliner Studien zur Germanistik; Beispiel 5: Germanistische Bibliothek). Bei Büchern, die bereits in mehreren Auflagen erschienen sind, sollte (zumindest zuerst) immer die neueste Auflage gesucht und verwendet werden (Beispiel 2). Besondere Probleme kann die Suche nach Aufsätzen bereiten, die in Sammelbänden (Beispiel 4), Festschriften (Beispiel 5) oder Zeitschriften (Beispiel 6) erschienen sind. Der Aufsatztitel ist für die Suche im Zettelkatalog nicht relevant, wohl aber der Titel des Sammelbandes, der Festschrift oder der Zeitschrift.

Mikrofiche-Katalog

Neben den Zettelkatalogen stellen die Bibliotheken Kataloge in Form von Mikrofiches (Mikrofilme mit reihenweise angeordneten Mikrokopien) zum Bibliotheksbestand bereit. Damit wird die Möglichkeit gegeben, auch außerhalb der jeweiligen Teil- oder Institutsbibliothek beziehungsweise der Universitäts- oder Staatsbibliothek nach Literatur zu suchen. Die Informationen, die Mikrofiches bieten, können über die des Zettelkatalogs hinausgehen. Sind Bibliotheken mit anderen Bibliotheken zusammengeschlossen, ist nicht nur der Bestand einer, sondern der aller angeschlossenen Bibliotheken verzeichnet. Zum Teil sind Mikrofiches als elektronische Image-Kataloge (elektronisches Abbild, digitalisierte Faksimiles der Katalogkarten) im Internet abfragbar.

Elektronischer Katalog: OPAC

Der OPAC ist ein elektronischer Bibliothekskatalog, in dem man über das Internet recherchieren kann. Zusätzlich zum Standort eines Werkes kann man ermitteln, ob es aktuell verfügbar ist. In den OPAC gelangt man am einfachsten über weiterführende Links (Anker) auf der Homepage der Bibliothek oder der Universität. Jeder Benutzer kann von Internetplätzen in der Bibliothek und in Computerräumen der Universität, aber auch von zuhause recherchieren. Als angemeldeter Benutzer kann man zudem Bücher bestellen, vormerken und verlängern. Wenn eine Publikation in den örtlichen Bibliotheken nicht vorhanden ist, kann eine Fernleihe-Bestellung nötig werden.

2. Literaturermittlung

Wenn nicht bereits Titel zu bestimmten Themen bekannt sind, muss Literatur durch bibliographische Recherche ermittelt werden. Diese Recherche beginnt in der bereits verfügbaren Literatur und ihren Literaturverzeichnissen. Das nächste einschlägige Hilfsmittel sind die Fachbibliographien.

Bibliographien

Mit den laufenden Fachbibliographien kann man Buch- und/oder Aufsatzliteratur finden. Die für die deutsche Sprachwissenschaft relevanten Publikationen sind:

- Germanistik
- Bibliographie der deutschen Sprach- und Literaturwissenschaft (Eppelheimer – Köttelwesch) [auch auf CD-ROM]
- Bibliographie Linguistischer Literatur (BLL)
- Internationale Bibliographie der geistes- und sozialwissenschaftlichen Zeitschriftenliteratur (IBZ)
- Bibliographie zur deutschen Grammatik (BDG) [seit 1980 laufendes Projekt; Informationen unter der Internet-Adresse: http://www.uni-potsdam.de/u/germanistik/bdg.htm]

Schlagwortkatalog

Auch mit den Bibliothekskatalogen kann man feststellen, welche Bücher zu einem bestimmten Thema vorhanden sind, nämlich mit Hilfe des Schlagwortkatalogs. Für die Suche nach neuesten und neueren Publikationen ist der OPAC gut geeignet. Bei älteren Publikationen bietet es sich an, zusätzlich den Zettelkatalog beziehungsweise den Microfichekatalog in die Suche einzubeziehen, da der Gesamtbestand an Literatur momentan noch in keinem Universitäts-OPAC vollständig erfasst ist.

Literaturrecherche im internationalen Bibliotheksverbund

Im Internet bieten die Universitäten Links zu den ortsansässigen Bibliotheken und auch zu bibliotheksübergreifenden OPACs und weiteren Katalogen an. Es ist einfacher, über Links andere Adressen zu besuchen, als die zum Teil recht langen Adressen einzugeben. Weitere Bibliotheken werden im Buchbereich vor allem zu Recherchezwecken herangezogen.

Informationen zu deutschen Bibliotheken erhält man über Deutsche Bibliotheksadressen

(DBA) [htttp://www.dbi-berlin. de/dbi_dbf/bib_adr/dba_hlp.htm].

Eine Liste aller deutschen Bibliotheken, die Dienste im Internet anbieten, erhält man unter der Adresse

[http://www.hbz-nrw.de/hbz/germlst].

Für die Recherche stehen Verbundkataloge zur Verfügung, die jeweils die Bibliotheken einer Region zusammenfassen. Eine Verbundsuche in verschiedenen Verbundkatalogen bietet der

Karlsruher Virtuelle Katalog (KKV) [http://www.ubka.uni-karlsruhe.de/ kvk.html].

Neben der Suche in Verbundkatalogen ist es hier auch möglich, auf fremdsprachige Bibliothekskataloge und Buchhandelsverzeichnisse zuzugreifen.

KVK
Karlsruher Virtueller Katalog

60 Mio. Bücher und Zeitschriften in Bibliotheks- und   • Hilfe & Info
Buchhandelskatalogen weltweit. Ein Dienst der UB Karlsruhe. • Presse & Preise

˙Home˙ ˙ **Deutsch** ˙ ˙English˙ ˙ ˙Ohne Javascript˙ ˙ ˙Mit Fernleihe˙ ˙ ˙Regional/Spezialkataloge˙

| 1. Kataloge auswählen | | Auswahl | Sichern | Laden |

☐ Deutschsprachige Bibliotheken   ☐ Bibliotheken weltweit   ☐ Buchhandel

☐ Südwestdt. BV	☑ Dt. Bibliothek	☐ Französische NB	☐ KNO-K&V
☐ Bayerischer BV	☑ TIB Hannover	☐ Britischer VK	☐ VLB
☑ Nordrhein-Westf. BV	☐ Österr. BV	☐ British Library	☐ Amazon.de
☑ Hessischer BV	☑ IDS Basel/Bern	☐ Schottische NB	
☐ KOBV Quicksearch	☑ IDS Zürich Uni	☐ Italienischer VK	
☑ Gemeinsamer BV	☐ NEBIS Zürich	☐ Spanische NB	
	☐ ZDB	☐ Library of Congress	

2. Suchbegriffe eingeben   O p t i o n e n

Titel [_____]   Jahr [_____]   • Trefferliste

Autor [_____]   ISBN [_____]   [Unsortiert ▼]
                                                   • Timeout
Körper- [_____]   ISSN [_____]   [60] Sek.
schaft   • MAB-Link
Schlag- [_____]   Verlag [_____]   ☐ Anzeigen
wort

3. Suche | Starten | | Löschen |

Abkürzungen

- BV = Bibliotheksverbund, IDS = Informationsverbund Deutschschweiz,
- KOBV = Kooperativer Bibliotheksverbund Berlin-Brandenburg (Quicksearch)
- NEBIS = Verbund von über 50 Schweizer Bibliotheken, NB = Nationalbibliothek,
- VK = Verbundkatalog, ZDB =Zeitschriftendatenbank

Tipps zur Suche

- Rechtstrunkierung mit "?" (bei Autor geschieht dies teilweise automatisch)
- Die Suchfelder werden automatisch mit UND verknüpft
- Im Feld "Titel" können mehrere Begriffe eingegeben werden. Diese werden automatisch mit UND verknüpft
- Für eine vollständige Suche nach *Autoren* sollte der Vorname mit angegeben werden, z.B. "mueller, uwe"
- Stoppworte wie "der, die, the, and..." sollten vermieden werden
- Ausführliche Infos und Tipps

Technische Hinweise

- Diese Version benötigt Javascript und Cookies
- Bei Problemen verwenden Sie bitte die Version ohne Javascript oder die Version für Netscape 3.0X .

Ansprechpartner

- Uwe Dierolf (dierolf@ubka.uni-karlsruhe.de)

Ein zentraler Zugang zu europäischen Verbundkatalogen und Nationalbibliotheken ist

Gateway and Bridge to Europe's National Libraries (Gabriel)
[http://portico.bl.uk/gabriel/de/welcome.html].

Empfehlenswert sind auch die Recherchemöglichkeiten der Deutschen Bibliothek, besonders das Z39.50 Gateway, das einen Zugang zu europäischen und weltweiten OPACs ermöglicht

[http://z3950gw.dbf.ddb.de/].

Zwei ausgewählte OPACs ausländischer Bibliotheken mit einem unübertroffenen Literaturbestand, die über das Z39.50 Gateway zu erreichen sind, sind The British Library (Großbritannien und Irland) und Library of Congress Catalogue (LoC).

Literaturrecherche im Internet

Neben dem OPAC bieten die Bibliotheken allgemeine Überblicks- und Einstiegsseiten zur Literaturrecherche im Internet, die über die Suche im OPAC hinausgehen. Sie geben Hinweise und Links zur Literaturrecherche im Internet, indem sie direkt auf Datenbanken, Suchmaschinen, Volltexte und Nachschlagewerke verweisen oder dadurch, dass sie Adressen nennen, die Link-Sammlungen präsentieren und Hilfestellungen bei der Suche geben. Einige nützliche Adressen sind:

Bibliographischer Werkzeugkasten [http://www.hbz-nrw.de/hbz/toolbox]
In alphabetischer Ordnung werden Themen rund um die deutschsprachige Online-Recherche angeboten. Der Bibliographische Werkzeugkasten ist sehr umfangreich und er wird regelmäßig aktualisiert.

biblint.de – Bibliographieren im Internet [[http://www.biblint.de]
biblint ist eine umfangreiche Sammlung bibliographischer Links mit dem Schwerpunkt Germanistik.

Über die Homepage der Bibliothek der FU Berlin
[http://www.ub.fu-berlin.de]

gelangt man über die Links 'Internetquellen', dann 'Fachinformationen' und 'Germanistik'

[= http://www.ub.fu-berlin.de/internetquellen/ fachinformation/germanistik/]

zu weiterführenden Links wie 'Übersichten im WWW', 'Nachschlagewerke, Wörterbücher, Lexika' und 'Bibliographien und Verzeichnisse'.

Eine sehr häufig empfohlene, hervorragende Link-Sammlung für Germanisten bietet die Universität Erlangen-Nürnberg über die Adresse

[http://www.phil.uni-erlangen.de/ ~p2gerlw/ressourc/liste.html]

Universität Erlangen-Nürnberg
Institut für Germanistik

| ? | Hilfe und Software | ▲ | Erlanger Liste-Start | Volltextsuche | 🔍 |

INSTITUTE UND INSTITUTIONEN:

Germanistik - Institute und Universitäten in
Deutschland, Österreich, der Schweiz; Germanistik
weltweit. Ministerien, Stiftungen, Stipendien, Sokrates
- Programm, Studienhilfe, Vereine und Gesellschaften,
Volkshochschulen, Schulen; Abfassen
wissenschaftlicher Arbeiten.

EPOCHEN:

In zeitlicher Anordnung vom Mittelalter bis ins 20.
Jhdt; Homepages einzelner Dichter;
Literaturgeschichte, Epochendarstellungen, weitere
epochenspezifische Texte und Darstellungen;
Informationen über Literatur - Verfilmungen.

RECHERCHIEREN:

Buch- und Aufsatzrecherche (OPAC, BVB u. MLA),
Subito und andere Dokumentenlieferdienste,
Verzeichnis lieferbarer Bücher und Zeitschriften,
CD-ROM, Bibliotheken und Verlage, Antiquariate,
Zeitschriften, Fachzeitschriften der Germanistik,
Bestseller.

PIXEL PEGASUS:

Literaturmagazine online, Kultursendungen online von
Rundfunk und Fernsehen, Feuilletons, Rezensionen,
literarisches Quartett, aktuelle Projekte,
Veröffentlichungen, Literaturwettbewerbe,
automatische Textgenerierung, Sprachsiele.

Volltextsuche in der Erlanger Liste

RESSOURCEN:

Literaturwissenschaft, Literaturgeschichte,
Sprachwissenschaft, Deutsch als
Fremdsprache, Gattungen, Kriminalroman,
Linguistik, Literaturtheorie, Lyrik, Roman,
Metapherntheorie, Motivgeschichte, Parodie,
Rhetorik, Roman, Theater, Puppenspiel,
weitere Ressourcen.

DIGITALE TEXTE:

Projekt Gutenberg, Sammlung elektronischer
Texte einschließlich Parodien, Satiren
Fabeln, Sagen und Märchen; Volkslieder und
Vertonungen; wissenschaftliche
Publikationen online; Verzeichnisse online
lesbarer bzw. kopierbarer Texte; Hoertexte,
Hypertext - Verzeichnisse.

LITERATUR-ARCHIVE:

Wichtige Literatur-Archive in Deutschland,
Österreich und der Schweiz; u. a.
Literaturarchiv Marbach, Goethe- und
Schiller-Archiv Weimar, Archive für
Exilliteratur, Zeitungsarchive,
Standortnachweise, Sondersammelgebiete,
Handschriften-Archive, Archive anderer
Medien, weitere Ressourcen.

WICHTIGE KONTEXTE:

Zensur, Buchkunst, Musik, Nachrichten,
Preise und Preisträger, Theaterpläne,
Medien, Kultursendungen in den Medien,
Ausstellungen und Veranstaltungen,
Hörspiele, Material zur Zeitgeschichte,
Zensur, Nachbardisziplinen der Germanistik.

3. Informationssuche im Internet

Mit den zuletzt genannten Internet-Seiten ist bereits mehr als Literaturermittlung möglich; sie stellen auch Zugänge zu Informationen und Datenbanken im Internet zur Verfügung.

Ein umfassendes gedrucktes Hilfsmittel, dessen Anschaffung sich lohnt, ist das Handbuch 'Suchen und Finden im Internet oder: "Die Nadel im Heuhaufen"' des RRZN (Regionales Rechenzentrum für Niedersachsen/Universität Hannover). Die Veröffentlichung wird nur an Mitglieder von Universitäten und Fachhochschulen (Bedienstete und Studierende) zu deren eigenem Gebrauch abgegeben. Sie ist in den Rechenzentren der Universitäten für wenig Geld erhältlich; weitere Informationen unter

[http://www.rrzn.uni-hannover.de] Link "Suchen"

Datenbanken

Über DBI-LINK, den Datenbankservice des Ehemaligen Deutschen Bibliotheksinstituts in Berlin, kann in überregionalen Bibliothekskatalogen, Table-of-Contents-, Literatur- und Indexdatenbanken recherchiert werden

[http://www.dbilink.de/].

Im Anschluss an die Recherche ermöglicht ein Document-Order-System für angemeldete Nutzer Online-Bestellungen bei über zwanzig großen deutschen Bibliotheken. Leider wird dieser Service nicht regelmäßig aktualisiert. Die Zeitschriftendatenbank (ZDB) erfasst mit detaillierten bibliographischen Angaben Zeitschriftenstandorte in Deutschland

[http://zdb-opac.de].

Sie verzeichnet mehr als 1.000.000 Zeitschriftentitel in allen Sprachen von 1500 bis heute und weist zu diesen Titeln den Besitz von etwa 4.000 deutschen Bibliotheken nach.

Kataloge (directories, subject trees), Suchmaschinen (search engines) und Metasuchmaschinen (meta-searcher)

Kataloge sind Suchdienste, deren Einträge von Menschen gesammelt, sortiert und überprüft wurden. Besonders für einen ersten Überblick über ein Thema ist die Katalogsuche empfehlenswert.

Drei gute deutsche Katalog-Adressen sind

web.de [http://web.de],

DINO-Online [http://www.dino-online.de/] und

Yahoo! Deutschland [http://www.yahoo.de].

Ein sehr nützliches internationales Lexikon ist

Britannica.com [http://britannica.com].

Suchmaschinen sind Suchdienste, die ihre Datenbankbestände mittels Roboterprogrammen zusammenstellen. Man erhält mehr Ergebnisse auf eine Suchanfrage als bei der Katalogsuche, wobei aber viele nicht brauchbar sind. Unter der Vielzahl der Suchmaschinen ist die weltweit populärste

> Altavista [http://www.altavista.com/].

Sie gehört zu den größten Suchmaschinen, und sie erlaubt sehr differenzierte Suchstrategien. Sie bietet auch nationale Suchmaschinen. Ebenfalls zu den größten Suchmaschinen zählt

> FAST Search (= All the Web) [http://www.alltheweb.com/].

Sie ist sehr schnell, und auch sie bietet unter der erweiterten Suche sehr komplexe Suchstrategien. Eine der gefragtesten Suchmaschinen ist

> Google [http://www.google.com/].

Neben den Suchmaschinen haben sich internationale Meta-Suchmaschinen (meta-searcher) etabliert, die darauf spezialisiert sind, mehrere Suchdienste auf einmal und auch Kataloge zu durchsuchen. Die 'Mutter' der Meta-Suchmaschinen, deren Angebote regelmäßig erweitert werden, ist

> Mamma [http://www.mamma.com/].

Eine gute deutsche Meta-Suchmaschine ist

> MetaGer [http://www.metager.de].

Volltexte

Digitalisierte Printliteratur wird zum Beispiel vom Projekt Gutenberg

> [http://www.gutenberg.aol.de/]

mit überwiegend deutscher Literatur angeboten. Über 11.000 Volltexte der Weltliteratur bietet

> The On-Line Books Page [http://digital.library.upenn.edu/books/].

Digital publizierte Texte wie elektronische Zeitschriften werden von den Bibliotheken über die entsprechenden Links angeboten. Eine Zusammenstellung der im Netz zur Verfügung stehenden elektronischen Zeitschriften bietet zum Beispiel die Elektronische Zeitschriftenbibliothek der Universitätsbibliothek Regensburg. Diese kann man über die Homepage der Bibliothek

> [http://www.bibliothek.uni-regensburg.de]

mit dem weiterführenden Link 'Elektronische Zeitschriftenbibliothek' erreichen.

Nachschlagewerke

Online-Nachschlagewerke im Internet wie Duden Online, Langenscheidts Fremdwörterbuch online, Mittelhochdeutsches Wörterbuch und The Merriam – Webster's Dictionary erreicht man am einfachsten über Links, die von verschiedenen Universitäten gesammelt unter 'Links für Germanisten' oder

Ähnlichem auf den fakultätseigenen Homepages angeboten werden oder über eine Suchmaschine mit der Phrasensuche 'Links für Germanisten'. Eine sehr umfangreiche Link-Sammlung zu Online-Nachschlagewerken bietet zum Beispiel auch das Bibliotheksservice-Zentrum Baden-Württemberg (BSZ) unter der Adresse
[http://www.bsz-bw.de/links/lexika.html].
Eine Link-Sammlung zu Wörterbüchern findet man unter
[http://www.yourdictionary.com]
Über den OPAC hinaus sind die elektronischen Angebote der Literaturrecherche viel reichhaltiger als die herkömmlichen Methoden. Leider sind sie auch von sehr unterschiedlicher Qualität (Veröffentlichungen seriöser wissenschaftlicher Verlage und Universitäten, aber auch persönliche Homepages von Hinz und Kunz). Für alle im Internet gefundenen Informationsdokumente muss jeder selbst überprüfen, ob die entsprechenden Informationen vollständig und korrekt sind.

Literaturhinweise

F. *Schmöe*, in: Metzler Lexikon Sprache, S. XXII-XXVII
Internet für Philologen. Eine Einführung in das Netz der Netze

Literaturverzeichnis

Christiane *Agricola* – Erhard *Agricola*, Wörter und Gegenwörter. Antonyme der deutschen Sprache, 5. A.
Leipzig 1982

Jean *Aitchison*, Language change: progress or decay?, 3. A. Cambridge 2001

Hans *Altmann* – Suzan *Hahnemann*, Syntax fürs Examen. Studien und Arbeitsbuch, Linguistik fürs
Examen 1, Oplanden/Wiesbaden 1999

Hans *Altmann* – Silke *Kemmerling*, Wortbildung fürs Examen. Studien- und Arbeitsbuch, Linguistik fürs
Examen 2, Wiesbaden 2000

Karl-Otto *Apel*, Der Denkweg von Charles Sanders Peirce. Eine Einführung in den amerikanischen
Pragmatismus, suhrkamp taschenbuch wissenschaft 141, Frankfurt a.M. 1975

Gerhard *Augst*, Wortfamilienwörterbuch der deutschen Gegenwartssprache, Tübingen 1998

John Langshaw *Austin*, Zur Theorie der Sprechakte (How to do Things with Words). Deutsche Bearbeitung von E. von Savigny, Reclams Universal-Bibliothek 9396 (3), 2. A. Stuttgart 1998

Adolf *Bach*, Deutsche Namenkunde, I. Die deutschen Personennamen, 1-2; II. Die deutschen Ortsnamen,
1-2; III. Registerband, bearbeitet von D. Berger, 1./2.A. Heidelberg 1952-1974

Gerhard *Bauer*, Namenkunde des Deutschen, Germanistische Lehrbuchsammlung 21, Bern u.a. 1985

Christa *Baufeld*, Kleines frühneuhochdeutsches Wörterbuch – Lexik aus Dichtung und Fachliteratur des
Frühneuhochdeutschen, Tübingen 1996

Klaus *Baumgärtner*, Konstituenz und Dependenz. Zur Integration der beiden grammatischen Prinzipien,
in: Vorschläge für eine strukturale Grammatik des Deutschen. Hg. v. H. Steger, Wege der Forschung
146, Darmstadt 1970, S. 52-77

Bayerisch-österreichisches Wörterbuch, II. Bayern. Bayerisches Wörterbuch (BWB). Hg. v. der Kommis-
sion für Mundartforschung, Bayerische Akademie der Wissenschaften, München 1995ff.

Robert-Alain *de Beaugrande* – Wolfgang U. *Dressler*, Einführung in die Textlinguistik, Konzepte der
Sprach- und Literaturwissenschaft 28, Tübingen 1981

Beiträge zur Valenztheorie, hg. v. G. Helbig, The Hague/Paris 1971

Georg Friedrich *Benecke* – Wilhelm *Müller* – Friedrich *Zarncke*, Mittelhochdeutsches Wörterbuch, I-III,
Leipzig 1854-1866, Nachdruck Stuttgart 1990

Aus *Benediktinerregeln* des 9. bis 20. Jahrhunderts. Quellen zur Geschichte einer Textsorte. Hg. v. Franz
Simmler, Germanische Bibliothek. NF. 7. Reihe, Heidelberg 1985

Henning *Bergenholtz* – Burkhard *Schaeder*, Die Wortarten des Deutschen. Versuch einer syntaktisch orientierten Klassifikation, Stuttgart 1977

Rolf *Bergmann*, Homonymie und Polysemie in Semantik und Lexikographie, Sprachwissenschaft 2 (1977)
S. 17-59

Rolf *Bergmann* – Peter *Pauly* – Claudine *Moulin-Fankhänel*, Alt- und Mittelhochdeutsch. Arbeitsbuch zur
Grammatik der älteren deutschen Sprachstufen und zur deutschen Sprachgeschichte, 5.A. Tübingen 1999

Rolf *Bergmann* – Peter *Pauly* – Claudine *Moulin-Fankhänel*, Neuhochdeutsch. Arbeitsbuch zur Grammatik
der deutschen Gegenwartssprache, 4., erweiterte Auflage, Göttingen 1992

Cornelia *Berning*, Vom 'Abstammungsnachweis' zum 'Zuchtwart', Berlin 1964

Helmut *Birkhan*, Etymologie des Deutschen, Germanistische Lehrbuchsammlung 15, Bern u.a. 1985

Erich *Bischoff*, Wörterbuch der wichtigsten Geheim- und Berufssprachen. Jüdisch-Deutsch, Rotwelsch,
Kundensprache; Soldaten-, Seemanns-, Weidmanns-, Bergmanns- und Komödiantensprache, Leipzig
1916

Eric A. *Blackall*, Die Entwicklung des Deutschen zur Literatursprache: 1700–1775. Mit einem Bericht
über neue Forschungsergebnisse 1955–1964 von Dieter Kimpel, Stuttgart 1966

Peter *Braun* (Hg.), Fremdwort-Diskussion, Uni-Taschenbücher 797, München 1979

Wilhelm *Braune*, Althochdeutsches Lesebuch, 17.A. bearbeitet von Ernst A. Ebbinghaus, Tübingen 1994

Wilhelm *Braune* – Hans *Eggers*, Althochdeutsche Grammatik, Sammlung kurzer Grammatiken germanischer Dialekte. A. Hauptreihe Nr. 5, 14.A. Tübingen 1987

Klaus *Brinker*, Linguistische Textanalyse. Eine Einführung in Grundbegriffe und Methoden, Grundlagen der Germanistik 29, 4., überarbeitete Auflage Berlin 1997

John K. *Chambers* – Peter *Trudgill*, Dialectology, 2. Edition, Cambridge Textbooks in Linguistics, Cambrigde 1998

Dieter *Cherubim* – Siegfried *Grosse* – Klaus J. *Mattheier* (Hgg.), Sprache und bürgerliche Nation. Beiträge zur deutschen und europäischen Sprachgeschichte des 19. Jahrhunderts, Berlin/New York 1998

Dieter *Cherubim* – Klaus J. *Mattheier* (Hgg.), Voraussetzungen und Grundlagen der Gegenwartssprache, Berlin/New York 1989

Eugenio *Coseriu*, Bedeutung und Bezeichnung im Lichte der strukturellen Semantik, in: Sprachwissenschaft und Übersetzen. Symposion an der Universität Heidelberg 24.2.-26.2.1969, hg. v. P. Hartmann – H. Vernay, Commentationes Societatis Linguisticae Europaeae III, München 1970, S. 104-121

Eugenio *Coseriu*, Einführung in die Allgemeine Sprachwissenschaft, Uni-Taschenbücher 1372, 2.A. Tübingen 1992

Eugenio *Coseriu*, Einführung in die strukturelle Betrachtung des Wortschatzes, Tübinger Beiträge zur Linguistik 14, 2. unveränderte Auflage, Tübingen 1973

Eugenio *Coseriu*, Formen und Funktionen. Studien zur Grammatik. Hg. v. Uwe Petersen, Konzepte der Sprach- und Literaturwissenschaft 33, Tübingen 1987

Eugenio *Coseriu*, Lexikalische Solidaritäten, Poetica 1 (1967) S. 293-303

Eugenio *Coseriu*, Probleme der strukturellen Semantik. Vorlesung, gehalten im Wintersemester 1965/66 an der Universität Tübingen. Autorisierte und bearbeitete Nachschrift von D. Kastovsky, Tübinger Beiträge zur Linguistik 40, 3.A. Tübingen 1978

Eugenio *Coseriu*, System, Norm und 'Rede', in: E. Coseriu, Sprache. Strukturen und Funktionen. XII Aufsätze zur allgemeinen und romanischen Sprachwissenschaft. In Zusammenarbeit mit H. Bertsch und G. Köhler hg. v. U. Petersen, Tübinger Beiträge zur Linguistik 2, 3.A. Tübingen 1979, S. 45-59

Eugenio *Coseriu*, Textlinguistik. Eine Einführung. Herausgegeben und bearbeitet von Jörn Albrecht, Uni-Taschenbücher 1808, 3., überarbeitete und erweiterte Auflage Tübingen/Basel 1994

Die *deutsche* Sprache zur Jahrtausendwende. Sprachkultur oder Verfall? Hg. v. Karin M. Eichhoff-Cyrus und Rudolf Hoberg, Thema Deutsch, I, Mannheim 2000

Deutsche Wortbildung. Typen und Tendenzen in der Gegenwartssprache. Eine Bestandsaufnahme des Instituts für deutsche Sprache. Forschungsstelle Innsbruck, Erster Hauptteil: I. Kühnhold – H. Wellmann, Das Verb. Mit einer Einführung von Johannes Erben, Sprache der Gegenwart 29, Düsseldorf 1973; Zweiter Hauptteil: H. Wellmann, Das Substantiv, Sprache der Gegenwart 32, Düsseldorf 1975; Dritter Hauptteil: I. Kühnhold – O. Putzer – H. Wellmann, Das Adjektiv, Sprache der Gegenwart 43, Düsseldorf 1978; Vierter Hauptteil: L. Ortner – E. Müller-Bollhagen, Substantivkomposita, Sprache der Gegenwart 79, Berlin/New York 1991; Fünfter Hauptteil: M. Pümpel-Mader – E. Gassner-Koch – H. Wellmann, Adjektivkomposita und Partizipialbildungen, Sprache der Gegenwart 80, Berlin/New York 1992; Morphem- und Sachregister zu Band I-III, Sprache der Gegenwart 62, Düsseldorf 1984

Deutscher Sprachatlas aufgrund des von Georg Wenker begründeten Sprachatlas des Deutschen Reichs in vereinfachter Form begonnen von Ferdinand Wrede, fortgesetzt von Walther Mitzka und Bernhard Martin, Marburg/Lahn 1927-1956

Dialektologie. Ein Handbuch zur deutschen und allgemeinen Dialektforschung. Hg. v. W. Besch, U. Knoop, W. Putschke, H.E. Wiegand, HSK, I,2, Berlin/New York 1982-1983

Walther *Dieckmann* (Hg.), Reichtum und Armut deutscher Sprache. Reflexionen über den Zustand der deutschen Sprache im 19. Jahrhundert, Berlin/New York 1989

Norbert *Dittmar*, Grundlagen der Soziolinguistik – Ein Arbeitsbuch mit Aufgaben, Konzepte der Sprach- und Literaturwissenschaft 57, Tübingen 1997

Norbert *Dörschner*, Lexikalische Strukturen. Wortfeldkonzeption und Theorie der Prototypen im Vergleich, Münster 1996

Duden. Aussprachewörterbuch. Wörterbuch der deutschen Standardaussprache. 4., neu bearbeitete und aktualisierte Auflage. Bearbeitet von Max Mangold, Mannheim u.a. 2000

Duden. Bedeutungswörterbuch, 2., völlig neu bearbeitete und erweiterte Auflage, Mannheim u.a. 1985

Duden. Bildwörterbuch der deutschen Sprache, 4., neu bearbeitete Auflage, Mannheim u.a. 1992

Duden. Die deutsche Rechtschreibung, 22., völlig neu bearbeitete und erweiterte Auflage. Auf der Grundlage der neuen amtlichen Rechtschreibregeln, Mannheim u.a. 2000

Duden. Deutsches Universalwörterbuch, 4., neu bearbeitete und erweiterte Auflage, Mannheim u.a. 2001

Duden. Etymologie. Herkunftswörterbuch der deutschen Sprache, 2., völlig neu bearbeitete und erweiterte Auflage von G. Drosdowski, Mannheim u.a. 1989

Duden. Familiennamen. Herkunft und Bedeutung. Bearbeitet von Rosa und Volker Kohlheim, Mannheim u.a. 2000

Duden. Geographische Namen in Deutschland. Herkunft und Bedeutung der Namen von Ländern, Städten, Bergen und Gewässern, 2., überarbeitete Auflage von Dieter Berger, Mannheim u.a. 1999

Duden. Grammatik der deutschen Gegenwartssprache, 6., neu bearbeitete Auflage. Bearbeitet von Peter Eisenberg, Hermann Gelhaus, Helmut Henne, Horst Sitta und Hans Wellmann, Mannheim u.a. 1998

Duden. Das Große Fremdwörterbuch. Herkunft und Bedeutung der Fremdwörter, Mannheim u.a. 1994

Duden. Das große Vornamen-Lexikon. Bearbeitet von Rosa und Volker Kohlheim, Mannheim u.a. 1998

Duden. Das große Wörterbuch der deutschen Sprache in zehn Bänden. 3., völlig neu bearbeitete und erweiterte Auflage, Mannheim u.a. 1999

Duden. Redewendungen und sprichwörtliche Redensarten. Wörterbuch der deutschen Idiomatik. Bearbeitet von Günther Drosdowski und Werner Scholze-Stubenrecht, Mannheim u.a. 1992

Duden. Richtiges und gutes Deutsch. Wörterbuch der sprachlichen Zweifelsfälle, 4., neu bearbeitete und erweiterte Auflage, Mannheim u.a. 1997

Duden. Sinn- und sachverwandte Wörter. Synonymwörterbuch der deutschen Sprache. Hg. und bearbeitet von Wolfgang Müller, Neudruck der 2.A., Mannheim u.a. 1997

Duden. Das Stilwörterbuch, 8., völlig neu bearbeitete Auflage, Mannheim u.a. 2001

Duden. Zitate und Aussprüche. Bearbeitet von Werner Scholze-Stubenrecht u.a., Mannheim u.a. 1993

¹*DWB* = Deutsches Wörterbuch von Jacob Grimm und Wilhelm Grimm, I-XVI, Leipzig 1854-1960

²*DWB* = Deutsches Wörterbuch von Jacob Grimm und Wilhelm Grimm. Neubearbeitung. I, 1983; II, 1998; III, Lfg. 1-3, 1999-2001; VI, 1983; VII, 1993; VIII, 1999; IX, Lfg. 1/2 2001

Robert Peter *Ebert* – Oskar *Reichmann* – Hans Joachim *Solms* – Klaus-Peter *Wegera*, Frühneuhochdeutsche Grammatik, Sammlung kurzer Grammatiken germanischer Dialekte. A, 12, Tübingen 1993

Umberto *Eco*, Einführung in die Semiotik. Autorisierte deutsche Ausgabe v. J. Trabant, Theorie und Geschichte der Literatur und der schönen Künste, 8., unveränderte Auflage München 1994

Hans *Eggers*, Deutsche Sprachgeschichte, I: Das Althochdeutsche und das Mittelhochdeutsche. II: Das Frühneuhochdeutsche und das Neuhochdeutsche, Rowohlts Enzyklopädie 425, 426, Reinbek bei Hamburg 1986, Nachdruck I, 1996, II, 1992

Jürgen *Eichhoff*, Wortatlas der deutschen Umgangssprachen, I-IV, Bern/München 1977-2000

Ludwig M. *Eichinger*, Deutsche Wortbildung. Eine Einführung, narr studienbücher, Tübingen 2000

Peter *Eisenberg*, Grundriß der deutschen Grammatik, I-II, Stuttgart/Weimar 1998-1999

Ulrich *Engel*, Deutsche Grammatik, 3.A. Heidelberg 1996

Ulrich *Engel*, Syntax der deutschen Gegenwartssprache, Grundlagen der Germanistik 22, 2.A. Berlin 1982

Johannes *Erben*, Deutsche Grammatik. Ein Abriß, 12.A. München 1980

Johannes *Erben*, Deutsche Syntax. Eine Einführung, Germanistische Lehrbuchsammlung 12, Bern u.a. 1984

Johannes *Erben*, Einführung in die deutsche Wortbildungslehre, Grundlagen der Germanistik 17, 4., aktualisierte und ergänzte Auflage Berlin 2000

Hans-Werner *Eroms*, Funktionale Satzperspektive, Germanistische Arbeitshefte 31, Tübingen 1986

Hans-Werner *Eroms*, Syntax der deutschen Sprache, Berlin/New York 2000

Walter *Flämig*, Grammatik des Deutschen. Einführung in Struktur- und Wirkungszusammenhänge. Erarbeitet auf der theoretischen Grundlage der "Grundzüge einer deutschen Grammatik", Berlin 1991

Wolfgang *Fleischer* – Irmhild *Barz*, Wortbildung der deutschen Gegenwartssprache. Unter Mitarbeit von Marianne Schröder, Tübingen 1992, 2., durchgesehene und ergänzte Auflage Tübingen 1995

Hans-Rüdiger *Fluck*, Fachsprachen. Einführung und Bibliographie, 5., aktualisierte und erweiterte Auflage Tübingen 1996

Uwe *Förster*, Sprachpflege auf wissenschaftlicher Grundlage. Beiträge aus drei Jahrzehnten. Hg. v. der Gesellschaft für deutsche Sprache, Mannheim 2000

Das *Forschungsinstitut* für Deutsche Sprache 'Deutscher Sprachatlas' 1988-1992, Wissenschaftlicher Bericht, Marburg 1992

Gerd *Fritz*, Historische Semantik, Stuttgart/Weimar 1998

Frühneuhochdeutsches Wörterbuch. Hg. v. Ulrich Goebel und Oskar Reichmann, Iff., Berlin/New York 1989ff.

Hans-Martin *Gauger*, Durchsichtige Wörter. Zur Theorie der Wortbildung, Bibliothek der allgemeinen Sprachwissenschaft, Heidelberg 1971

Horst *Geckeler*, Strukturelle Semantik und Wortfeldtheorie, 3.A. München 1982

Helmut *Gipper* – Hans *Schwarz*, Bibliographisches Handbuch zur Sprachinhaltsforschung. Teil I. Schrifttum zur Sprachinhaltsforschung in alphabetischer Folge nach Verfassern mit Besprechungen und Inhaltshinweisen, Bände I-IV, Teil II. Systematischer Teil (Register), Bände A–D, Köln/Opladen 1966–1989

Talmy *Givón*, Historical syntax and synchronic morphology: an archeologist's field trip, Chicago Linguistic Society 7 (1971) S. 394-415

Helmut *Glück* – Wolfgang Werner *Sauer*, Gegenwartsdeutsch, Sammlung Metzler 252, 2.A. Stuttgart 1997

Goethe-Wörterbuch. Iff. Stuttgart u.a. 1978ff.

Max *Gottschald*, Deutsche Namenkunde. Unsere Familiennamen. Fünfte verbesserte Auflage mit einer Einführung in die Familiennamenkunde von Rudolf Schützeichel, Berlin/New York 1982

Grammatik der deutschen Sprache von Gisela Zifonun, Ludger Hoffmann, Bruno Strecker u.a., I-III, Schriften des Instituts für deutsche Sprache 7, Berlin/New York 1997

Albrecht *Greule* – Elisabeth *Ahlvers-Liebel*, Germanistische Sprachpflege. Geschichte, Praxis und Zielsetzung, Darmstadt 1986

Albrecht *Greule* – Franz *Lebsanft* (Hgg.), Europäische Sprachkultur und Sprachpflege. Akten des Regensburger Kolloquiums Oktober 1996, Tübingen 1998

Grundlagen der Sprachkultur. Beiträge der Prager Linguistik zur Sprachtheorie und Sprachpflege, I-II. In Zusammenarbeit mit K. Horálek und J. Kuchař hg. v. J. Scharnhorst und E. Ising, Akademie der Wissenschaften der DDR. Zentralinstitut für Sprachwissenschaft, Reihe Sprache und Gesellschaft 8/1-2, Berlin 1976-1982

Elisabeth und Wolfgang *Gülich*, Linguistische Textmodelle. Grundlagen und Möglichkeiten, Uni-Taschenbücher 130, 2.A. München 1980

Walther von *Hahn* (Hg.), Fachsprachen, Wege der Forschung 498, Darmstadt 1981

T. Alan *Hall*, Phonologie. Eine Einführung, de Gruyter Studienbuch, Berlin/New York 2000

Frédéric *Hartweg* – Klaus-Peter *Wegera*, Frühneuhochdeutsch. Eine Einführung in die deutsche Sprache des Spätmittelalters und der frühen Neuzeit, Germanistische Arbeitshefte 33, Tübingen 1989

Roland *Harweg*, Pronomina und Textkonstitution, Beihefte zu Poetica 2, 2., verbesserte und ergänzte Auflage München 1979

Gerhard *Helbig* – Joachim *Buscha*, Deutsche Grammatik. Ein Handbuch für den Ausländerunterricht, 16.A. Leipzig u.a. 1994

Gerhard *Helbig* – Wolfgang *Schenkel*, Wörterbuch zur Valenz und Distribution deutscher Verben, 8.A. Tübingen 1991

Helmut *Henne*, Jugend und ihre Sprache. Darstellung, Materialien, Kritik, Berlin/New York 1994

Helmut *Henne*, Sprachpragmatik. Nachschrift einer Vorlesung, Reihe Germanistische Linguistik 3 Kollegbuch, Tübingen 1975

Beate *Hennig*, Kleines Mittelhochdeutsches Wörterbuch. In Zusammenarbeit mit Christa Hepfer und redaktioneller Mitarbeit von Wolfgang Bachofer, 2. ergänzend bearbeite Auflage Tübingen 1995

Götz *Hindelang*, Einführung in die Sprechakttheorie, Germanistische Arbeitshefte 27, 3., unveränderte Auflage Tübingen 2000

Lothar *Hoffmann* (Hg.), Fachsprachen. Ein internationales Handbuch zur Fachsprachenforschung und Terminologiewissenschaft, I-II, Handbücher zur Sprach- und Kommunikationswissenschaft 14.1/14.2, Berlin u.a. 1998, 1999

Lothar *Hoffmann*, Kommunikationsmittel Fachsprache. Eine Einführung, Forum für Fachsprachenforschung 1, 2., völlig neu bearbeitete Auflage Tübingen 1985

Internet für Philologen. Eine Einführung in das Netz der Netze von Oliver Gschwender unter Mitarbeit von Arno Müller, Berlin 1999

Heidrun *Kämper* – Hartmut *Schmidt* (Hgg.), Das 20. Jahrhundert. Sprachgeschichte – Zeitgeschichte, IdS-Jahrbuch 1997, Berlin/New York 1998

Elisabeth *Karg-Gasterstädt* – Theodor *Frings*, Althochdeutsches Wörterbuch. Auf Grund der von Elias von Steinmeyer hinterlassenen Sammlungen im Auftrag der Sächsischen Akademie der Wissenschaften zu Leipzig bearbeitet und herausgegeben, I-IV, Lieferung 1-16, Berlin 1968-1998

Rudolf E. *Keller*, Die deutsche Sprache und ihre historische Entwicklung. Bearbeitet und übertragen aus dem Englischen von Karl-Heinz Mulagk, 2.A. Hamburg 1995

Rudi *Keller*, Sprachwandel, 2.A. Tübingen 1994

Georges *Kleiber*, Prototypensemantik. Eine Einführung. Übersetzt von Michael Schreiber, 2.A. Tübingen 1998

Kleine Enzyklopädie Die deutschen Sprache, I-II, Leipzig 1969-1970

Kluge, Etymologisches Wörterbuch der deutschen Sprache. Bearbeitet von Elmar Seebold, 23., erweiterte Auflage, Berlin/New York 1995

Friedrich *Kluge*, Seemannssprache. Wortgeschichtliches Handbuch deutscher Schifferausdrücke älterer und neuerer Zeit, Halle 1911

Peter *Koch* – Wulf *Oesterreicher*, Sprache der Nähe – Sprache der Distanz. Mündlichkeit und Schriftlichkeit im Spannungsfeld von Sprachtheorie und Sprachgeschichte, Romanistisches Jahrbuch 36 (1985) S. 15-43

Werner *König*, Atlas zur Aussprache des Schriftdeutschen in der Bundesrepublik Deutschland, II: Tabellen und Karten, Ismaning 1989

Werner *König*, dtv-Atlas zur deutschen Sprache. Tafeln und Texte, 12.A. München 1998

Klaus J. *Kohler*, Einführung in die Phonetik des Deutschen, Grundlagen der Germanistik 20, 2., neubearbeitete Auflage Berlin 1995

Erwin *Koller* – Werner *Wegstein* – Norbert Richard *Wolf*, Mittelhochdeutsches Wörterbuch. Alphabetischer Index, Stuttgart 1990

Gerhard *Koß*, Namenforschung. Eine Einführung in die Onomastik, Germanistische Arbeitshefte 34, 2.A. Tübingen 1996

Gerhard *Koß*, Die 'Wenkerbogen' von Coburg und Neuses. Deutscher Sprachatlas und dialektgeographische Methode, in: Jahrbuch der Coburger Landesstiftung 1972, S. 41-72

Paul *Kretschmer*, Wortgeographie der hochdeutschen Umgangssprache, Göttingen 1918

Heinz *Küpper*, Wörterbuch der deutschen Umgangssprache, I, 3.A.; II. 10.000 neue Ausdrücke von *A* – *Z*, 2.A.; III. Hochdeutsch – Umgangsdeutsch. Gesamtstichwortverzeichnis, 2.A.; IV. Berufsschelten und Verwandtes; V. 10.000 neue Ausdrücke von *A* – *Z* (Sachschelten); VI. Jugenddeutsch von *A* bis *Z*, Hamburg 1963-1970

Konrad *Kunze*, dtv-Atlas Namenkunde. Vor- und Familiennamen im deutschen Sprachgebiet, 2.A. München 1999

Langenscheidts Großwörterbuch Deutsch als Fremdsprache: das einsprachige Wörterbuch für alle, die Deutsch lernen. Herausgeber Dieter Götz, Günther Haensch, Hans Wellmann, 5.A. Berlin u.a. 2001

Roger *Lass*, Historical linguistics and language change, Cambridge 1997, Reprint 1998

Ernst *Leisi*, Der Wortinhalt. Seine Struktur im Deutschen und Englischen, Uni-Taschenbücher 95, 4.A. Heidelberg 1971

Matthias *Lexer*, Mittelhochdeutsches Handwörterbuch, I-III, Leipzig 1872-1878, Nachdruck Stuttgart 1992

Matthias *Lexer*, Mittelhochdeutsches Taschenwörterbuch, 38.A. Stuttgart 1992

Angelika *Linke* – Markus *Nussbaumer* – Paul R. *Portmann*, Studienbuch Linguistik, Reihe Germanistische Linguistik 121 Kollegbuch, 3.A. Tübingen 1996

Heinrich *Löffler*, Germanistische Soziolinguistik, Grundlagen der Germanistik 28, 2., überarbeitete Auflage Berlin 1994

Heinrich *Löffler*, Probleme der Dialektologie. Eine Einführung, Germanistische Einführungen, 3., durchgesehene und bibliographisch erweiterte Auflage, Darmstadt 1990

Rosemarie *Lühr*, Neuhochdeutsch. Eine Einführung in die Sprachwissenschaft, Uni-Taschenbücher 1349, 3.A. München 1990

Peter R. *Lutzeier*, Linguistische Semantik, Sammlung Metzler 219, Stuttgart 1985

Utz *Maas*, Grundzüge der deutschen Orthographie, Reihe Germanistische Linguistik 120 Kollegbuch, Tübingen 1992

April M. *MacMahon*, Understanding language change, Cambridge 1995

238   Literaturverzeichnis

André *Martinet*, Grundzüge der Allgemeinen Sprachwissenschaft. Autorisierte, vom Verfasser durchgesehene Übersetzung aus dem Französischen von A. Fuchs unter Mitarbeit von H.-H. Lieb, Urban Taschenbücher 69, 5.A. Stuttgart 1971

Erich *Mater*, Rückläufiges Wörterbuch der deutschen Gegenwartssprache, 6.A. Leipzig 1989

Michael *Meier-Brügger*, Indogermanische Sprachwissenschaft, 7., völlig neu bearbeitete Auflage der früheren Darstellung von Hans Krahe, Berlin 2000

Antoine *Meillet*, L'évolution des formes grammaticales (1912), in: A. Meillet, Linguistique historique et linguistique générale, Paris 1948, S. 130-148

Eckhard *Meineke* unter Mitarbeit von Judith Schwerdt, Einführung in das Althochdeutsche, Paderborn u.a. 2001

Gottfried *Meinhold* – Eberhard *Stock*, Phonologie der deutschen Gegenwartssprache, 2.A. Leipzig 1982

Metzler Lexikon Sprache. Zweite, überarbeitete und erweiterte Auflage. Hg. v. Helmut Glück, Stuttgart/ Weimar 2000

Dieter *Möhn* – Roland *Pelka*, Fachsprachen. Eine Einführung, Germanistische Arbeitshefte 30, Tübingen 1984

Charles W. *Morris*, Grundlagen der Zeichentheorie. Ästhetik und Zeichentheorie. Übersetzt von R. Posner unter Mitarbeit von J. Rehbein. Nachwort von F. Knilli, Reihe Hanser 106, 2.A. München 1975

Horst Haider *Munske*, Ist das Deutsche eine Mischsprache? Zur Stellung der Fremdwörter im deutschen Sprachsystem, in: Deutscher Wortschatz. Lexikologische Studien. Ludwig Erich Schmitt zum 80. Geburtstag von seinen Marburger Schülern. Hg. v. Horst Haider Munske, Peter von Polenz, Oskar Reichmann, Reiner Hildebrandt, Berlin/New York 1988, S. 46-74

Horst Haider *Munske*, Zur Fremdheit und Vertrautheit der "Fremdwörter" im Deutschen. Eine interferenzlinguistische Studie, in: Germanistik in Erlangen. Hundert Jahre nach der Gründung des Deutschen Seminars. Hg. v. Dietmar Peschel, Erlangen 1983, S. 559-595

Horst Haider *Munske*, Orthographie als Sprachkultur, Frankfurt am Main u.a. 1997

Rachim Zakievic *Murjasov*, Zur Wortbildungsstruktur der Ableitungen mit Fremdsuffixen, DaF 13 (1976) S. 121-124

Gustav *Muthmann*, Rückläufiges deutsches Wörterbuch. Handbuch der Wortausgänge im Deutschen, mit Beachtung der Wort- und Lautstruktur, 2., unveränderte Auflage Tübingen 1991

Namenforschung. Ein internationales Handbuch zur Onomastik. Hg. v. E. Eichler, G. Hilty, H. Löffler, H. Steger, L. Zgusta, Handbücher zur Sprach- und Kommunikationswissenschaft 11.1, 11.2., Berlin/ New York 1995

Bernd *Naumann*, Einführung in die Wortbildungslehre des Deutschen, Germanistische Arbeitshefte 4, 3., neubearbeitete Auflage Tübingen 2000

Dieter *Nerius*, Beiträge zur deutschen Orthographie. Hg. v. Petra Ewald und Bernd Skibitzki anlässlich des 65. Geburtstages von Dieter Nerius, Sprache, System und Tätigkeit 34, Frankfurt am Main u.a. 2000

Dieter *Nerius*, Deutsche Orthographie. 3., neu bearbeitete Auflage unter der Leitung von Dieter Nerius, bearbeitet von Renate Baudusch, Rolf Bergmann, Petra Ewald, Klaus Heller, Dieter Herberg, Hartmut Küttel, Gottfried Meinhold, Claudine Moulin-Fankhänel, Dieter Nerius, Jürgen Scharnhorst, Berhard Stock, Mannheim u.a. 2000

Neue Grammatiktheorien und ihre Anwendung auf das heutige Deutsch. Jahrbuch 1971, Sprache der Gegenwart. Schriften des Instituts für deutsche Sprache Mannheim 20, Düsseldorf 1972

Hermann *Niebaum* – Jürgen *Macha*, Einführung in die Dialektologie des Deutschen, Germanistische Arbeitshefte 37, Tübingen 1999

Edith *Nierhaus-Knaus*, Geheimsprache in Franken – Das Schillingsfürster Jenisch, Rothenburg ob der Tauber 1973

Charles K. *Ogden* – Ivor A. *Richards*, Die Bedeutung der Bedeutung (The Meaning of Meaning). Eine Untersuchung über den Einfluß der Sprache auf das Denken und über die Wissenschaft des Symbolismus. Aus dem Englischen von G.H. Müller, Frankfurt a.M. 1974

Els *Oksaar*, Mittelhochdeutsch. Texte, Kommentare, Sprachkunde, Wörterbuch, Stockholm 1965

Hermann *Paul*, Deutsches Wörterbuch, 9., vollständig neu bearbeitete Auflage von Helmut Henne und Georg Objartel, unter Mitarbeit von Heidrun Kämper-Jensen, Tübingen 1992

Hermann *Paul*, Prinzipien der Sprachgeschichte, (1880, 3.A. 1896), Tübingen 1975

Hermann *Paul* – Peter *Wiehl* – Siegfried *Grosse*, Mittelhochdeutsche Grammatik, Sammlung kurzer Grammatiken germanischer Dialekte. A. Hauptreihe Nr. 2, 24.A. Tübingen 1998

Charles Sanders *Peirce*, Schriften zum Pragmatismus und Pragmatizismus. Hg. v. K.-O. Apel. Übersetzt von G. Wartenberg, 2.A. Frankfurt a.M. 1976

Heidrun *Pelz*, Linguistik. Eine Einführung, 5.A. Hamburg 2000

Herbert *Penzl*, Althochdeutsch. Eine Einführung in Dialekte und Vorgeschichte, Germanistische Lehrbuchsammlung 7, Bern/Frankfurt am Main/New York 1986

Herbert *Penzl*, Frühneuhochdeutsch, Germanistische Lehrbuchsammlung 9, Bern u.a. 1984

Herbert *Penzl*, Mittelhochdeutsch. Eine Einführung in die Dialekte, Germanistische Lehrbuchsammlung 8, Bern u.a. 1989

Wolfgang *Pfeifer*, Etymologisches Wörterbuch des Deutschen, 3.A. der Taschenbuchausgabe, dtv 32511, München 1997

Marthe *Philipp*, Phonologie des Deutschen, Urban-Taschenbücher 192, Stuttgart u.a. 1974

Marthe *Philipp*, Semantik des Deutschen, Germanistische Lehrbuchsammlung 13, Berlin 1998

Peter von *Polenz*, Deutsche Sprachgeschichte vom Spätmittelalter bis zur Gegenwart, I: Einführung, Grundbegriffe, 14. bis 16. Jahrhundert, 2.A.; II: 17. und 18. Jahrhundert, 1994-2000; III: 19. und 20. Jahrhundert, Berlin/New York 1991-1999

Bernd *Pompino-Marschall*, Einführung in die Phonetik, de Gruyter Studienbuch, Berlin/New York 1995

Rudolf *Post*, Pfälzisch. Einführung in eine Sprachlandschaft, Landau 1990

Die *Rechtschreibreform*. Pro und Kontra. Hg. v. Hans-Werner Eroms und Horst Haider Munske, Berlin 1997

Oskar *Reichmann*, Germanistische Lexikologie, 2., vollständig umgearbeitete Auflage von "Deutsche Wortforschung", Sammlung Metzler, Realien zur Literatur Abt. C.: Sprachwissenschaft, Stuttgart 1976

Oskar *Reichmann* – Klaus-Peter *Wegera* (Hgg.), Frühneuhochdeutsches Lesebuch, Tübingen 1988

Thorsten *Roelcke*, Fachsprachen. Grundlagen der Germanistik 37, Berlin 1999

Thorsten *Roelcke*, Periodisierung der deutschen Sprachgeschichte. Analysen und Tabellen, Berlin/New York 1995

Daniel *Sanders*, Wörterbuch der Deutschen Sprache, I-III, 2.A. Leipzig 1876

Ferdinand de *Saussure*, Grundfragen der allgemeinen Sprachwissenschaft. Hg. v. Ch. Bally und A. Sechehaye unter Mitwirkung von A. Riedlinger, übersetzt von H. Lommel, 2.A. mit neuem Register und einem Nachwort von P. von Polenz, Berlin 1967

Burkhard *Schaeder*, Germanistische Lexikographie, Tübingen 1987

Thea *Schippan*, Lexikologie der deutschen Gegenwartssprache, Tübingen 1992

Lothar *Schmidt*, Wortfeldforschung. Zur Geschichte und Theorie des sprachlichen Feldes, Wege der Forschung 250, Darmstadt 1973

Wilhelm *Schmidt*, Geschichte der deutschen Sprache. Ein Lehrbuch für das germanistische Studium, 7., verbesserte Auflage, erarbeitet unter der Leitung v. Helmut Langner, Stuttgart, Leipzig 1996

Schrift und Schriftlichkeit. Ein interdisziplinäres Handbuch, hg. v. H. Günther und O. Ludwig, Handbücher zur Sprach- und Kommunikationswissenschaft, I-II, Berlin/New York 1994-1996

Rudolf *Schützeichel*, Althochdeutsches Wörterbuch, 5.A. Tübingen 1995

Christoph *Schwarze* – Dieter *Wunderlich* (Hgg.), Handbuch der Lexikologie, Königstein/Ts. 1985

Schweizerisches Idiotikon. Wörterbuch der schweizerdeutschen Sprache, 1ff., Frauenfeld 1851ff.

John R. *Searle*, Sprechakte. Ein sprachphilosophischer Essay. Aus dem Englischen von R. und R. Wiggershaus, Suhrkamp Theorie, 7.A. Frankfurt a.M. 1994

Elmar *Seebold*, Etymologie. Eine Einführung am Beispiel der deutschen Sprache, Beck'sche Elementarbücher, München 1981

Semantik. Ein internationales Handbuch der zeitgenössischen Forschung, hg. v. Arnim von Stechow und Dieter Wunderlich, Handbücher zur Sprach- und Kommunikationswissenschaft 6, Berlin/New York 1991

Stefan *Sonderegger*, Althochdeutsche Sprache und Literatur. Eine Einführung in das älteste Deutsch, Sammlung Göschen 8005, 2., durchgesehene und erweiterte Auflage Berlin/New York 1987

Stefan *Sonderegger*, Grundzüge deutscher Sprachgeschichte. Diachronie des Sprachsystems, I: Einführung – Genealogie – Konstanten, Berlin/New York 1979

Soziolinguistik. Ein internationales Handbuch zur Wissenschaft von Sprache und Gesellschaft. Hg. v. Ulrich Ammon, Norbert Dittmar und Klaus J. Mattheier, Handbücher zur Sprach- und Kommunikationswissenschaft 3.1/3.2, Berlin, New York 1987/1988

Sprachatlas von Bayerisch-Schwaben. Hg. v. Werner König und Hans Wellmann, Bayerischer Sprachatlas. Regionalteil 1, Band 1: Einführung. Hg. u. bearb. v. Werner König, Heidelberg 1997

Sprachgeschichte. Ein Handbuch zur Geschichte der deutschen Sprache und ihrer Erforschung. 2., vollständig neu bearbeitete und erweiterte Auflage. Hg. v. Werner Besch, Anne Betten, Oskar Reichmann, Stefan Sonderegger, I-II, Handbücher zur Sprach- und Kommunikationswissenschaft 2.1/2.2, Berlin/New York 1998-2000

Dieter *Stellmacher*, Niederdeutsche Sprache, 2., überarbeitete Auflage, Germanistische Lehrbuchsammlung 26, Berlin 2000

M.D. *Stepanowa* – G. *Helbig*, Wortarten und das Problem der Valenz in der deutschen Gegenwartssprache, 2.A. Leipzig 1981

Stilistik und Soziolinguistik. Beiträge der Prager Schule zur strukturellen Sprachbetrachtung und Spracherziehung, hg. v. E. Beneš und J. Vachek, Berlin 1971

Lucien *Tesnière*, Grundzüge der strukturalen Syntax. Hg. u. übers. von U. Engel, Stuttgart 1980

Jost *Trier*, Der deutsche Wortschatz im Sinnbezirk des Verstandes. Die Geschichte eines sprachlichen Feldes. I. Von den Anfängen bis zum Beginn des 13. Jahrhunderts, Heidelberg 1931

Nikolaus S. *Trubetzkoy*, Grundzüge der Phonologie, 7.A. Göttingen 1989

Peter *Trudgill*, Sociolinguistics. An Introduction to Language and Society, Penguin Language and Linguistics, London u.a. 1995

Stephen *Ullmann*, Grundzüge der Semantik. Die Bedeutung in sprachwissenschaftlicher Sicht. Deutsche Fassung von Susanne Koopmann, 2.A. Berlin u.a. 1972 (Englisches Original 1957)

Stephen *Ullmann*, Semantik. Eine Einführung in die Bedeutungslehre. Deutsche Fassung von Susanne Koopmann, Frankfurt a.M. 1973. (Englisches Original: Semantics. An Introduction to the Science of Meaning, 1962)

Gaston *Van der Elst* – Mechthild *Habermann*, Syntaktische Analyse, Erlanger Studien 60, 6.A. Erlangen/Jena 1997

Varietäten des Deutschen. Regional- und Umgangssprachen. Hg. v. Gerhard Stickel, Institut für deutsche Sprache, Jahrbuch 1996, Berlin/New York 1997

Heinz *Vater*, Einführung in die Sprachwissenschaft, Uni-Taschenbücher 1799, 3.A. München 1999

Theo *Vennemann*, Konstituenz und Dependenz in einigen neueren Grammatiken, Sprachwissenschaft 2 (1977) S. 259-301

Hilkert *Weddige*, Mittelhochdeutsch. Eine Einführung, 3. neubearbeitete Auflage München 1999

Wehrle – *Eggers*. Deutscher Wortschatz. Ein Wegweiser zum treffenden Ausdruck, 13.A. Stuttgart 1967

Harald *Weinrich*, Sprache in Texten, Stuttgart 1976

Harald *Weinrich*, Textgrammatik der deutschen Sprache, unter Mitarbeit von Maria Thurmair, Eva Breindl, Eva-Maria Willkop, Mannheim u.a. 1993

Otmar *Werner*, Phonemik des Deutschen, Sammlung Metzler 108, Stuttgart 1972

Otmar *Werner*, *Was da sich ölles aahotmüßhör!* 'Was der sich alles hat anhören müssen!' Auxiliar-Inkorporation im Ostfränkisch-Thüringischen, in: Texttyp, Sprechergruppe, Kommunikationsbereich. Studien zur deutschen Sprache in Geschichte und Gegenwart. Festschrift für Hugo Steger zum 65. Geburtstag. Hg. v. Heinrich Löffler, Karlheinz Jakob und Bernhard Kelle, Berlin/New York 1994

Herbert Ernst *Wiegand*, Wörterbuchforschung, I, Berlin/New York 1998

Rainer *Wimmer* (Hg.), Das 19. Jahrhundert. Sprachgeschichtliche Wurzeln des heutigen Deutsch, IdS-Jahrbuch 1990, Berlin/New York 1991

Wörter und Wendungen. Wörterbuch zum deutschen Sprachgebrauch. Hg. v. E. Agricola unter Mitwirkung von H. Görner und R. Küfner, überarbeitete Neufassung der 14.A. Mannheim u.a. 1992

Wörterbuch der bairischen Mundarten in Österreich, Iff. Wien 1970ff.

Wörterbuch der deutschen Gegenwartssprache. Hg. v. Ruth Klappenbach und Wolfgang Steinitz, I, 10.A. Berlin 1980 - VI, 3.A. Berlin 1982

Wörterbuch Synonyme, neu bearbeitet und hg v. Herbert Görner, München 1999

Wörterbücher. Ein internationales Handbuch. Hg. v. Franz Josef Hausmann, Oskar Reichmann, Herbert Ernst Wiegand und Ladislav Zgusta, Handbücher zur Sprach- und Kommunikationswissenschaft 5, 1-3, Berlin/New York 1989-1991

Siegmund A. *Wolf*, Wörterbuch des Rotwelschen. Deutsche Gaunersprache, Mannheim 1956

Ludwig *Zehetner*, Das bairische Dialektbuch. Unter Mitarbeit von Ludwig M. Eichinger, Reinhard Rascher, Anthony Rowley und Christopher J. Wickham, München 1985

Ladislav *Zgusta*, Manual Lexicography, Paris 1971

Register